현장형 리더가 알아야 할 변화리더십의 모든 것

더 체인지

허일무 지음

현장형 리더가 알아야 할 변화리더십의 모든 것

더 체인지(The Change)

초판 1쇄 인쇄 2020년 08월 05일
초판 2쇄 발행 2020년 11월 06일

기획 홍국주
지은이 허일무
편집 최세린
마케팅 임동건, 임주성, 김선영, 홍국주, 송준기
마케팅 지원 황예지, 신원기, 박주현
경영지원 이순미, 신현아, 임정혁

펴낸곳 플랜비디자인
디자인 올컨텐츠그룹

출판등록 제2016-000001호
주소 경기도 화성시 동탄반석로 277
전화 031-8050-0508
팩스 02-2179-8994
이메일 planbdesigncompany@gmail.com

ISBN 979-11-89580-37-7 03320

※ 이 도서의 국립중앙도서관 출판예정도서목록(CIP)은 서지정보유통지원시스템 홈페이지(http://seoji.nl.go.kr)와
　 국가자료종합목록 구축시스템(http://kolis-net.nl.go.kr)에서 이용하실 수 있습니다. (CIP제어번호 : CIP2020031629)

현장형 리더가 알아야 할 변화리더십의 모든 것

더 체인지

허일무 지음

PlanB DESIGN 플랜비디자인

변화는 단순히 생존과 성장을 위해 필요한 것이 아니라 생존과 성장
그 자체이다. 리더들이 입만 열면 링컨의 게티즈버그의 연설을 흉내
내듯 '변화의, 변화에 의한, 변화를 위한'을 구성원들에게 외치는 이
유이다. 과거에 변화는 선택할 수 있는 하나의 수단 가치였다면 이제
변화는 운명처럼 받아들여야 하는 목적가치가 되었다.

그러나 모순되게도 조직구성원들 사이에 변화라는 단어는 입에 담
지 말아야 할 하나의 금기어처럼 여겨진다. 실제 기업현장에서 만나
는 직원들은 변화를 '기회와 성장을 위해 필요한 것'이거나 '어렵지
만, 반드시 해야 할 가치가 있는 것'보다는 '식당 메뉴와 같이 식상
한 것', '직원들을 괴롭히기 위한 것', 그리고 '시작은 창대 하지만 끝
은 미미한 것'으로 더 많이 표현한다. 구성원들이 변화에 대해 이런

생각과 느낌을 갖는 것은 안정감을 깨고 불편함을 주는 변화의 속성보다는 리더십의 부정적 경험 때문이라고 생각한다. 조직구성원들이 경험하는 변화는 참여와 위임을 통해 자기결정성을 높이는 방식보다는 톱다운으로 밀어붙이는 방식이 대부분이다.

　나는 조직변화와 관련된 이런 현상이 제대로 된 변화리더십의 부재에 있다고 생각한다. 하버드대학교 비즈니스 스쿨의 존 코터 교수가 지적한 것처럼 그 동안 조직에서 리더들이 관리자(Manager)로서의 역할만 배웠지 리더(Leader)로서 어떻게 해야 되는지 배울 수 없었다.[1]

　2014년 IBM 기업가치연구소가 전 세계기업의 변화관리담당자 1400명을 대상으로 변화관리역량과 관련해 실시한 설문 조사 결과에는 이런 현실이 잘 반영되어 있다. 조사대상 기업의 20%만이 변화관리에 성공하고 있으며, 리더 중 60%는 변화프로젝트를 성공적으로 이끄는 데 적합한 스킬을 보유하고 있지 않았다.[2]

　이 결과는 성공적인 조직변화를 위한 리더의 변화역량개발의 중요성을 환기시켰다. 특히, 조직변화 시기에 구성원들의 변화경험과 행동에 직접적이고 강력한 영향을 미치는 중간계층의 변화리더십에 관심을 가져야한다. 중간계층의 리더들은 경영진의 비전과 전략에 일치하는 방식으로 절차를 용이하게 만들고, 각자의 조직단위를 변혁하는 역할을 하기 때문이다. 실제로 비어Beer 연구에 따르면 성공적인 변화를 이룩해 낸 기업은 변화를 지지하고 그것을 촉진하는 것과 관련된 기술을 소유하는 중간계층의 리더가 다른 기업보다 더 많았다.[3]

나는 위와 같은 문제의식을 갖고 업무 현장의 중간리더들에게 실질적인 도움을 줄 수 있는 변화리더십을 주제로 책을 쓰게 되었다. 이미 출간된 많은 변화관리 관련 책들은 주로 경영진이나 변화관리 전문가들을 위한 내용과 사례들을 다루기 때문에 현장에 바로 적용하기에는 한계가 있다. 이 책은 이런 한계를 극복하고 적용성을 높이기 위해 현재 조직에서 근무하고 있는 직원 및 중간리더들과의 전화 및 면대면 인터뷰를 실시하고, 10여 년간의 변화관리 강연과 워크숍에서 참석자들과 소통하면서 얻은 소중하고 다양한 사례와 200여 건의 문헌을 분석하여 현업에 전이가능한 다양한 변화리더십 스킬과 행동을 학습-현업적용하기-요약의 순서로 집대성했다.

이 책의 주 타깃 독자층은 조직의 중간 리더 즉 팀장급이다. 하지만 변화는 궁극적으로 사람의 행동을 변화시켜야 한다는 본질적인 지향점 때문에 변화에 관심 있는 개인, 자녀를 변화시켜야 하는 부모, 누군가를 변화시켜 공동의 목표를 달성해야 하는 리더가 읽는다면 모두 도움을 받을 수 있다.

이 책은 크게 세 부분으로 구성되어 있다. 파트1에서는 변화의 개

념을 정리하고 변화를 어렵게 만드는 변화에 관한 관점과 생각을 변
화시키는 기회를 갖는다. 1장은 개인과 조직관점에서 변화가 주는
의미와 필요성을 생각해본다. 2장은 변화를 일으키는 다양한 요인들
에 대해 살펴본 후, 3장에서 변화를 망치는 잘못된 믿음을, 마지막 4
장은 조직변화를 개인변화관점에서 미시적으로 다루어야 하는 이유
를 알아본다.

파트2는 현업의 실질적인 사례를 기반으로 변화리더십을 다룬다.
1장은 진정한 변화리더가 되기 위한 조건을 살펴보고, 2장에서는 변
화를 효과적으로 추진하기 위해서 필요한 리더의 진단 능력을 점검
해보고, 3장에서는 구성원의 욕구를 '나와 너'에서 '우리'로 고차원적
욕구로 변화시켜 변혁으로 이끄는 리더십을 학습한다. 마지막으로 4
장에서는 리더의 변화 성공 가능성을 높여주는 변화관리모델의 활용
방법을 이해한다.

파트3은 이 책에서 가장 많은 분량을 차지하며 그 동안 기존의 변
화관리 책에서 다루지 않았던 구체적인 변화실행스킬을 다룬다. 1장
은 본질적인 변화를 위해 리더가 갖추어야 하는 통합적인 프레임(3H)
을 다루었고 2장은 변화실행스킬의 핵심 원리로서 변화에 적극적인
동기와 의욕을 불러오는 대화법, 3장은 현장 리더들이 가장 취약한
스킬로서 중요하게 학습해야 되는 참여촉진을 위한 변화 퍼실리테이

션, 4장은 구성원의 저항을 최소화하고 긍정적에너지로 바꾸는 스킬을, 5장은 변화실행력을 높이는 코칭피드백, 마지막 6장에서는 변화 상황에서 발생하는 다양한 갈등을 해결하고 조정하기 위한 갈등협력 모델을 다룬다.

끝으로는 한 지방자치단체의 변화리더십 성공사례를 다루어 이 책의 전반의 내용을 정리할 수 있도록 했다. 공공부문의 사례라는 제약이 있지만, 변화의 목적과 원리는 똑같기 때문에 변화를 다루는 모든 리더들에게 도움이 되는 베스트프렉티스이다.

필자는 '개는 훌륭하다'라는 TV 예능 프로그램을 좋아한다. 이 프로그램은 잘못된 개의 행동을 교정하는 내용을 다루고 있다. 이 프로그램에서 솔루션을 제공하는 동물훈련사의 결론은 항상 똑같다. 견주의 행동 방식이 개의 잘못된 반응을 불러오고 습관을 만든다는 것이다. 결국 견주가 개를 대하는 행동을 변화시킴으로써 개의 행동이 변화된다.

이 얘기를 꺼낸 것은 사람과 개를 동일시하거나 개처럼 다루어야 한다는 의미는 절대 아니다. 이것은 기존에 잘못된 생활습관을 가진 아이들의 문제를 해결하는 TV 프로그램인 '우리 아이가 달라졌어요'에서도 동일하게 발견되는 내용이기 때문이다. 부모가 아이를 대하는 방식을 바꾸면 아이의 습관이 변화한다.

조직에서도 마찬가지이다. 리더들은 자신의 잘못된 행동으로 구성원의 행동변화나 현상타파는 커녕 오히려 현상고착을 촉진한다는 사실을 인식하지 못하는 경우가 많다. 그래서 변화에 있어 시금석과도 같은 "나를 바꾸면 모든 것이 변한다"는 말이 더욱 가슴에 다가온다. 아무쪼록 이 책을 통해 많은 리더들이 스스로를 변화시키고, 리더 자신뿐만 아니라 조직을 성장과 변화로 이끄는 데 도움이 되기를 바란다.

PART
ONE

변화에
관한 변화

THE CHANGE

1

왜 변해야 하는가?

모든 제품과 서비스는 성공으로 끝나는 것이 아니라 실패로 귀결 된다.
결국 성공이란 가능한 오랫동안 실패를 유예하는 것으로 정의할 수 있다

위르헌 아펄로

세상이 변하면 하는 일도 달라진다. 다른 일을 하려면 준비해야 한다 (世異則事異 事異則備變)"는 말은 한비자의 구절이다. 이 말만큼 변화가 우리에게 어떤 의미가 있는지 간결하고 명확하게 알려주는 것은 없다.

그렇다면 세상의 변화를 지각하고 다른 일을 하기 위해 준비하려면 무엇을 해야 되는가? 그것은 바로 안테나를 세우고 변화하는 세상에 주파수를 맞추는 일이다. 이 얘기를 하니 과거 아날로그 TV 방송만 가능하던 시절이 생각난다. 그때는 TV 화면 속 물체는 여러 개로 중첩되어 보이기 일쑤였고, 바람이 불거나 비행물체가 지나가면 TV화면이 위아래로 요동치곤 했다. 그럴 때마다 기와지붕에 올라가 알루미늄 안테나를 이리저리 돌리며 텔레비전 방송국 채널의 주파수를 맞추어야 했다.

이제 TV 안테나를 돌려 주파수를 맞추던 일은 오래된 추억이 되었지만, 생존과 성장을 위해 세상의 변화에 주파수를 맞추는 일은 과거, 현재 그리고 미래에도 계속되어야 하는 우리의 숙명이다.

세상의 모든 것은 끊임없이 변화하며 진화하는 자기만의 주파수 '위픔'을 갖고 있다. 위픔은 WIIFM 즉 what's in it for me의 약어이다. "그래서 내가 얻게 되는 것은 뭔데?"라는 뜻이다. 사람들은 자신에게 중요한 의미와 가치를 제공해 주는 것을 받아들이고 그것에 연결되려고 한다. 이는 상대의 위픔을 잘 읽고 맞추는 개인과 조직이 선택받고 경쟁우위에 설 수 있다는 것을 의미한다. 결국 변화는 개인과 조직이 상대로부터 자기의 위픔을 충족할 수 있는 신호를 읽고 그 대상의 위픔과 연결되기 위해 의미와 가치를 창출하는 과정으로 정의할 수 있다.

마이클 자렛 역시 자신의 저서〈어떤 기업이 변화에 성공하는가〉에서 변화가 성공하기 위해서는 사람들의 '도대체 이게 나한테 무엇을 의미하지?' 라는 물음에 대해 납득할 만한 분명한 언어로 변화의 이유와 이득을 제시해야 한다고 강조했다.[1] 세상의 변화에 의미와 가치가 있는 방식으로 응답해야 한다는 얘기이다.

변화하는 세상의 주파수에 올바르게 응답하며 의미와 가치를 창조하기 위해서는 안테나의 역할을 하는 다음의 세 가지의 질문[2]을 습관화해야 한다.

우리는 어떤 세계에 살고 있는가? 가장 큰 트렌드는 무엇인가? 그리고 그 트렌드로부터 최상의 이익을 얻어 성장하고 최악의 결과를 피하려면 무엇을 해야 하는가?

01 움직이는 것이 더 안정적이다

다이어트와 조직변화는 차원이 다르지만 어떤 상태에서 보다 나은 상태로 이동해서 그것을 지속하고 유지해야 한다는 점에서 지향점이 비슷하다. 만약 어떤 사람이 체중을 줄이기 위해 식이요법을 실시했는데 즉각적인 효과가 나타나지 않고 실패한다면 그 이유는 무엇일까? 그것은 우리의 몸은 먹는 양을 줄이면 재빨리 기초 신진 대사량과 칼로리 소비를 줄여 먹는 양이 줄어든 상황에 적응하기 때문이다.[3] 만약 체중을 더 줄이기 위해 강력한 식이요법과 운동을 추가로 한다면 처음에는 효과가 있지만, 이 역시 몸이 다시 적응하면서 답보상태에 머무른다. 여기서 다음 단계로 나아가기 위해서는 지금까지 와는 전혀 다른 방식의 식이요법과 운동을 해야 한다.

기업의 변화도 마찬가지이다. 혁신적인 제품과 서비스를 내놓은 기업은 시장에서 승자가 된 것 같지만 고객은 쉽게 익숙해지고 새로운 경쟁자는 늘 생긴다. 고객의 욕구와 관심은 '사랑은 움직이는 거야'라는 오래된 광고 카피처럼 늘 움직이며 변화한다. 결국, 경쟁기업의 움직임과 환경의 변화를 살피지 못하고 지속해서 변하지 않는 기업은 도태되고 만다.

붉은 여왕의 가설(The Red Queen hypothesis)*은 이런 우리의 현실을 직관적으로 잘 설명해준다. 미국의 진화생물학자 밴 베일런(Leigh Van Valen)은 자신의 논문〈새로운 진화 법칙(A New Evolutionary Law)〉에서 '붉은 여왕의 가설'을 처음으로 언급했다. 붉은 여왕의 가설은 루이스 캐럴의 동화 〈이상한 나라의 앨리스〉 속편인 〈거울 나라의 앨리스〉에서 붉은 여왕과 앨리스가 나무 아래에서 달리며 주고받는 대화에서 비롯됐다.

앨리스는 열심히 달리다 붉은 여왕에게 이런 말을 한다.

"우리나라에서는 이렇게 열심히 달리면 어딘가에 도착하게 돼요"

이에 붉은 여왕은 "이런 느림보 같으니, 여기서는 이렇게 달려야 겨우 제자리야. 어딘가에 닿으려면 2배는 더 열심히 달려야 해"하고 호통을 친다. 거울 나라는 이상하게도 한 사물이 움직이면 다른 사물도 그 만큼의 속도로 따라 움직이는 나라였다.

뉴욕타임즈 칼럼니스트이며 유명 작가인 토마스 프리드먼은 붉은 여왕의 가설과 비슷한 의미로 우리가 맞닥뜨린 현실을 다음과 같이 표현했다.

"지금 우리가 처한 상황은 가만히 있는 것보다 자전거를 타는 것처럼 기민하게 움직이며 앞으로 나아갈 때 비로소 안정감을 얻을 수 있는 역동적 안정성(Dynamic Stability)의 상황이다. 이제 정적인 안정성 시대는 끝났다."[5]

그렇다 우리는 '거울나라'의 달리기와 '역동적 안정성'의 시대에 자전거 타기처럼 제 자리에 서 있기도 힘든, 서 있어도 안 되는 움직이면서 안정감을 느끼는 시대를 살아가고 있다.

02 진화적 변화는 생존의 문제다

"변화란 생명에 단순히 필요한 것이 아니다. 변화란 바로 생명 그 자체이다"라는 앨빈 토플러의 말처럼 생태계에서 차이를 인식하고 대응하고 변화하는 것은 생명을 유지하기 위해 필요한 것이 아니라 생명이라는 것을 증명하는 일이다.

산수유, 개나리, 매화, 목련 같은 꽃나무는 어떤 공통점이 있을까? 물론 모두 봄에 꽃을 피운다. 또한 다른 꽃나무들과 다르게 잎이 나기 전에 꽃을 먼저 피운다. 그렇다면 왜 봄에 꽃을 피울까? 이 질문에 쉽게 답하는 사람은 많지 않다. 이 꽃나무들은 기온 상승에 민감해서 추운 겨울이 끝나고 온도가 올라가기 시작하면 생존에 위협을 느끼고 스트레스를 받아 새잎이 돋기 전에 빈 가지에 꽃을 먼저 피운다. 이처럼 식물이 스트레스로 인해 꽃을 피우는 생장 원리를 스트레스 개화 이론이라고 한다.[6] 최근에 소나무의 솔방울 개체 수가 과거보다 많아졌다는 학계의 보고도 이와 관련되어 있다. 대기공기가 오염이 되어 위협을 느낀 소나무가 스트레스를 받아 생존을 위해 반응하는 것이다.

우리 인간에게도 적절한 스트레스는 생존과 번영에 도움이 되기는 마찬가지이다. 스트레스는 우리의 자율신경계를 자극하여 코르티솔 같은 스트레스 호르몬을 분비시킨다. 적절한 수준의 스트레스는 혈액순환을 촉진하고, 세포 응고를 막으며, 긴장을 풀어 인체가 외부의 충격에 유연히 대응하도록 돕는 역할을 한다.

인간은 환경의 변화에 대응하면서 생존을 위해 더 나은 방식으로 계속 변화하고 있다. 미국 한 대학의 연구팀에서는 인간의 유전자가 여전히 진화한다는 논문을 발표하였다.[7] 연구팀은 2008년과 2015년 사이에 1,000가지의 게놈프로젝트의 유전자 정보를 확인한 결과 여러 집단에게서 나타나는 유전자의 변이 양상을 확인했다. 특히 아프리카와 아시아 사람들의 유전자에서 알코올을 분해하는 알코올탈수소(ADH)가 강력해진 사실을 발견했다. 알코올 탈수소는 알코올을 분해해서 아세트알데히드 물질로 전환시키고 다시 아세트알데히드 탈수소효소에 의해 아세테이트로 전환된다.

알코올을 섭취하면 우리의 기분이 좋아진다. 하지만 알코올은 몸 안에서 일어나는 각종 화학반응을 방해하기 때문에 방어를 위해 알코올탈수소는 알코올 분해를 적극적으로 촉진한다. 그런데 아세트알데히드는 알코올을 분해하면서 숙취를 일으켜 머리를 아프게 하고 과음을 후회하게 만든다. 결국, 알코올 탈수소가 강력해졌다는 것은 지나친 음주로 인해 몸을 보호하기 위해 우리의 몸이 진화하고 있다는 증거이다.

이처럼 환경변화에 맞추어 진화하는 것은 식물이든 동물이든 조직이든 대상과 관계없이 생존과 번성을 위해 모두에게 필요한 능력이다. 만약 "변화하는 것이 변하지 않기를 바라는 가치 없는 욕망을 품어서는 안 된다"고 했던 부처의 말에 역행하며 변화를 거부하고 요행을 바란다면 변화의 거센 파도에 휩쓸려 가게 될 것이다.

03 실패할 때까지
모든 것은 성공적이다

기업이 변화하는 환경에 얼마나 잘 진화하고 적응하는가를 쉽게 확인할 수 있는 지표 중의 하나는 기업의 시가총액 순위의 변동이다. 기업 시가총액 순위는 변화가 얼마나 빠른 속도로 진행되는지 어떤 방향으로 전개되는지, 그리고 비즈니스 세계의 헤게모니가 어떻게 바뀌는지 알려준다. 시가총액 순위에서 상위에 있는 기업들은 새로운 가치를 창출하고 세상을 주도하는 기술과 트렌드를 대변한다. 하지만 그 순위는 수시로 요동친다.

2009년 세계기업 시가총액 상위 1위에서 10위 기업은 액손모빌, 중국 공산 은행, 마이크로소프트, 월마트, BHP빌리틴, HSBC, 중국 건설은행, 구글, 차이나모바일 순이었다. 그러나 10년 후인 2019년에는 마이크로소프트와 구글을 제외하고 모든 기업이 순위에서 사라

순위	2009년	2019년 8월말 기준
	표 1-1. 글로벌 기업 시가총액 상위 10위 기업 비교	
1	엑손모빌	마이크로소프트
2	중국 공산은행	애플
3	마이크로소프트	아마존닷컴
4	패트로차이나	알파벳
5	월마트	버크셔해서웨이
6	BHP 빌리턴	페이스북
7	HSBC	텐센트
8	중국 건설은행	JP 모건체이스
9	구글	존슨앤드존슨
10	차이나모바일	네슬레

졌다. 또한 업종은 에너지와 금융에서 IT 업종으로 주류가 바뀌었다.[8]

특히 구글은 1999년 약 100달러에 시장에 매물로 나왔지만, 그 가격에 인수할 기업이 없어 팔리지 않았던 형편없던 기업이었다. 하지만 지금은 2019년 현재 글로벌 시장에서 IT 업계를 선도하며 세계기업 시가총액순위에서 4위를 기록하고 있다.[9]

구글의 성공은 "우리가 미래에 대해서 아는 유일한 것은 미래는 현재와는 다를 것이라는 점이다. 미래를 예측하는 가장 좋은 방법은 미래를 창조하는 것이다"라는 피터 드러커의 말처럼 불확실성과 위험을 감수하며 매번 세상의 기대를 넘어서는 극단적인 표준을 추구하는 기술을 내놓으며 미래를 창조했기에 가능했다.

그러나 분명한 것은 위르헌 아필로의 말처럼 영원한 성공은 가능하지도 존재하지도 않는다.

"모든 제품과 서비스는 성공으로 끝나는 것이 아니라 실패로 귀결된다. 결국 성공이란 가능한 오랫동안 실패를 유예하는 것으로 정의할 수 있다."[10]

이제 기업은 급격한 환경변화와 치열해진 경쟁 그리고 더욱 짧아진 서비스와 제품수명 주기로 인해 과거보다 실패를 유예하기 위한 노력을 더 치열하게 해야 한다. 실제로 기존 제품이 쇠퇴할 시점에 후속 제품을 출시했던 20세기 기업들과 달리, 21세기형 기업들은 기존 제품이 정점일 때 새로운 킬러 애플리케이션(Killer application: 등장하자마자 다른 경쟁제품을 몰아내고 시장을 완전히 재편할 정도로 인기를 누리는 상품이나 서비스)을 출시해 스스로 기존 제품의 시장을 파괴하는 창조적 파괴가 일상화되었다. 예를 들어, 애플은 아이팟 출시 7년 만에 20버전을 넘겼고 아이팟이 한창 잘 팔릴 때 대부분 기능이 중복되는 아이폰과 아이패드를 출시하면서 새로운 시장을 만들었다.[11]

'태어나는 건 순서가 있지만 가는 것은 순서가 없다'는 말이 있다. 이 말은 이제 사람뿐만 아니라 상품, 서비스, 조직 모두에 해당되는 말이 되었다.

현업적용하기

❶ 팀원들 입장에서 변화의 필요성을 생각해보라

· 팀원들과 함께 우리 고객의 위픔(WIIFM)은 무엇인지 얘기해 보자.

· 우리 팀이 변해야 하는 중요한 이유는 무엇인가?

❷ 우리 팀을 진화론적 관점에서 바라보자

· 우리 팀은 지금까지 무엇을 변화시켜 왔는지 생각해보자

· 기회가 된다면 팀원들과 앞으로 무엇을 변화시켜야 하는지 이야기
  해보라

변화를
일으키는 힘들

누군가는 변화의 파도에 떠밀려 물속으로 가라앉지만, 누군가는 변화의 파도를 타며 즐긴다.
그 차이를 만드는 것은 무엇일까? 스티브 잡스의 말처럼 변화의 파도를 즐기는
사람은 변화의 흐름 속에서 기회와 의미를 발견하고 발 빠르게 대응한다.

디스커버리 채널에서 방영됐던 '인간과 자연의 대결'이라는 리얼리티 서바이벌 프로그램이 있다. 이 프로그램의 주인공 베어그릴스(Bear Grylls)는 생소하고 낯선 곳에 도착했을 때 생존을 위해 가장 중요한 것이 방어라고 말한다. 이를 위해 그는 제일 먼저 자신의 위치와 상황을 파악할 수 있는 높은 곳에 올라가 전체를 조망한다. 그리고 어느 곳이 위험한지 안전한지 파악한 후 최적의 장소로 이동한다.[12]

조직변화도 이와 비슷하다. 환경과 트렌드가 바뀌면 어떤 위험 요소가 있는지, 주변 환경은 어떻게 변화하고 있는지, 시장 내 자신의 현재 위치를 파악하고 새로운 적소(Niche, 適所)를 찾아내야 한다. 적소란 특정한 환경자원 및 필요가 존재하는 영역을 의미한다. 서바이벌 프로그램에서 주인공이 안전한 장소를 발견하지 못하면 위험에

처하거나 생존에 문제가 생길 수 있듯 적소를 발견하지 못한 조직은 쇠퇴하거나 도태된다.

변화를 유발하는 위험과 기회 요인들은 여러 가지가 있다. 조직은 외부환경의 변화로 인한 위협 및 기회와 조직 내부의 취약성으로부터 변화가 시작된다. 일반적으로 전문가들은 조직변화에 영향을 미치는 외부환경변화 요인을 기후환경의 변화, 글로벌화, 인구통계학적 변화, 기술 추이의 및 규제의 변화로 분류한다.[13]

조직의 규모와 계층에 어디에 있는지 관계없이 리더들은 외부환경의 변화요인과 관련된 정보를 수집하고 변화로 인해 발생할 수 있는 거시적이고 미시적인 영향을 파악하고 대응하는 노력이 필요하다.

01 외부환경의 변화

기후환경의 변화

기후환경의 변화는 예상하지 못한 나비효과를 만든다. 지구온난화로 대한민국의 농작물 지도가 변하고 있다. 예를 들어 과거 제주도와 남부지방의 일부에서 재배되던 한라봉은 전라북도 김제에서 보성이 주생산지였던 녹차는 고성으로 사과는 대구에서 강원도 정선과 경기도 포천까지 북상했다. 2016년에는 정선에서 재배된 사과가 대한민국 과일 산업대전 대표 과일 선발대회에서 대상을 받았다. 농촌진흥청에 따르면 전국의 열대과수 재배면적은 2010년 33.9ha에서 2018년 314.3ha로 10배 이상 늘었다. 지방자치단체는 이런 변화에 대비해 발 빠르게 움직이고 있다. 전남은 애플망고 백향과 레드향 등 아열대

작목 특화 단지를 조성하고, 경남 김해시는 체리를 신소득 전략 작목으로 집중육성 할 계획이다.[14]

기후변화는 여름철 가전제품의 판도까지 바꿔 놓고 있다. 미세먼지와 황사의 증가로 인해 공기청정기가 필수 가전이 되었고 의류 관리기라는 새로운 가전 카테고리가 생겼다. 아열대 기후로 변하면서 공기 중 습도가 높아져 에어컨과 빨래 건조기 수요가 급증했다.[15] 또한 온난화로 시원하게 입는 '쿨비즈'와 수평적 조직문화와 창의적인 근무환경조성을 위한 편한 복식문화의 확산으로 과거 화이트칼라의 상징이었던 넥타이의 매출은 급감했다.[16]

기후환경변화는 비즈니스의 산업지형을 바꾸어 놓기도 한다. 지구온난화로 지난 20년(1990~2010)간 지구의 평균온도는 0.4도 상승했다. 이로 인해 해수면의 온도가 최대 5도까지 상승했고 북극해 얼음 면적은 1979년 인공위성으로 관측한 이래 2008년에는 42% 이상 감소했다. 북극해 빙하가 녹으면서 인류가 개척하는 세 번째 항로인 북극항로가 열렸다. 북극항로의 개설은 물류 이동을 위한 시간과 비용의 절감 효과를 가져왔다. 또한, 북극 지역에 심해유전개발을 촉진시켰다. 조선업계는 상선 제작중심에서 플랜트로 비즈니스 패러다임이 변화되는 나비효과를 낳았다.[17]

이제 기업은 기후환경변화에 기민하게 대응하는 전략이 필요하다. 기후환경변화로 발생하는 영향을 그저 지나가는 소나기처럼 생각할 것이 아니라 온실가스 배출을 줄이고 환경을 보호하기 위해 선제적으로 상품의 디자인에서 제조, 마케팅 방식을 변화시켜야 한다.

최근 외식 프랜차이즈 업계는 이런 변화를 반영하고 있다. 일회용 플라스틱 용기 및 제품 사용 줄이기와 인체에 해로운 물질이 없고 폐기 시 미생물에 의해 100% 생분해되는 친환경 플라스틱 컵과 빨대를 도입하고 있다. 스타벅스는 빨대가 필요 없는 일회용 컵과 종이 빨대, 종이 영수증 대신 전자영수증 등을 선제적으로 도입하며 환경운동의 모범을 보이고 있다.[18]

이제 우리는 기후환경변화에 관해 관심을 갖는 것이 지구의 미래를 생각하는 일부 의식 수준이 높은 사람들만의 행동이 아닌 모든 사람들이 삶과 비즈니스에 적용하고 실천해야 하는 생존 차원의 문제임을 받아들여야 한다.

이런 이유에서 다음의 질문들에 대해 고민하고 해답을 찾아가는 노력을 일상화해야 한다.[19]

"과연 우리 조직은 이런 환경 아젠다에 어떻게 대응하고 있는가?

전략을 수립할 때 기후환경변화와 관련해서 반영해야 할 부분은 없는가?

지금 당장은 괜찮지만, 환경과 관련된 규제강화로 비용이 증가할 때 비즈니스 수익모델에는 어떤 변화가 예상되는가?"

글로벌화

전 세계는 하나의 글로벌 시장으로 통합된 지 오래됐다. 대기업이든 소기업이든 모든 기업이 내수 시장에서의 경쟁자뿐만 아니라 전 세계적으로 멀리 떨어져 있는 곳이나, 때에 따라서 전혀 알지 못하는 지역 간에서도 필수 자원이나 시장기회를 확보하기 위해 경쟁에 직면해야 하는 상황을 연출하고 있다.

세계적인 석학 피터 나바로의 저서의 제목 〈브라질에 비가 내리면 스타벅스 주식을 사라〉는 통신, 기술, 교통의 비약적 발전으로 인해 모든 것이 연결되면서 세계가 더 작아지고 경제적으로 더 상호의존적으로 되었다는 것을 상징하는 말이 되었다. 이제 교통과 통신의 발달로 제품생산과 판매는 전 세계 어느 곳에서나 가능하고 상거래와 금융, 신용, 사회적 네트워크, 개인과 다양한 기관, 정보와 지식의 흐름은 모두 연결되어 상호 많은 영향을 미치고 있다.

특히 전 세계적인 코로나바이러스 유행은 세계화와 관련하여 우리에게 두 가지를 생각하게 했다. 첫 번째는 그동안 가속화되어 왔던 글로벌화의 리스크이다. 세계는 글로벌화로 국가 간의 벽을 없애고 협력과 개방으로 활발하게 교류하는 국제환경이 조성되고 있었지만, 이번 코로나바이러스는 국가 간의 모든 인적 및 물적 교류를 차단시켰다. 이로 인해 기업들이 효율성과 생산성을 위해 구축했던 세계 물류 및 생산기지가 오히려 발목을 잡는 문제점을 드러냈다. 기업들은 이번 경험으로 인해 무조건적인 개방과 세계화보다는 공급의 안정성을 확보하기 위해 한 국가에 대한 자원 의존도를 줄여 위험을 분산시키는 방향으로 변화할 것이다.

두 번째는 새로운 차원의 진화된 글로벌화가 일어날 것이라는 기회 측면이다. 토마스 프리드만은 한 언론과의 인터뷰에서 이에 대해 "경제와 교역 같은 특정 분야에서만 보면 세계화가 퇴보한다고 말할 수도 있겠다. 그러나 세계화에는 여러 형태가 있다. 이번 코로나 사태는 오히려 우리가 서로 얼마나 서로 얽혀 있는지를 더 명확하게 보여준다.(중략) 기술이 갖는 영향력에 대해 제대로 모르면서 섣불리 세계화가 끝났다고 예단하는 사람들의 말을 경계해야 한다. 최첨단 기술을 보석처럼 다루면서 글로벌하게 행동한다면 세계화된다는 점을 강조하고 싶다."[20]

결국, 앞으로의 성공 여부는 서로가 상호 강하게 연결되어 발생하는 예상치 못한 위협적인 과정에 제대로 대응하고 새롭게 나타나는 기회를 활용하기 위해 최첨단 기술에 어떻게 가치를 부여하는가에 달려 있다.

인구통계학적 변화

전 세계 스타 셰프 돌풍을 일으킨 주역인 제이미 올리버(Jamie Oliver)가 파산했다는 소식은 전 세계 요식업계에 충격을 던졌다. 제이미 올리버는 24살이었던 1999년 BBC방송에 나와 일약 스타덤에 올랐던 인물로 2019년 5월 파산 전까지 25개가 넘는 레스토랑을 운영했다. 승승장구하던 그가 파산한 이유는 무엇일까? 그것은 1인 가족의 증가와 함께 배달 음식이 인기를 끌면서 레스토랑에서 거하게 외식하는 게 아니라 테이크아웃을 해서 집에서 '혼밥'을 하는 트렌드가 확산되고 있는데 이런 흐름을 읽지 못했다는 것이다.[21]

이처럼 인구통계학적 변화는 사람들의 라이프스타일과 소비패턴, 소득분배, 시장에서의 지급 능력 등에 영향을 준다. 특히, 저출산 고령화와 같은 인구 변화 패턴이 비즈니스 측면에서 주는 의미는 향후 새로운 시장으로의 이동과 새로운 제품과 서비스의 개발과 관련된다.

저출산은 영·유아식 분유 및 유가공품 산업화에 부정적인 영향을 미치고 있다. 유가공업계 수위를 달리는 한 국내기업은 창립 이후 한 우물 경영을 고수해왔지만 최근 심각한 저출산으로 저연령층을 대상으로 하는 유제품만 가지고는 한계에 봉착할 수밖에 없다는 판단했다. 결국, 해외 고급 분유시장 공략에 나서는 한편 종합식품회사를 표방하며 음료 시장에 뛰어들며 한동안 커피에 올인하겠다고 선언까지

했다.[22]

또한 한 둘만 낳고 이들에게 집중적으로 투자하는 비용이 커지는 '엔젤산업'의 성장세도 주목할 만하다. 한 생활가전 기업은 중국 영유아와 반려동물 소비시장의 고성장 가능성에 주목하고 프리미엄 유아와 반려동물용 가전 브랜드를 새롭게 런칭했다. 이것은 저출산 현상으로 외동아이로 태어나 귀하게 자란 어린이 세대인 '골드키즈' 트렌드 때문에 고급 유아용품 시장이 성장세라는 점에 주목한 것이다.[23]

고령화로 인해 노년층을 대상으로 하는 실버산업도 성장하고 있다. 한 백화점 분석에 의하면 온·오프라인에서 패션 상품을 구매한 60대 이상의 액티브 시니어들의 매출 비중이 급격히 늘어나고 있다. 액티브 시니어란 은퇴 이후에도 하고 싶은 일을 능동적으로 찾아 도전하는 노년층을 뜻한다. 요즘 노년층은 경제적·시간적 여유를 바탕으로 구매력을 과시하며 신 소비계층으로 떠오르고 있다. 통계층 자료에 의하면 2018년 기준 60세 이상의 순자산이 40대보다 많은 것으로 나타난다.[24]

이와 같은 인구통계학적 변화는 조직 내부의 인력 구조에도 영향을 미친다. 최근 기업은 다양한 세대가 함께 일하면서 다세대 주식회사라고 불린다. 경험이 다른 X세대, Y세대, 밀레니얼 세대, Z세대가 함께 공존하게 되었다. 이는 라이프스타일, 가치관과 신념의 차이를 만들고 갈등의 원인을 제공한다. 앞으로 기업에서 세대 간의 차이를 극복하고 개인의 업무와 인생 패턴을 본질적으로 조화시키고 통합하기 위해 조직문화 및 인사관리 관행의 변화 문제가 주요한 관심사가 될 것이다.

기술 및 규제의 변화

아르헨티나 부에노스아이레스 세차업자들은 10년간 매출이 50% 감소했다. 그동안 차량 대수나 세차업체의 수에 큰 변동은 없었다. 하지만 매출이 점점 줄어드는 원인을 모른 채 고민만 하고 있었다. 결국, 한 기업인이 3개월간 조사하여 매출 감소의 원인을 밝혀냈다. 하나는 높아진 일기예보의 정확성이었고 다른 하나는 휴대폰의 보급이었다. 사람들이 휴대폰의 보급으로 정확한 일기예보를 실시간으로 확인할 수 있게 되자 세차를 미루면서 생긴 일이었다.[25] 만약 세차업체들이 매출 부진의 원인이 새로운 기술 변화 때문이라는 것을 좀 더 일찍 알았다면 10년 동안 대안을 마련하지 못한 채 발만 동동 구르며 아무 조치도 취하지 못하고 있지는 않았을 것이다.

마이클 자렛은 기술변화를 융합(convergence), 연결성(connectivity), 편리성(convenience)이라는 세 가지 트렌드가 이끌고 있다고 말한다.[26] 모든 것이 융합되고 연결되고 통합되어 편리함으로 진화하는 시장에서 차별화를 통한 경쟁력의 우위를 유지하기 위해서 다른 관점과 접근이 필요하다.

"우리의 경쟁상대는 스포츠, 게임, 케이블TV 등 넷플릭스를 이용하지 않는 모든 것이다. 우리는 심지어 잠과도 경쟁한다. 넷플릭스를 더 봐라. 잠을 덜 자더라도…"

넷플릭스의 CEO 리드 헤이스팅스 한 언론과 인터뷰에서 했던 얘기이다.[27] 모든 것이 연결되어 상호의존성이 커진 세상은 경계가 모호해졌다. 전문가들은 이제 경쟁상대는 특정한 영역에 활동하고 있는 플레이어가 아니라 우리의 인식이라고 말한다.

연결의 힘은 "큰 물고기가 작은 물고기를 잡아먹는 시대에서 빠른 물고기가 느린 물고기를 잡아먹는 시대로 바뀐다"라는 세계경제포럼 회장 클라우드 슈바프의 말을 과거의 것으로 만들었다. 제조시대에서 정보화 시대로의 변화는 속도가 중요했지만, 연결의 시대 즉, 네트워크 시대는 친구 많은 것이 큰 것과 빠른 것 그리고 적은 것까지 모조리 잡아먹는 힘을 갖게 되었다. 또한 제조업 시대에는 금·은·동 메달이 있지만, 네트워크 시대에는 승자독식의 법칙이 적용된다. 네트워크 시대의 가장 큰 패러다임의 변화라고 할 수 있는 공유경제는 컨베이어 벨트(Belt)에서 웹(Web)으로 이동했던 기업가치를 다시 앱(App)으로 이동시켰다.[28]

기술의 변화와 관련한 또 다른 이슈는 기업이 신기술을 도입하고 연착륙 시켜 조직경쟁력의 원천으로 만들 수 있는가이다. 조직에서는 유행처럼 번지는 기술을 앞다투어 도입하지만 잘 활용하지 못하고 폐기하는 경우가 많다. 그래서 기업이 신기술 도입을 성공시키기 위해서는 조직변화가 병행되어야 한다. 2001년 OECD 노동시장과 사회정책 요약보고서는 조직변화가 전제되지 않은 신기술의 도입은 기업에 도움이 되지 않는다고 밝혔다. 이 보고서에 의하면 신기술을 도입할 때 조직변화가 같이 진행된 경우에만 수익 차이가 발생했다.[29]

규제의 변화는 기업에 위험과 기회를 동시에 제공한다. 엔론(Enron), 월드컴(Worldcom), 타이코(Tyco) 사례는 기업에 규제가 필요하다는 사회적 인식과 기업윤리에 대한 규제를 증가시켰다. 특히 20세기 후반부터 점점 관심이 증가하고 있는 환경의 지속가능성은 환경오염, 산림 황폐화, 온실가스 배출과 같은 부산물을 줄이는 방향으로 규제가 강화되며 기업에 영향을 미치고 있다.

정부가 어떤 규제를 완화하고 강화하는지 진행하고 있는 아젠다에 관심을 가져야 한다. 예를 들어, 최근 근로시간 단축과 최저임금 인상, 공유서비스 같은 법률과 기술규제의 변화는 다양한 이해관계자가 얽혀 새로운 기대와 목소리를 만들고, 또 다른 간접적인 이슈들을 만들고 있다.

2018년 한국경제연구원 보고에 의하며 근로시간 단축은 고용률의 감소, 소득재분배 악화, 소득격차의 확대, 임금상승으로 인한 비용의 증가로 저소득층의 소득감소와 기업의 생산성 악화 등의 부정적인 결과를 초래할 수 있다고 보고하였다.[30] 이로 인해 기업들은 근로시간 단축으로 인한 임금 상승에 대한 압력을 최소화하고, 고정비용을 줄이고, 생산성을 높이는 노력과 동시에 탄력 근로제 도입 등 다양한 시도를 하며 변화에 대응하고 있다.

경제와 비즈니스 환경에 영향을 미치는 요인들은 너무 다양하고 방대하다. 참고로 피터 드러커는 변화와 혁신이 일어나는 기회 영역을 기업과 업계의 외부 측면에서는 '인구통계학적 변화, 인식의 변화, 새로운 지식의 등장'으로 내부 측면은 '예상 밖의 사건, 부조화, 방법상의 필요, 산업과 시장의 변화'로 분류했다.[31] 이와 같은 내용들은 지금 글을 쓰는 이 순간에도 빠른 속도로 변화하고 있어 여기서 모든 것을 적시적으로 다루는 것은 어렵고 불가능하다.

세상의 변화를 어떤 프레임으로 인식하고 센싱해야 되는가보다 더 중요한 것은 변화가 우리를 따르도록 만들겠다는 신념을 갖고 변화에 동반되는 위험과 기회를 회피하지 않고 기회가 되도록 대응 방식을 바꾸는 노력이다.

02 조직 내부의 환경변화

리더에게 외부환경에 적응하는 변화만큼이나 조직 내부에서 진행되는 변화를 읽고 그것을 자신 팀의 변화와 연결하는 것은 중요한 과제이다.

일반적으로 조직의 리더들에게 직접적으로 피부에 와 닿는 변화의 동력은 조직 내부에서 발생하는 것들이다. 조직 내부에 심각한 문제가 있어 새로운 경영진이 취임했을 때 리더십 변화 때문에 변화의 필요성이 유발된다. 이때는 새로운 경영진에 의해 조직의 인사, 문화, 전략 등에서 전면적인 변화가 추진될 수 있다.

조직에 특별한 문제가 없더라도 새로운 리더가 부임하면 기존에 일하는 방식이나 평가의 기준, 자원배분의 기준, 업무 우선순위, 역할 변화 등이 발생할 수 있다. 새로운 리더는 부임 초기에 자신의 차별화된 역량을 증명하기 위해 전임 리더의 관리방식과 관행들을 전면적으로 부정하며 과거의 흔적을 지우는 경향이 있다. 이는 구성원들에게 변화를 요구하고 불편을 야기시킨다.

　회사 내부감사와 진단 및 평가를 통해 역량의 취약성과 문제점이 드러나서 변화의 필요성이 제기될 수 있다. 이와 같은 조직변화는 획기적일 수도 있고 회사의 정책의 일부 및 업무수행 방식의 변화 같은 점진적이고 작은 것일 수도 있다.

현업적용하기

❶ **외부환경요인 중 우리 팀의 변화를 촉진하는 요인에 대해 생각해보라**

· 팀원들에게 자신의 업무와 성과에 영향을 미치는 외부환경요인이 무엇인지 질문해보라

· 외부환경요인들이 미치는 영향이 무엇인지 같이 이야기해보라

❷ **회의 시간에 우리 팀에 영향을 미치는 내부의 환경변화 요인을 팀원들과 함께 생각해보라**

· 내부 환경요인 중 어떤 것이 업무와 성과에 영향을 많이 미치는지 질문해보라

· 내부의 변화요인들에 대해 팀이 어떻게 대응하는 것이 좋을지 질문해보라

팀리더가 새로 부임해서 일어난 변화들 [32]

H팀 리더는 오랫동안 성과가 부진한 영업조직에 부임했다. 리더는 장기부진의 원인을 시장의 침체로 인한 고객 이탈과 한 부서에 오랫동안 근무한 직원들의 관성(inertia)과 무사안일의 사고방식으로 진단했다. 팀리더는 '고인물이 썩는다'는 자신의 신념대로 부서에 장기간 근무했던 영업사원들을 상위부서와 협의하여 더 큰 규모의 고객이 대상인 기업영업부서로 이동시켰다.

또한 영업조직의 분위기 쇄신을 위해 고객관리부서에서 탁월한 성과를 내며 의욕이 높은 몇몇 직원을 영업부서로 전환배치 시켰다.

구성원들은 신임 팀리더의 부임으로 전례 없던 변화를 경험하며 혼란스러웠다. 하지만 리더는 구성원을 개별적으로 만나 변화의 필요성과 의미를 적극적으로 설득하며 조직 분위기를 안정시켰다. 변화 초기에 불만이 많았던 장기근속직원들은 상위 부서 발령을 새로운 업무 경험을 하고 직장생활의 매너리즘에서 벗어날 기회로 생각하며 긍정적으로 받아들였다. 고객 관리 업무에서 영업으로 직무를 전환한 직원들은 리더에게 인정받았다는 생각에 열정을 갖고 업무에 잘 적응해갔다.

위와 같은 사례는 조직구성원들이 일상적으로 경험할 수 있는 일들이다. 이러한 변화 상황에서 중요한 것은 주도성을 갖고 변화를 기회로 만들겠다는 태도를 보이는 것이다.

03 변화를 선도하기 위한 3先

고대 철학자 헤라클리투스가 "우리는 같은 강물에 발을 두 번 담글 수 없다"라고 말한 것처럼 기업을 둘러싼 환경과 기술의 변화는 실제 보고 체감하는 것보다 더 빠른 속도로 일어나며 새로운 국면을 맞이하고 있다.

이런 상황에서 누군가는 변화의 파도에 떠밀려 물속으로 가라앉지만, 누군가는 변화의 파도를 타며 즐긴다. 그 차이를 만드는 것은 무엇일까? 스티브 잡스의 말처럼 변화의 파도를 즐기는 사람은 변화의 흐름 속에서 기회와 의미를 발견하고 발 빠르게 대응한다.

"기술의 파고가 덮쳐 오기 훨씬 이전부터 그것을 알아차릴 수 있으므로, 자신이 어떤 파도를 타야 하는지 현명하게 선택하기만 하면 된다."[33]

그렇다면 우리가 변화에 늦게 대응하며 뒤처질 때 치러야 할 가장 큰 대가는 무엇일까? 그것은 아마도 극심한 고통일 것이다. 군대에서 긴 행군대열에 끝에 서서 걷거나 대열에서 뒤처져 행군을 했던 경험이 있는 사람들은 뒤따라가는 것이 얼마나 고통스러운 것인지 알 것이다. 긴 대열에 뒤쪽에 있는 사람들은 휴식 명령이 떨어졌을 때 본 대열과 간격을 맞추기 위해 앞으로 더 걸어가서 앉아야 한다. 남들보다 휴식을 늦게 시작하고 다시 출발 명령이 떨어지면 동시에 일어나 걸어야 하니 결국 휴식 시간이 짧아진다. 행군 내내 이런 행동을 반복하며 앞 사람의 뒤통수만 보고 걷는 것은 무료할 뿐만 아니라 체력을 더 고갈시킨다. 반면에 앞에서 걷는 사람들은 리스크를 가장 먼저 직면하고 대처해야 하는 위험이 있다. 산속이라면 덤불을 걷어내야 하고 나뭇가지와 가시에 먼저 찔릴 수도 있다. 야간에는 길에 움푹 팬 홈이나 작은 웅덩이에 빠져 발목부상을 입을 수 있다.

애플, 구글, 아마존 같은 기업들이 리스크를 수용하며 변화의 대열의 맨 앞에 서거나 기존의 대열에서 이탈해 새로운 대열을 만들어 개척자(First mover)가 되는 이유는 비슷하다. 개척자가 감당해야 할 리스크 이상의 기회와 프리미엄이 있기 때문이다.

이처럼 변화를 선도하는 개인과 조직의 공통점은 3단계의 선(先)을 실천한다. 1단계는 선견(先見)이다. 변화의 일으키는 힘들이 어떻게 움직이는지 기민하게 느끼고, 그 움직임이 만들어 내는 새로운 패러다임을 읽는다. 그리고 그런 힘들이 조직과 자신의 팀에 어떤 변화를 요구하는지 볼 수 있어야 한다.

그리고 또 한 가지는 읽어야 할 것은 변화의 주기이다. 동네 골목상권에는 우후죽순처럼 생겼다. 1년을 넘기지 못하고 사라지는 매장들이 많다. 저성장과 공급과잉, 제품과 서비스의 짧은 반감기가 뉴노멀(new normal)이 된 지금은 유행의 주기를 읽는 눈이 더욱더 중요하다.

서울대학교 소비트렌드 분석센터는 트렌드를 지속성과 범위에 따라 마이크로 트렌드, 패드(fad), 메가 트렌드, 문화(culture)로 구분한다. 마이크로 트렌드는 3~5일의 가장 짧은 주기를 갖는다. 1년 정도 지속하는 트렌드가 '패드'이다. 패드는 유행으로 번역되는데, 패션 트렌드가 이에 해당한다. 보통 트렌드라고 알고 있는 트렌드는 3~5년 지속되는 현상을 말한다. 이보다 더 큰 트렌드는 10년 이상 이어지는 메가 트렌드다. 트렌드의 끝은 문화다. 문화는 30년 이상 주기를 갖고 세대 간으로 전수된다.[34] 여기에 중요한 것은 변화하는 환경 속에서 좀 더 지속되는 트렌드를 남들보다 빨리 읽어내어 거인의 어깨 위에 올라타거나 애플처럼 스마트폰이라는 하나의 메가트렌드를 만들어 더 큰 이익과 안정을 보장받는 것이다.

조직의 리더들은 거창하게 메가트렌드는 아니어도 최소한 자신의 업과 조직에 영향을 미치는 트렌드의 변화와 조직 내부의 움직임 정도는 사전에 감지해야 한다.

두 번째 단계는 선제(先制)이다. 아무리 변화의 흐름을 빨리 느끼고 읽는다고 해도 행동으로 옮기지 않으면 소용이 없다. 고모리 시게타가 후지필름 최고경영자는 필름 수요가 사라진 시대에 후지필름이 생존할 수 있었던 가장 큰 비결은 미래에 대한 준비와 그것을 실행할 수 있는 용기임을 밝혔다. 선제를 실천하는 좋은 방법은 프로토타입을 만들어 빨리 실험하고 빨리 실패하고 빨리 수정하는 것이다. 그러기 위해서는 실패에 관대한 문화를 만들어야 한다. 계획 수립에 지나치게 시간을 낭비하지 않고 큰 방향이 정해지면 신속하게 실험해야 한다. 아이데오(IDEO)에서는 "우리는 빨리 성공하기 위해서 직원들에게 빨리 실패하라고 재촉한다"고 주장한다.[35] 애플도 성공한 프로젝트보다 실패한 프로젝트가 더 많았다.

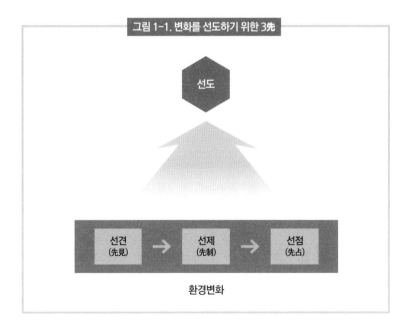

그림 1-1. 변화를 선도하기 위한 3先

마지막 단계는 선점(先占)이다. 최근 미세먼지가 사계절 상시화되고 사회적 이슈로 등장하면서 의류 관리기 시장에서 국내 기업 간의 경쟁이 본격화되고 관련 분야 특허출원이 급증하고 있다. 특히 미국 내에서 의류기기에 관련된 특허출원을 보면 한국기업의 비율이 71.8%로 가장 높다.[36] 이것은 기후환경변화에 따른 고객의 니즈 변화에 대한 새로운 시장을 선견하고 선제적으로 기술개발을 하여 선점우위효과(First Mover Advantage)를 얻기 위한 것이다.

애플은 2007년 1월 세계 최초로 스마트폰을 시장에 내놓은 이래 끊임없는 자기 파괴적 혁신과 고가전략으로 매출과 영업이익을 독식하고 있다. 애플은 다른 브랜드들이 출하율 경쟁을 벌이는 전체 스마트폰 시장에서 영업이익의 60~80%를 지속해서 가져가고 있다.[37]

물론 선점이 항상 절대적 우위를 보장해주지는 않지만, 규모의 경제효과 뿐만 아니라 강력한 진입장벽을 구축하는 이점이 있다. 또한, 최초라는 타이틀에서 오는 인지도에서 우위를 점하고 시장에서의 리더십을 확보할 수 있다.

현업적용하기

지난 1년을 분석해보라. 미리 감지하고 조치를 취하였다면 팀을 효과적으로 관리하고 팀의 경쟁우위를 높이는 데 도움이 되었던 것들은 무엇이었는지 찾아보라. 향후 당신의 팀이 사업부에서 선도적인 위치를 차지하기 위해 관심을 가져야 할 정보와 선제적으로 취할 행동은 무엇인지 리스트를 만들어라.

요약

❶ 변화 그 자체가 비즈니스가 된 시대에 성공적인 변화를 위해서는 우리 개인과 조직의 WIIFM과 세상의 WIIFM을 연결시키는 노력을 해야 한다.

❷ 모든 살아 있는 생물은 생존을 위해 진화적 변화를 한다. 기업도 진화하는 기업만이 생존한다. "결국 모든 제품과 서비스는 성공적이다. 실패할 때까지만"

❸ 세상의 변화에 맞추어 진화하기 위해서는 우리는 어떤 세계에 살고 있는지, 가장 큰 트렌드는 무엇인지, 그 트렌드로부터 최상의 이익을 얻어 성장하고 최악의 결과를 피하려면 무엇을 해야 되는지에 대해 끊임없이 질문해야 한다.

❹ 외부환경에서의 변화를 일으키는 힘은 기후환경, 글로벌화, 인구통계학적 변화, 기술 추이와 규제 등이다.

❺ 이런 것들의 변화가 보내는 신호를 감지하고 자신과 조직에게 미치는 영향이 무엇인지 파악하고 대응을 해야 한다.

❻ 조직 내부의 환경변화는 새로운 경영진의 교체로 인한 리더십의 변화, 조직역량의 취약성과 문제점 등의 노출 등이 있다. 이런 내부적인 변화는 중간리더들에게 직접적인 영향을 미친다.

❼ 변화를 선도하기 위해서는 선견, 선제, 선점의 3선의 역량을 갖추어야 한다.

3
변화를 망치는
7가지 잘못된 믿음

변화에 관한 변화는 리더가 갖고 있는 변화에 대한 잘못된 믿음으로부터
벗어나는 것이다. 그것이 조직변화를 성공시키기 위한 변화의 중요한 첫 걸음이다.

앞에서 얘기한 변화의 동력들을 잘 읽고 대응하며 변화를 추진한다고 해도 리더가 변화에 대한 잘못된 지식과 믿음을 갖고 있으면 그 노력이 수포로 돌아가기 쉽다. 사람들은 특정 대상에 대한 잘못된 지식과 믿음을 갖고 있을 때 현실을 왜곡해서 인식하고 문제의 본질을 올바르게 파악하지 못한다. 문제가 정확히 무엇인지 모르면 올바른 해결책을 찾을 수 없다. 잘못된 해결책을 실행하면 또 다른 문제가 생기는 풍선효과(어떤 부분에서 문제를 해결하면 또 다른 부분에서 새로운 문제가 발생하는 현상)가 생기면서 악순환이 반복된다. 구성원들은 이런 과정을 반복적으로 경험하면 리더와 변화 자체를 불신하게 되고 변화에 몰입하지 않는다.

이렇게 변화가 지지부진해지면 리더는 통제의 수준을 더 높이거나 새로운 관리방식을 도입하여 구성원들을 압박한다. 이 같은 조치로 인해 구성원들은 해야 할 일이 더 많아지고 스트레스가 증가하여 변화에 대한 저항감도 커진다. 결국에는 변화의 목적과 방향을 잃게 되어 가시적인 성과를 확인할 수 있는 결과 지향적 변화보다는 교육이나 행사를 몇 번 실시 했는지와 같은 어떤 활동에 대한 숫자만 남는 과정 지향적 변화로 퇴색된다.

리더는 변화의 긴 여정을 완성하기 위해서 조직변화를 실패로 이끄는 잘못된 믿음에 빠지지 않도록 자기 인식(self-awareness)을 높이기 위한 정기적인 회고(retrospective)가 필요하다.

- 위기는 사람들을 쉽게 변화시킨다.
- 사람들은 변화를 싫어한다.
- 침묵은 변화를 받아들이는 것이다.
- 사람들은 이성과 논리에 의해 변화한다.
- 변화는 이벤트가 중요하다.
- 변화성공은 매니지먼트에 의해 좌우된다.
- 조직변화는 선형의 과정이다.

01 위기는 사람들을 쉽게 변화시킨다

1988년 7월 스코틀랜드 근해 북해 유전에서 228명에 달하는 인원이 상주하고 있는 석유시추선 파이퍼 알파에서 폭발로 인한 화재 사고가 발생했다. 바다 한가운데 있는 거대한 시추선에서 발생한 화재는 한 인부가 밸브를 제대로 잠그지 않는 작은 실수로 가스가 누출되면서 불이 붙었다. 인부들은 화재 발생 후 헬기의 구조를 기다리며 플랫폼에서 기다렸고 2차 폭발이 이어지면서 바다로 뛰어들었다. 하지만 바다로 뛰어내리지 않은 81명의 인부는 크레인이 무너지면서 전원 사망했다. 결국, 모두 167명이 사망한 대참사였다. 그 당시 사람들은 50m 바다로 뛰어들든가 아니면 시추선에 남아 죽음을 기다리든가 둘 중의 하나를 선택해야 했다. 그러나 바다 역시 새어 나온 기름으로 불바다를 이루고 있어 위험하기는 마찬가지였다. 그 당시 자신의 목숨을 구한 앤디모칸은 배에 남아 있는 것은 죽음을 기다리는 것이라는 것을 깨달았고 바다로 뛰어들었다. 하지만 배에 남아 있던 사람들 중에 살아남은 사람은 한 명도 없었다. 그 당시 앤디모칸의 행동은 '확실한 죽음으로부터 죽을지도 모르는 가능한 삶'으로 반면 배에 남아 있던 사람들의 행동은 '느리지만 확실한 죽음'으로 은유한다. 이제 '불타는 갑판'은 익숙한 것과의 이별의 어려움을 은유하는 하나의 상징이 되었다.[38]

존 코터와 댄 코헨은 〈기업이 원하는 변화의 기술〉에서 변화 초기 단계 실패하는 가장 큰 원인 중의 하나는 리더들이 구성원들을 안전지대 밖으로 모는 것이 어려운 일인지 과소평가하는데 있다고 말했다. 실제로 존 코터가 관찰한 기업의 50% 이상이 1단계인 위기감을 조성하는 데 실패했다.[39] 그만큼 직원들에게 위기감과 절박감을 불어넣는 것이 어렵다는 방증이다.

자동차 안전 부품 분야의 세계적인 대기업이었던 일본의 타카타의 파산은 구성원들을 안전지대에서 벗어나게 하는 것이 얼마나 어려운 일인지 확인시켜 주었다. 타카타는 에어백, 안전밸트, 카시트 등 자동차 안전 부품을 생산하며 한때 에어백 부문에서는 세계시장 점유율 20%를 차지하며 세계 3대 메이커로 불리었던 기업이다. 이렇게 잘나가던 타카타는 2017년 6월 일본제조업 사상 전후 최대의 파산을 기록하며 84년의 역사에 종지부를 찍었다. 타카타의 파산은 1990년대 후반부터 생산한 에어백 제품에서 치명적인 결함이 있는 것을 2000년부터 알고 있었지만 10년 이상 방치한 것이 원인이었다. 2004년부터 시작된 에어백 폭발사고가 전 세계로 확산되면서 걷잡을 수 없는 상황이 되었다. 위험성에 대한 내부의 목소리가 지속적으로 있었는데도 안일하게 대처했다. 결국 타카타는 위험신호를 무시한 채 불타는 갑판에서 죽음을 맞이했다.[40]

이처럼 사람들은 위기상황을 인지하지 못하거나 그 자체를 부정하는 경향이 있다. 눈앞에 위기가 다가올지라도 지금 당장의 편안함에서 벗어나지 않으려고 차라리 눈을 감아버린다. 어떤 학자들은 이런 현상을 '외상 전 스트레스 증후군'이라고 말한다.[41] 다가올 상처와 위험이 심각한 줄 알면서도 애써 외면하고 불안감을 억누르며 현실의 안정과 즐거움에 취해 있으려는 심리이다.

당신이 사람들을 변화시키기 위해서는 사람들은 위기에도 잘 변하지 않는다는 것을 받아들여야 한다. 실제로 협박을 하고 두려움을 자극하는 방식이 사람들에게서 기대했던 반응과 행동을 이끌어내지 못하는 경우가 많다. 특히 때만 되면 정기적인 캠페인처럼 반복되는 위기 스토리에 익숙해진 직원들은 어떻게 연기를 해야 리더에게 조직 변화에 동조하고 자신이 위기감을 느끼는 것처럼 보이는지 너무 잘 알고 있다.

물론 변화전문가들은 위기와 불안감이 사람들을 움직이도록 만든다고 주장한다. 실제로 부정적인 자극은 변화 초기에 아무런 행동도 하지 않는 정체상태를 불편하게 만들어 행동하도록 만드는 데 효과적이다. 하지만 사람들을 지속적이고 자발적으로 움직이게 하려면 위기와 불안감을 기대와 희망으로 바꾸어 주는 리더십이 필요하다. 바람은 나그네가 상의를 여미게 만들 수 있지만, 태양처럼 상의를 벗길 수 없다.

현업적용하기

❶ 팀원들에게 일과 삶에서 언제 위기감을 느꼈고 그것이 어떤 영향을 주었는지 물어보라.

❷ 긴급한 상황에서는 위기감을 조성하는 방식으로 업무지시를 하고 시간적 여유가 있는 상황에서는 비전과 희망을 주는 방식으로 업무지시를 하라. 구성원들은 상황과 관계없이 항상 위기와 불안감을 조성하는 당신을 양치기 소년으로 생각할 수 있다.

02 사람들은 변화를 싫어한다

더글라스 맥그리거(Douglas McGregor)는 개인의 태도 또는 신념체계를 분류하여 X·Y 이론을 만들었다.[42] X 이론의 태도를 가진 관리자들은 직원들이 일을 싫어하기 때문에 일에 대한 의욕이 없고, 책임감이 떨어지고 지시만 기다린다고 믿는 경향이 있다. 그래서 목표 달성을 위해서는 직원들을 통제하고 감시하고 위협을 가해야 된다고 생각한다.

반면에 Y 이론적인 태도를 가진 관리자는 직원들이 일 자체를 좋아하기 때문에 스스로 일을 찾아 수행하고 책임을 진다고 믿는다. 이런 생각을 하는 관리자는 직원들에게 자율성을 주고 내적동기와 보상을 이용한 참여적인 리더십스타일을 발휘한다.

관리자가 X와 Y 이론 중 어떤 태도를 가졌는지에 따라 변화를 추진하는 방식은 달라질 수 있다. X 이론적 태도를 가진 관리자는 구성원들은 무조건 변화를 싫어하고 수동적이라고 생각하기 때문에 통제 중심적이고 강압적인 방식으로 변화를 이끌게 된다.

"사람들에게 자율과 선택권을 주어야 한다는 것은 다 알고 있는 사실입니다. 하지만 그것은 이론이죠, 현실은 다릅니다. 자율적으로 할 수 있도록 기회를 주면 성과가 잘 나오지 않습니다. 아무래도 현장에서는 강제와 통제가 더 효과적입니다"[43]

이 책을 쓰면서 인터뷰를 했던 현장의 리더들에게 참여를 통한 변화방식에 대해 어떤 생각을 하고 있는지 의견을 물었을 때 가장 많이 나왔던 얘기이다. 나는 이 말을 했던 몇몇 사람들에게 "그러면 당신은 상사가 강제와 통제의 방식으로 관리할 때 더 열심히 하고 높은 성과를 냅니까?"라고 질문을 했다.

대부분 이 질문에 바로 대답하지 못했다. 그것은 자신들의 생각과 행동에 모순이 있기 때문이다. 자신은 상사로부터 강제와 통제가 아닌 자율과 선택권을 주어지기를 바라면서 구성원들은 통제와 강압적인 방식으로 이끄는 것이 더 효과적이라고 말했기 때문이다.

리더들은 구성원들의 문제점을 지적하면서 이런 말을 자주 한다. "직원들은 아무리 강조해서 지시하고, 타이트하게 관리해도 잘 변하지 않습니다"[44]

이 말은 두 가지 의미를 담고 있다. 하나는 사람들은 잘 변하지 않는다는 의미이고 또 다른 의미는 자신은 리더로서 구성원을 변화시킬 만한 영향력이 없다는 것을 스스로 인정하는 것이다. 나는 이런 말을 들을 때마다 농담으로 이렇게 얘기를 한다.

"그럴 때 어떻게 해야 되는 지 알려드릴까요? 그렇게 강조하고 타이트하게 관리해도 잘 변하지 않는다면 그렇게 하지 마세요"

1992년 미국 대통령 선거에서 빌 클린턴이 이런 말을 했다. "바보야, 문제는 경제야!" 변화와 관련해서는 이 말을 하고 싶다 "바보야, 문제는 리더십이야!"

조직변화는 톱다운방식(top-down)과 바텀업(bottom-up)의 두 가지 방식으로 진행된다. 이것은 옳고 그름의 문제가 아니라 변화의 상황과 맥락 그리고 철학의 문제이다. 하지만 방식과 관계없이 구성원들의 발언권과 선택권을 지나치게 제한하는 변화에서 자발적 참여와 몰입을 기대하기는 힘들다.

찰스 두히그의 〈습관의 힘〉에서 소개된 올버니 대학교의 '마크 무레이븐'의 쿠키 실험은 변화추진에 있어 이와 관련된 시사점을 제공한다. 고등학생들은 따뜻한 쿠키 접시를 받고 5분 동안 먹지 말도록 요구받는다. 학생들 중 한 그룹에는 유혹을 억제하는 능력을 측정하기 위한 것이라는 실험의 목적을 알려주고 실험 참가에 대한 감사를 표시했다. 그리고 유혹을 억제할 수 있는 효과적인 아이디어를 요청했다. 그러나 나머지 그룹에게는 쿠키를 5분 동안 먹으면 안 된다고 명령만 하고 지시에 잘 따라 달라고 했다. 실험에 참여한 학생들 중 쿠키를 먹은 사람은 한 명도 없다. 쿠키의 유혹을 잘 버텼다. 그리고 실험대상자들은 컴퓨터 앞에 앉아 1,000분의 500초 동안 반짝거리도록 프로그래밍 되어 있는 상태에서 6 다음 4가 나오면 스페이스 바를 누르는 추가적인 테스트에 참여했다. 그 결과 첫 번째 실험그룹은 12분 동안 집중력을 유지했지만 자세한 설명도 없이 그저 지시만 받고 쿠키를 먹지 않았던 그룹의 성적은 엉망이었다. 피곤하다고 투덜거리기도 하고 중간에 중단하는 학생들도 있고 스페이스 바를 누르는 것을 깜박하기도 했다.[45]

사람들은 자제력이 요구되는 일을 할 때 목적이 분명하고 자신이 누군가를 돕기 위해 선택받은 사람이란 기분이 들면 일이 덜 힘들게 느껴지고 더 높은 집중력과 자제력을 발휘하고 성과를 낼 수 있다.

사람들이 변화를 싫어한다는 믿음은 일반적이지 않다. 사람들은 어리석지 않기 때문에 자신에게 도움이 되는 변화는 좋아한다. 사람들은 살면서 결혼, 출산, 새집 구매, 오지 탐험, 심지어 히말라야 트레킹 같은 다수의 큰 변화를 받아들인다. 사람들이 어려운 변화를 받아들이는 것은 변화에 수반되는 고통을 감내할 만한 의미와 가치가 있다고 믿기 때문이다. 리더는 구성원들이 변화 자체를 싫어한다는 X론 적 태도에서 벗어나 구성원들이 중요하게 여기는 가치와 의미를 조직변화와 연결시키는 노력이 필요하다.

현업적용하기

❶ 팀원에게 삶에서 언제 가장 큰 변화를 시도했는지 질문을 해보고 그것이 가능했던 이유를 물어보자.

❷ 사람들이 무조건 변화를 싫어한다는 가정에서 벗어나 보자. 1주 동안 업무를 지시할 때 목적과 의미를 반드시 얘기하는 노력을 해보자. 특히 "위에서 그냥 하라고 하니까 해"라는 말은 절대 하지 말자.

03 침묵은 변화를 받아들이는 것이다

한 제조기업은 외부환경과 고객 수요의 변동으로 전략적인 변화가 필요했다. 특히 생산 제품군의 변화에 능동적으로 대처하는 것이 가장 큰 이슈였다. 기존에 주력 사업군에서 수요가 증가하는 신 사업군으로 직원들의 직무 전환이 이루어지고 그 직무에 필요한 지식과 기술을 학습할 수 있는 교육프로그램이 진행되었다.

나는 이 프로그램에서 변화관리를 주제로 진행되는 워크숍 운영을 장기간 담당했다. 워크숍에 참석한 중간관리자들은 큰 동요 없이 자신들에게 일어나고 있는 변화를 받아들이는 듯 보였다. 하지만 그들의 시선과 표정들을 보고 로널드 하이페츠(Ronald A. Heifetz)가 말한 소위 '말속에 감춰진 노래'가 있다는 것을 직감했다. 말속에 감춰진 노래는 사람의 말속에 암시적으로 숨겨져 있는 의미로 몸짓, 어조, 목

소리의 강약, 단어 표현 등을 통해 나타난다.[46]

개인별로 메모지를 나누어 주고 현재 직면하고 있는 조직변화를 생각하면 어떤 생각과 이미지가 떠오르는지 작성하도록 요청했다. 말로 표현하는 것만큼이나 그들이 말하지 않는 진짜 생각과 감정을 알지 못한다면 워크숍을 효과적으로 운영할 수 없다고 판단했다. 이렇게 총 10회차에 걸쳐 300여 명의 중간관리자들에게 외부 비공개를 전제로 받은 공통적인 내용은 다음과 같다.[47]

"개고생이다, 피곤하다, 또 해야 하나?, 끝도 없네,

변화가 뭐야 힘든데…, 죽음, 생쇼 하는 거다, 변하지 않는 것, 너나 변해라,

골치 아프겠다, 말로만 하는 것, 무조건 하는 것, 늙은 사람은 가라,

회사는 변하지 않으면서 나부터 변하라고 한다, 언행 불일치이다,

힘들다, 피곤하다, 마누라 빼고 다 바꿀 수 있는가?,

앵무새, 강박관념, 식당 메뉴, 미래, 상명하달, 괴롭게 만들 거리, 또 회의,

또 어디로 팔려 가나? 누가 꼰대일까?, 조직이동은 끼리끼리 챙겨주는 것"

어느 정도 예상은 했지만, 일반 실무자도 아닌 변화대리인(change agency)의 역할을 해야 하는 중간관리자들이 조직변화에 대해 심각한 수준의 표현을 사용하며 비판하는 것에 충격을 받았다.

과연 직원들이 이런 생각을 하고 있는데 조직변화가 제대로 진행될 수 있을까 의구심이 들었다.

그래서 관리자들에게 이런 질문을 했다.

"경영진은 여러분이 변화에 대해 이런 생각을 하는 걸 알고 있나요? 그리고 여러분이 변화에 대해 왜 이런 생각을 하고 있는지 얘기할 기회는 있었나요?"

그들에게 돌아온 대답은 어느 정도 예상했지만, 생각보다 비관적이었다.

"얘기하는 것도 어렵지만 또 얘기하면 뭐 합니까? 나만 손해 보는데, 그리고 얘기를 해도 해결되는 문제가 없습니다. 그러니 차라리 아무 말도 하지 않는 것이 더 났죠!"

직원들의 감춰진 노래를 잘 모르거나 무시하며 소통하지 않은 리더들은 오스트리아의 동물행동학자인 콘라트 로렌츠(Konrad Zacharias Lorenz, 1903년 ~ 1989년)박사가 제시한 의사소통의 6단계의 의미를 되새겨야 한다.[48]

"말했다고 해서 아직 들은 것은 아니다.

들었다고 해서 이해한 것은 아니다.

이해했다고 해서 동의한 것은 아니다.

동의했다고 해서 기억한 것은 아니다.

기억했다고 해서 적용한 것은 아니다.

적용했다고 해서 행동이 변한 것은 아니다.

따라서 말했다고 해서 행동이 변한 것은 아니다."

리더들은 구성원들에게 어떤 것을 말했을 때 특별한 반응이나 저항을 보이지 않으면 동의하는 것으로 간주한다. 심지어는 당연히 행동이 변할 것으로 과잉기대를 한다. 그런데 대부분의 구성원들은 앞에 사례로 든 기업의 중간관리자들처럼 조직변화를 수용하지 않고 불만이 있어도 상사에게 공개적으로 표현하지 않는다.

피터 드러커는 변화와 혁신의 기능 자체가 무시, 거부, 조롱당하는 분위기에서 혁신을 수행하는 노력은 시간과 노력의 낭비이며, 그런 환경에서 변화혁신을 추구하려고 나선 사람은 자기희생에 불과하다고 말했다.[49] 구성원들이 혁신에 대해 그 필요성을 충분히 인지하고 공감하는 상황이 변화와 혁신추진에 중요한 요인이라는 것이 전문가들의 공통된 의견이다.

피터 드러커의 제안처럼 구성원들이 혁신의 필요성을 충분히 인지하고 공감하는 상황을 만들기 위해서는 침묵을 암묵적 동의와 수용으로 해석하는 착각에서 벗어나야 한다. 기업의 변화 성공사례에서 예외 없이 발견된 특징은 조직이 성과가 좋든 안 좋든 앞으로 일어날 수 있는 악조건에 대해 솔직하게 토론하고 쌍방향으로 소통하는 여건이 마련되어 있었다.[50]

현업적용하기

회의 시간에 팀원들에게 변화와 관련하여 "여러분 할 말 있습니까?"라고 질문만 하지 말고 포스트잇을 나누어 주고 어떤 생각이나 의견이라도 좋으니 무기명으로 작성해서 제출하라고 부탁하라. 주제와 전혀 관련 없는 내용도 의견을 표현해준 것에 고마움을 표현하라. 시간이 지나면 '말속에 감춰진 노래'를 표현하는 팀원이 늘어나고 변화 몰입도가 높아질 것이다.

04 사람들은 이성과 논리에 의해 변화한다

회의실에 직원들이 모여 있다. 관리자는 파워포인트 문서를 열고 현재 부서와 개인별 실적 분석 자료를 보여주며 실적 부진으로 인한 문제의 심각성을 얘기하고 있다. 자료는 각종 지표와 관련된 데이터와 그래프로 가득 차 있다. 시간이 흐르자 직원들의 집중력은 점점 떨어지기 시작한다. 관리자는 실적 부진으로 시장점유율이 하락하여 1위 자리를 뺏길 수 있다며 더 분발할 것을 요구한다. 하지만 절박한 관리자와 달리 직원들은 회의가 빨리 끝나기를 바라는 듯 휴대폰의 시간만 확인하고 있다. 직원들은 마음속으로 저렇게 자료를 만들어 보여주지 않아도 현재 실적이 부진하다는 것을 다 알고 있는데 이렇게 바쁜 시간에 모여서 회의하는 것은 시간 낭비라고 생각하고 있다.

일반적인 조직의 회의 모습이다. 리더들은 문제가 심각하여 변화가 필요하다고 판단할 때 위와 같이 바람직한 수준과 현재 수준과의 차이를 분석하고 차이가 나는 원인을 규명하는 논리적인 접근방식을 주로 사용한다. 그런데 숫자와 메시지로 가득 찬 문서를 보여주며 협박성 발언을 쏟아내는 것은 생각보다 효과적이지 못하다.

직원들은 변화하고 혁신하라는 요구에 이미 지칠 대로 지쳐있고 오히려 직원들끼리는 변화와 혁신이라는 단어가 금기어처럼 되어 있다. 어떤 구성원들은 리더가 모아 놓고 변화를 얘기하며 위기라고 강조하는 것이 때가 되면 해야 하는 예방접종이라고 생각한다. 사람들이 예방접종을 하면 한동안 안심하게 되는 것처럼 회의실에 모여 몇 시간을 참으며 숫자에 관련된 상사의 잔소리와 협박을 받으면 한동안은 편하게 지낼 수 있으니 말이다.

이처럼 구성원에게 숫자와 논리를 근거로 설명하고 설득하는 것이 효과가 없는 이유는 변화는 감정과 관련되기 때문이다. 사람들은 친숙한 구조와 습관의 상실, 안정감이 깨지는 두려움, 신념과 정체성의 상실, 자기 결정성의 침해와 같은 다양한 이유로 변화를 싫어한다. 한편으로는 신뢰, 희망, 기쁨, 의미, 공감, 충성 같은 감정들로 인해 이성을 뛰어 넘는 수준의 열정을 발휘하며 높은 위험을 무릅쓰고 비합리적일 수 있는 도전과 변화를 시도한다.

존 코터와 댄 코헨은 조직의 변화를 가능케하는 핵심요인이 무엇인지 파악하기 위해 130개 이상 기업의 400여 명의 리더들과 인터뷰한 결과 변화에 성공을 거둔 대부분 사례에서 사람들의 감정에 영향을 미칠 때 행동 방식이 변화한다고 밝혔다. 또한, 변화를 성공적으로 이끄는 리더들은 구성원들에게 생각이 아니라 감정에 영향을 미치는 방법을 사용하여 문제나 해결책을 바라보도록 했다.[51]

안전사고가 자주 발생하고, 장기간 성과하락이 지속되고, 시장 점유율이 하락하고, 잘못된 업무 방식으로 효과성이 떨어지는 문제를 해결하고 싶다면 사람들이 그 문제에 대해 어떤 감정과 기분을 느끼게 만들어야 하는지 먼저 고민을 해야 한다. 단순히 숫자를 보여주며 문제만 지적할 것이 아니라 필요하다면 관련된 현장에 나가 직접 보여주고, 경험했던 사람의 얘기를 직접 듣게 하고, 문제들이 미치는 악영향을 보여주어 감정 차원에서 문제를 느끼게 하는 것이 효과적이다.

현업적용하기

❶ 설명하고 설득하는 방식에서 벗어나 당신이 말하고 싶은 것을 보여주거나 감정에 영향을 줄 방법을 생각해 보자. 만약 팀워크에 문제를 일으키는 직원이 있다면 질책하지 말고 다른 팀원 중 동료로부터 도움을 받았던 스토리를 발굴하여 팀원들 앞에서 얘기할 기회를 제공하라. 문제를 일으키는 직원은 자연스럽게 영향을 받을 것이다.

❷ 다른 부문과 잦은 마찰을 일으키는 팀원이 있다면 1주 정도 마찰을 빚는 부문에서 근무하도록 기회를 제공하라. 당신이 말로 얘기하는 것보다 더 큰 효과가 있을 것이다.

05 변화는 이벤트가 중요하다

넓은 계단식 대강의장 중앙 무대 위에는 '경영 위기 극복을 위한 한마음 결의 대회'라는 문구가 인쇄된 커다란 현수막이 걸려있고 좌측과 우측 벽면에는 위기, 혁신 같은 자극적인 문구로 채워진 세로 현수막이 길게 늘어져 있다. 직원들은 각 사업장에서 버스를 타고 교육장으로 속속 도착한다.

행사장으로 입장하는 직원들 얼굴에는 귀찮고 피곤한 모습만 보일 뿐 위기의식도 위기를 극복하겠다는 의지도 읽을 수 없다. 다만 중앙에 앉아 있는 경영진들의 얼굴에는 비장함이 느껴진다. 위기 극복 행사는 외부초청 전문가의 강의로 시작된다. 강연자는 변해야 생존할 수 있다며 다양한 사례와 메시지로 직원들의 마음에 짧지만 임팩트 있는 자극을 주기 위해 열변을 다 한다.

그리고 이어지는 내부 워크샵, 위기 극복을 위한 산행, 저녁만찬 그렇게 위기 극복을 위한 행사는 예상했던 대로 진행된다. 직원들은 통과의례 같은 행사를 마치고 각자의 사업장으로 돌아간다. 하지만 그게 끝이다. 조직에는 어떤 변화의 움직임도 일어나지 않는다. 행사가 끝나고 구체적인 후속대책이나 피드백도 없다. 경영 위기 극복을 위한 한마음 결의 대회는 그렇게 한 번의 이벤트로 끝났다.

최고 경영자는 왜 구성원들이 위기의식을 느끼지 못하고 달라지지 않는지 관련 부서장을 불러 채근한다. 관련 부서는 모여서 구성원들이 더 강한 위기의식과 변화의 필요성을 느낄 수 있는 또 다른 이벤트를 찾기 시작한다.

조직변화를 떠올리면 '~선포식', '~대회', '~캠프', '~교육', '~워크숍'으로 불리는 다양한 이벤트와 행사들 그리고 요란한 구호들이 연상된다.

한 기업의 영업조직의 사업부장은 실적이 지속적으로 하락하자 현재 상태로는 목표 달성이 어렵다는 위기감을 느꼈다. 사업부장은 현장을 직접 방문해 확인하고는 전반적으로 조직 분위기가 느슨하고 직원들의 열정이 예전 같지 않다는 느낌을 받았다. 사업부장은 구성원들에게 더 높은 수준의 위기감이 필요하고 목표 달성에 대한 절박감을 불어넣어야 한다고 판단했다. 그는 회의를 소집해 팀장들에게 다음과 같이 지시했다.[53]

"현재 우리의 실적은 목표 대비 60% 수준으로 심각한 상태입니다. 영업사원들에게 위기의식을 불어넣기 위한 특단의 조치가 필요합니다. 앞으로 주간 단위로 실적을 마감하여 최하위 팀장과 각 팀의 하위성과자를 대상으로 주말 산행을 실시하겠습니다. 팀 실적 최하위 팀장은 매주 토요일 아침 7시 등반대장이 되어 타 팀의 하위성과자와 함께 등산을 실시합니다. 앞으로 실적을 달성하지 못하면 매주 토요일 아침 산에 올라간다는 사실을 팀원들에게 명확히 전달해 주시기 바랍니다."

팀장들은 자기 부서로 돌아와 직원들에게 사업부장의 말을 전하며 팀 실적 문제로 자신이 산에 올라가는 일이 발생하지 않도록 해달라고 강조한다. 팀원들은 회의가 끝나자 흡연실에 모여서 회의 때 나온 얘기에 대해 각자 한마디씩 한다.

"사업부장은 직원들 괴롭히는 아이디어는 끝내 주게 잘 만들어 내는 천부적인 재능을 가진 것 같아"

"아니 토요일 아침에 산에 올라가는 게 말이 되냐고? 누가 실적을 내기 싫어서 안 하냐고 시장 상황이 안 좋아서 그렇지"

"어차피 잠깐하고 또 금방 둘거야, 가만히 있으면서 소나기만 피하자고!"

이렇게 시작된 등반대회는 실적을 개선하겠다는 최초의 목적을 달성하지 못하고 직원들의 하체 근육만 개선했다. 그리고 매주 산에 올라가는 고정 맴버들이 생겨나면서 동병상련의 심정 때문인지 서로 가까워지고, 마치 부진자 등반대회가 산악동호회 같은 편안한 분위기로 변질됐다.

사업부장은 처음 의도와 다르게 사업부 성과가 개선되지 않자 부진자 등반대회를 중단시켰다. 결국 등반대회는 사업부장이 자신의 상사에게 부진한 실적 개선을 위해 무엇인가 조치를 취하고 노력하고 있다는 보고 거리와 자신의 불안감을 해소하는 이벤트로 끝났다.

과거에 주말 근무와 근무시간에 제약이 없던 시절 직원들을 변화시킨다는 명목으로 '새벽시장을 방문하는 삶의 체험 현장, 해병대 훈련소 입소, 극기 훈련, 죽음을 체험하는 입관체험 등 비슷한 행사들이 많이 열렸다. 지금은 변화된 조직문화와 법적인 제약 때문에 과거처럼 직원들의 시간을 마음대로 빼앗는 행사가 불가능하지만 그래도 여전히 시대변화에 맞게 진화된 다양한 이벤트들이 운영되고 있다.

때로는 효과적인 이벤트가 사람들에게 감성적 자극을 주고 어떤 결정과 행동을 시작하도록 동기를 제공하는 촉매제 역할을 한다. 하지만 본질을 외면하고 형식적으로 진행되는 이벤트는 어떤 특정한 날의 한 번의 이슈와 기억으로 끝나기 십상이다. 즉 활동을 위한 활동으로 끝나게 된다.

결국 교육을 몇 명 했는지, 행사를 몇 번 했는지, 몇 명이 참여했는지 같은 숫자와 사진만 남길 뿐 원하는 결과를 얻지 못하는 경우가 많다. 조직에서 새롭게 도입한 많은 혁신기법이나 방법론들도 전사적인 붐을 일으키며 확산되다 리더와 추진 세력이 일관성을 잃고 관심을 갖지 않는 순간 일회성 선언으로 반짝하고 끝나는 이벤트가 되기는 마찬가지이다. 이런 경험을 많이 한 직원들은 변화를 더 냉소적으로 생각한다.

조직변화에 이벤트를 활용하는 것은 한 번의 특별하고 강렬한 자극이 변화의 모멘텀을 만들 수 있다는 믿음이 있기 때문이다. 그러나 홀(Hall)과 호드(Hord)의 얘기처럼 "변화는 이벤트가 아니라 프로세스"이다.[54] 사람들이 새로운 행동을 시작해서 지속되어야 한다면 이벤트보다는 프로세스를 중시해야 한다.

프로세스는 지속적인 개발을 가능하게 하고 좀 더 성장하고 성숙할 수 있도록 만든다. 또한 어떤 특정한 날의 이슈가 아니라 조직문화 차원에서 장기적인 이슈를 다룬다. 이벤트는 변화의 첫발을 내딛는 시작을 가능하게 하지만 프로세스는 일관성과 지속성을 갖게 함으로써 결과를 만들어 낸다. 많은 조직변화가 실패하는 것은 대증요법이나 임기응변식 이벤트로 사람들의 생각과 행동을 바꿀 수 있다고 생각하기 때문이다.

관리자가 조직변화를 성공으로 이끌기 위해서는 변화를 개인의 습관과 조직의 문화를 바꾸는 프로세스로 인식하고 실질적으로 결과를 얻을 수 있는 작은 것부터 실천해야 한다. 프로세스 중심의 변화는 정확한 상황인식을 통해 구체적으로 해야 할 일을 정하고, 누가 언제부터 할 것인지 구체적인 역할을 정하고, 지속적으로 피드백을 하며 목적과 방향에 충실해야 한다. 조직변화는 '무엇을 시작했는가?'보다 '무엇을 지속하는가?'를 더 중요하게 생각하며 습관과 문화를 만드는 지난한 과정이기 때문이다.

현업적용하기

❶ 잦은 이벤트와 행사는 사람들을 지치게 하고 변화에 대해 무감각하게 만든다. 당신이 하는 일이 이벤트가 아니라 프로세스라는 것을 팀원들에게 인식시키려면 무엇을 해야 되는지 생각해보라.

❷ 새로운 것을 시도하려면 작은 것부터 시작하라. 그리고 어떠한 일이 있어도 중단하지 마라. 예를 들어, 매주 수요일을 가정의 날로 정했으면 예외를 허용하지 말고 무조건 시행하라. 이것이 잘 지켜지면 팀원들은 당신이 어떤 얘기를 해도 신뢰할 것이다.

06 조직변화는 관리자의 매니지먼트 능력이 좌우한다

영화 '캐스트어웨이'에서 페덱스의 관리자 척놀랜드(톰행크스 분)는 미국을 떠나기 전에 페덱스 소포에 타이머를 넣어 러시아 사업장으로 보낸다. 그는 러시아에 도착해 현지 직원들 앞에서 자신이 미국에서 러시아로 출발하며 배송한 소포를 개봉하여 계속 작동되고 있는 타이머의 87시간 22분 17초라는 시간을 보여준다. 그리고 직원들에게 큰 목소리로 훈계를 한다.

"미국의 멤피스에서 러시아까지 87시간 걸렸습니다. 87시간이나 걸린 것은 창피한 일입니다. 시계였으니 망정이지 더 중요한 것이었으면 어땠을까요? (중략) 그랬다면 87시간은 너무나도 깁니다. 우주 창조도 그렇게는 안 걸렸습니다. 전쟁이 일어나고 국가가 망할 수도 있는 시간입니다. 3시간 2분 후에는 여기에 있는 모든 소포가 저 트력에 실려서 공항으로 향하고 있어야 합니다. 15분 남았습니다. 빨리 서두르세요! 서둘러요!"

직원 한 명이 그에게 다가와 트럭에 문제가 생겼다고 보고한다. 그는 문제를 해결하기 위해 직원과 함께 밖으로 급하게 뛰어나간다.[55]

척놀랜드의 행동은 매니지먼트의 전형적인 모습이다. 매니지먼트는 어떤 일을 계획, 조직, 실행 그리고 통제하는 것을 말한다. 어느 정도 예측 가능하고 원인과 결과를 설명할 수 있는 것이 매지니먼트의 기능이다. 반면에 리더십은 비전과 방향을 제시하고, 영감을 주고 동기를 부여하는 것이다. 리더십은 현 상태를 유지하는 것이 아니라 사람들을 새로운 방향으로 전환시키는 영향력이다. 리더십 전문가인 존 맥스웰 박사는 변화의 상황에서 리더십의 중요성을 다음과 같이 말했다.

"어떤 사람이 단순히 관리만 하는 것이 아니라 리더십을 발휘할 수 있는가를 시험해보는 가장 좋은 방법은 그 사람에게 새로운 방향으로 변화를 주도해 보도록 요구하는 것이다. 관리자는 방향을 유지할 수는 있지만 바꾸지는 못한다."[56]

그러나 사람을 통제하고 관리하는 방식이 더 많이 요구되는 조직문화에서 새로운 방향으로 사람들을 이끄는 리더로서 어떻게 행동해야 되는지 배울 기회가 많지 않은 것이 문제점이다.

존 코터는 관리적 사고방식으로만 훈련되어 있는 관리자들은 계획, 예산, 통제 그리고 지침만 다룰 줄 알고 변화와 직접 관련된 비전과 전략을 만들어 낼 수 없는 한계를 갖고 있다고 지적했다. 그래서 여전히 조직변화의 상황에서 단순하고 직선적이며 분석적인 매니지먼트에 지나치게 의존하는 경향이 있다.[57]

조직변화는 그 규모와 수준과 관계없이 결국 개인행동을 새로운 방식으로 바꾸는 것이다. 새로운 방식으로의 행동 변화는 개인들의 내적 동의와 수용이 일어날 때 몰입의 수준이 높아진다. 매니지먼트 방식은 기준을 유지하거나 기준에 미달하는 것을 정상화하는 데는 효과적이지만 내적 동의와 수용성을 높여 새로운 행동을 하도록 만드는데 제한적이다. 심지어 피터드러커는 "우리가 관리라고 하는 것의 많은 부분은 사람들을 일하기 어렵게 만드는 것들로 구성되어 있다"라며 지나치게 관리에 무게 중심을 두는 것을 문제로 지적했다.

그렇다고 변화에 있어 매니지먼트의 무용론을 주장하는 것은 아니다. 존 코터가 "혁신을 성공적으로 추진하기 위해서 70~90퍼센트의 리더십과 10~30%의 매니지먼트가 필요하다[58]"고 주장한 것처럼 지나친 매니지먼트 프레임에서 벗어나는 것이 필요하다.

현업적용하기

당신이 매지니먼트와 리더십 중 어느 역할에 더 많은 시간을 보내는지 체계적으로 관찰하라. 1주 동안 아침에 출근해서 퇴근할 때까지 자신의 활동을 기록하면 변화와 관련한 당신의 문제점을 인식할 수 있다.

07 조직변화는 선형의 과정이다

앞에서 언급한 한 제조기업의 변화사례처럼 변화의 상황에서 구성원들은 겉으로 드러내지 않을 뿐 심리적으로 저항하며 과거의 습관과 기억 그리고 감정 상태에 머물러 있다. 그러나 리더는 구성원들이 자신의 요구에 즉각 반응하고 행동하기를 바라며 그렇지 않을 경우 자연스럽게 받아들이지 못한다. 또한 자신이 요구한 행동을 구성원들이 한 번의 활동이나 행동으로 옮기면 변화가 시작됐다고 착각하는 경향이 있다.

"부처님께서 이치는 금방 깨달으니 다생습기(多生習氣)는 금방 없앨 수 없다'라고 했다. 설사 계율을(띄어쓰기) 안 지키는 처사도 금방 깨닫고 소 잡는 백정도 소 잡는 칼을 들고도 부처님 법문 한 마디에 깨닫는다. 깨닫는 이치는 그렇다 해도, 다생습기는 남아 있다. 바람이 그

쳤지만 물결이 계속 출렁이는 것과 같은 이치지, 이런 고로 서서히 없애는 것이다."[59]

이는 쌍계사 고산스님이 한 일간지에서 언급한 얘기이다. 다생습기는 오랜 생에 걸쳐 몸에 밴 습관을 말한다. 변화는 개인의 행동과 습관을 바꾸는 일이다. 오래된 습관을 바꾸거나 하지 않았던 새로운 행동을 하는 것은 머리로는 이해된다 해도 몸으로 받아들여 행동으로 지속하는 것은 어려운 일이다. 그래서 변화의 가장 어려운 숙제는 결심과 계획이 아니라 실행과 습관이다.

다이어트, 건강관리, 자기 계발과 관련된 업종을 결심 산업이라고도 부른다.[60] 결심산업은 매년 1월에 매출이 급증하다 2월만 되면 제자리로 돌아간다. 포털사이트에서 결심산업과 관련된 검색량은 12월 말에서 1월 초까지 급상승하지만 얼마 지나지 않아 급하락한다. 아파트 단지 내 헬스클럽은 정기적으로 운동화를 정리한다. 운동을 결심한 사람들이 운동화를 신발장에 갖다 놓고 얼마 안 다니다 방치해 두기 때문이다.

로드아일랜드 대학 제임스 프로차스카(James Prochaska) 교수는 이처럼 개인들이 과거의 행동으로 퇴행하거나 문제점이 재발되는 것을 일종의 예외가 아닌 원칙이라고 말한다. 프로차스카의 연구에 의하면 개인 변화는 시작해서 한 번에 성공에 이르는 직선형이 아니라 실행과 퇴행을 반복하며 변화의 주기를 완성하는 나선형 모델이다. 즉, 변화의 단계를 진전시키기 위해서는 과거의 방식으로 돌아가는 것을

실패가 아닌 재순환(recycle)으로 인식하고 다시 시작해야 된다는 의미이다.[61]

조직변화도 결심산업과 비슷한 사이클을 보인다. 변화의 시작은 거창하고 요란하지만 시간이 지나면서 금방 시들해진다. 어떤 기업은 10여 년 전에 회의문화 개선을 위해 컨설팅을 받았다. 그리고 컨설팅이 끝나자 사무실 벽면 곳곳에는 다양한 문구의 포스터가 붙고 리더를 위한 교육과 전사적인 캠페인이 진행되었다. 그런데 10년이 지난 지금도 비슷한 과정을 반복하고 있다. 컨설팅 결과 과거와 비슷한 문제점이 지적되고 제시된 솔루션도 비슷했다.

이처럼 조직변화는 사람들의 습관과 조직의 문화를 바꾸는 것이기 때문에 한 번에 완성 되지 않고 앞으로 나아갔다 퇴행하기를 반복한다. 리더는 이런 변화의 메커니즘을 이해하고 변화 과정에서 구성원들에게 나타나는 문제점의 재발과 과거로의 퇴행을 하나의 교훈을 터득할 기회로 생각하며 인내를 갖고 변화를 추진해야 한다.

현업적용하기

당신이 새롭게 얘기한 것을 팀원들이 얼마나 지속하는지 관찰하고 기록하라. 그러나 이 기록 결과를 가지고 직원들을 질책하거나 압박하는 데 사용하지 마라. 만약 중단되었다면 누구나 그럴 수 있는 일이라고 이해를 표현하라. 그리고 지속하는 데 어떤 것이 힘들게 하는지 물어보고 지속할 수 있도록 격려하라.

요약

❶ 사람들을 안전지대 밖으로 몰아내고 위기상황을 인식시키는 것이 얼마나 어려운 일인지 과소평가하면 변화에 실패한다.

❷ 사람들은 변화 자체를 싫어하기보다는 변화에 따르는 고통과 희생을 감당할 만한 이유와 가치가 없는 변화를 싫어한다.

❸ 변화의 상황에서 사람들이 말하지 않는 것은 여러 가지 이유가 있다. 침묵을 변화의 수용으로 오해하는 것이 변화에 실패하는 원인 중의 하나다. 사람들의 말속에 감춰진 노래를 듣기 위해 노력해야 한다.

❹ 사람들의 변화에 중요한 영향을 미치는 것은 이성과 논리가 아니라 감정이다. 변화에 적합한 감정과 기분을 갖게 하려면 어떻게 해야 되는지 고민해야 한다.

❺ 이벤트는 어떤 행동과 결정을 하도록 만드는 촉매제 역할을 하지만 지속적이고 습관화된 행동과 문화를 만들기 위해서는 프로세스가 필요하다.

❻ 변화는 계획과 예산만을 다루는 매니지먼트가 아니라 비전과 전략을 다루는 리더십의 영역이다. 그렇다고 매니지먼트 무용론을 말하는 것은 아니다. 혁신을 성공적으로 추진하기 위해서는 70~90%의 리더십과 30~10%의 매니지먼트가 필요하다.

❼ 변화는 시작해서 한 번에 완성되는 선형이 아니라 중단과 퇴행을 반복하는 나선형의 프로세스이다. 팀원들이 보이는 중단과 퇴행을 당연하게 생각하고 다시 시작할 수 있도록 용기를 북돋워 주는 것이 중요하다.

4
조직변화의 핵심은 개인이다

조직변화는 본질적으로 개인의 행동을 바꾸는 것이다.
리더는 사람마다 변화에 대한 생각과 감정, 변화를 받아들이는 속도, 대응 방식이
다르다는 것을 이해하고 다룰 줄 아는 고도의 리더십이 필요하다.

김 팀장은 팀이 뭔가 잘못되어 가고 있다는 느낌이 든다. 여러 가지 지표들은 하향 추세이고 직원들의 표정도 생기가 없다. 변화를 위해 뭔가 조치를 취해야 되는데 고민이다.

김 팀장은 신뢰하는 팀원 한 명을 불러 의견을 물어본다. "요즈음 우리 팀이 뭔가 문제가 있는 것 같지? 뭐라고 생각해? 팀원들은 지금 팀의 문제에 대해 어떤 생각을 하고 있는 것 같아?"

팀원은 "회식이나 한 번 하는 게 어떻습니까?"라는 엉뚱한 대답만 한다. 김 팀장은 어떻게 하면 좋을지 혼자 고민해 보지만 뾰족한 방법이 없다. 하지만 실적 개선에 대한 상위부서의 압력으로 빠른 조치를 취해야 한다. 그래서 일단 팀 회의를 소집했다.

김팀장은 직원들에게 문제가 되는 지표 상황에 대해 설명하며 현상태로는 목표 달성이 어려우니 헝그리 정신을 가지고 노력해주기를 바란다며 팀원들의 활동 관리지표의 목표를 2배로 상향 조정하겠다고 선언했다. 또한 타이트한 업무관리를 위해 일일 업무일지를 30분 단위로 작성해서 퇴근 전 제출하라고 지시했다.

팀원들은 회의가 끝나고 휴게실에 모여 자기들끼리 2차 회의를 한다. 회의 시간에 말이 없던 팀원들이 이구동성으로 한마디씩 하기 시작했다.

"지난번에도 했던 것 아니야?", "아니 우리가 몸이 도대체 몇 개야, 맨날 이것저것 하라고 지시만 하고", "그거 해봐야 소용없어, 하는 척만 하고 그냥 하던 대로 하자고"

김 팀장은 지시한 것이 잘 이행되는지 팀원과 일대일 미팅을 하며 열심히 확인했다. 개인별 실행 결과를 데이터베이스 자료로 분석하여 메일로 통보하고 회의 시간과 개인 미팅을 통해 압박했다. 그러나 그것은 오래가지 못했다. 팀장도 팀원들도 관심이 시들해진 것도 있지만 실제로 성과를 개선시키지 못했기 때문이다.

내가 기업 현장에서 간접적으로 경험하고 직접 시도하기도 했던 변화관리 방식이다. 관리자가 이런 방식을 선호하는 데는 나름의 이유가 있다. 첫째, 다른 방식에 대한 경험이 없다. 이것은 조직문화와 관련된다. 많은 경우 자율과 참여를 통한 변화방식을 추구하는 리더들은 카리스마가 없고 성과 지향적이지 못하다는 이유로 높은 자리에 올라가지 못한다. 경영진으로부터 강한 리더십이 없다고 질책을 받는 경우는 많지만, 자율과 참여방식의 리더십을 발휘하지 못한다고 질책을 받는 경우는 많지 않다.

둘째, 변화를 사람의 행동과 습관을 바꾸는 차원보다는 지시와 통제 그리고 분석으로 가능한 관리의 영역으로만 생각한다. 경영의 구루이며 변화관리 분야의 대가 존 코터(John P. Kotter) 하버드대학교 교수는 사람에 대한 이해 없이 변화를 관리중심으로만 접근하는 것이 변화에 실패하는 원인 중에 하나라고 지적했다.[63] 즉, 조직변화는 개인들의 행동을 변화시키는 것과 관련되기 때문에 구성원 개인의 변화에 대한 생각과 관점, 변화를 받아들이는 속도, 변화에 대한 대응방식 그리고 감정이 다르다는 것을 이해하고 다룰 줄 아는 고도의 리더십이 필요하다.

01 개인변화단계

운동, 다이어트, 금연 같은 개인변화와 관련 된 다양한 연구에서 밝혀진 것처럼 사람들은 특별한 경우를 제외하고는 실행에서 습관의 단계까지 변화의 주기를 한 번에 완성하지 못한다.

변화의 과정이 잘 진전되지 않고 문제가 되는 것은 리더들이 이와 같은 개인 변화의 일반적인 원칙을 구성원들에게는 좀 더 엄격하게 다른 잣대를 가지고 적용하기 때문이다. 부모들이 자신은 과거에 완벽했다고 착각하며 자녀에게 높은 기준을 적용해 행동과 습관을 바꾸려고 하는 것과 같다. 이런 부모들은 자녀가 한 번의 실수를 하거나 경로에서 이탈하면 있을 수 없는 일이 생긴 것처럼 혼을 내거나 통제를 강화한다.

리더들도 마찬가지이다. 자신도 받아들이고 실행하기 힘든 것을 직원들에게 지시하고 한 번에 잘 해내기를 기대한다. 그리고 실수나 퇴행에 대해 엄격한 기준을 적용하여 관리한다. 또한, 사람마다 새로운 행동을 받아들이는 능력과 속도가 다르다는 것을 인정하지 않고 자신이 잘하는 것은 구성원들도 잘 할 것이라고 판단해 한 번에 너무 많은 행동 변화를 요구한다. 이러한 개인 변화에 대한 리더의 몰이해가 변화의 단계를 진전시키는 데 장애를 만든다.

리더는 변화에 대한 이상적인 생각과 기준에서 벗어나 개인이 어떤 단계를 통해 변화의 주기를 완성하는지 이해하고 리더십을 발휘해야 한다. 개인 변화의 단계와 관련된 대표적인 이론은 인간의 죽음에 관한 연구에 일생을 바친 엘리자베스 퀴블러 로스의 변화 5단계와 개인 변화 전문가인 제임스 프로차스카와 동료들이 제시한 변화 6단계가 있다.

엘리자베스 퀴블러 로스(Elisabeth Kübler-Ross)의 변화 5단계

퀴블러 로스의 변화 5단계는 죽음이나 충격적인 변화를 맞이한 사람의 심리학적 반응을 묘사한 것이다. 이와 유사한 반응패턴이 조직변화의 과정에서도 일어난다고 가정한다. 어떤 사람이 회사로부터 갑작스럽게 권고사직의 통보를 받거나 지방 사업장으로 발령을 받게 됐을 때 엘리자베스 퀴블러에 의하면 다음에 다섯 단계를 거쳐 변화

하게 된다.[64]

첫 단계는 부정(denial)이다. "그럴 리가 없다. 뭔가 잘못됐을 것이다."라는 반응을 보이며 사실 자체를 받아들이지 않는다.

두 번째 단계는 분노(anger)이다. "하필이면 내가 왜 대상자가 되었지? 내가 얼마나 조직을 위해 충성을 다했는데!"라고 생각하며 분노를 느낀다. 그리고 주변 사람들에게 자신의 불만과 분노를 표출하기도 한다.

세 번째 단계는 타협(bargaining)이다. 이 단계에서는 현실을 직시하며 어떻게 받아들이고 문제를 해결해야 하는지 생각하며 조금씩 받아들이기 시작한다. '만약 권고사직을 피하기 위해서는 어떻게 해야 하는가? 또는 지방 사업장으로 발령을 받지 않고 현재 부서에서 근무하려면 무엇을 해야 되고 누구와 얘기를 해야 해결할 수 있을까?'와 같은 생각을 한다.

네 번째 단계는 침체(depression)이다. 이런저런 노력을 해도 안된다는 것을 알고 변화를 받아들여야 한다는 사실이 확실해지면 침울한 상황에 빠져든다. 이 단계에 있는 사람은 말수가 적어지고 다른 사람들과 대화를 나누려고 하지 않는다.

이제 마지막은 수용(acceptance)이다. 결국, 변화를 어쩔 수 없이 받아들여야 한다는 것을 인정하고 적극적으로 문제해결에 나서거나 기회를 찾는다. 사람들은 이 단계에서 변화에 따르는 모든 불안과 두려움을 받아들인다.

조직 변화관리는 결국 개인의 변화와 관련된다. 퀴블러 로스의 변화 5단계는 리더가 충격적인 변화과정에서 구성원들이 경험하고 표출하는 부정적인 심리와 감정 상태를 얼마나 잘 이해하고 다룰 수 있는지가 변화 성공의 중요한 요소라는 것을 말해준다.

제임스 프로차스카의 변화 6단계

로드아일랜드 대학의 제임스 프로차스카와 연구팀이 제시한 변화 6단계는 자기 스스로 새로운 습관을 만들거나 부정적인 습관을 바꾸는 데 성공한 사람들이 겪는 과정이다.[65] 이 변화의 6단계는 무관심-심사숙고-준비-실행-유지-종료의 순서로 진행된다. 프로차스카는 개인 변화는 나선형 모델이라고 말한다. 즉, 한 번에 무관심에서 단계별로 진전시켜 종료 단계까지 가는 것이 아니라 실수와 퇴행을 반복한다. 대부분의 사람들은 실행단계까지 갔다가 다시 준비나 심사숙고 단계로 후퇴한다.

변화의 6단계에서 강조하는 것은 퇴행을 실패가 아닌 재순환의 개념으로 보고 교훈을 얻을 기회로 생각하라는 것이다. 이 변화단계는 리더가 구성원들이 새로운 행동을 습관화하기까지 원래 하던 행동으로 돌아가고 정체되는 이유에 대한 이해를 제공하고, 구성원의 변화 단계를 진전시키기 위해 어떤 행동을 하는 것이 효과적인지 알려준다.

무관심단계

무관심단계에 있는 사람은 행동을 변화시킬 의지가 없고 문제가 있다는 사실을 부정하고 저항하는 모습을 보인다. 또한 문제에 대한 자기인식이 부족하여 주변 사람들에게는 보이는 문제를 본인은 보지 못하거나, 문제를 운명이나 회사의 책임으로 돌리고 변화를 거부한다. 이 단계에 있는 사람들에게 인센티브와 보상 같은 당근을 사용하는 것은 장기적으로 도움이 되지 않는다. 그 이유는 내적 동의와 수용이 없는 상태에서 보상으로 일어난 변화는 쉽게 과거의 행동으로 돌아가기 때문입니다. 무관심 단계에 있는 사람들은 개인의 생각이나 방식이 문제가 있다는 것을 자각할 수 있도록 지속적인 정보와 피드백을 제공받을 때 변화가 시작될 수 있다.

심사 숙고단계

이 단계에 있는 사람은 자신의 행동에 문제가 있다는 것을 알고 있고, 새로운 변화에 잘 적응해야 한다고 생각하지만, 아직 행동으로 옮기지 않고 고민하는 단계이다. 예들 들어 병원 건강검진에서 안 좋은 결과를 통보 받고 운동을 시작하기로 결심한 사람이 행동에 옮기지 않고 있는 상태이다. 많은 사람들이 이 단계에 오래 머물러 있으며 실행을 시작했던 사람들도 퇴행하면 심사숙고 단계로 돌아온다. 심사숙고 단계에 있는 사람들 중에는 문제의 원인을 파악해서 해결책을 모색하기도 하고 변화에 대한 기대와 활기 그리고 열망을 갖기도 한다.

준비단계

준비단계에 있는 사람은 실행을 위한 계획을 세우고 소소한 변화를 시작한다. 준비단계는 변화에 성공한 개인들이 중요하게 거치는 과정이다. 준비단계를 생략할 경우 변화에 실패하거나 오래 가지 못해 퇴행하게 된다. 그 이유는 준비단계에서 변화과정 중 예상되는 장애물을 사전에 예측하고 해결하기 위한 심리적, 행동적 조치를 취하기 때문이다.

실행단계

변화의 가장 가시적인 단계이다. 새로운 행동을 위해 가장 많은 에너지와 노력을 쏟아야 하는 시기이며 특히, 이 단계는 무엇보다 주변의 지지와 도움이 필요하고 작은 진전이 있을 경우 보상을 해주는 것이 필요하다.

유지단계

유지단계는 변화가 완료된 단계는 아니다. 언제라도 원래대로 돌아갈 수 있는 단계이기 때문에 재발을 방지하기 위한 노력이 필요한 시기이다.

종료단계

종료단계는 변화된 행동이 완전한 습관이 되어 불편함을 느끼지 않고 행동을 지속하는 것을 말한다. 모든 사람들이 희망하는 단계이지만 쉽게 도달하기 힘들다. 특히 조직변화에서 개인들이 종료단계까지 도달하려면 많은 시간이 필요할 뿐만 아니라 기존의 하향적이고 강제적인 방식의 변화관리 방식으로는 도달하기 힘들다.

엘리자베스 퀴블러 로스와 프로차스카의 개인 변화단계를 이해하면 개인 변화의 프로세스와 매커니즘이 생각보다 복잡하다는 것을 알 수 있다. 리더는 구성원들의 행동을 변화시키기 위해서 변화상황에서 개인들이 경험하는 정서와 변화과정을 이해하고, 변화의 단계를 진전시킬 수 있는 효과적인 리더십 스킬을 알고 있어야 한다.

표 1-3. 퀴블러 로스와 프로차스카의 개인변화 단계 비교

구분	엘리자베스 퀴블러 로스의 5단계	제임스 프로차스카와 동료들의 6단계
상황	급격하고 위협적인 변화	새로운 행동 및 습관 개발
단계	1. 부정 2. 분노 3. 타협 4. 침체 5. 수용	1. 무관심 2. 심사숙고 3. 준비 4. 실행 5. 유지 6. 종료

현업적용하기

❶ 팀원들과 과거에 경험한 변화에 대해 어떤 느낌을 받았는지 솔직하게 토론하라. 리더가 먼저 모두가 알고 있는 과거의 조직변화를 언급하면서 자신이 어떤 과정을 통해 그 변화를 받아들이고 반응했는지 솔직하게 말한다면 팀원들이 편안하게 자신의 생각을 표현할 수 있다.

❷ 회의 시간에 팀 리더로서 자신이 계획하고 있는 새로운 변화에 대해 말하고 팀원들의 의견을 들어라. 팀원들이 얘기할 때 어떤 말을 하는지, 어떤 표정을 짓는지, 비언어적인 부분까지 세밀하게 관찰하라. 만약 공개적인 자리에서 자신의 생각을 표현하지 않는다면 팀원들을 개별적으로 만나 인터뷰를 하라. 이런 활동을 통해 개인들이 변화의 어떤 단계에 있는지 판단하고 대응 방법을 계획하라.

02 구성원들이 변화에 저항하는 이유

세스 고딘은 "우리는 변화에 대해서 매우 강력한 유전적 혐오를 보유하고 있기 때문에 변화와 관련된 어떤 것에 동참할 때마다 항상 스트레스를 받으며 변화를 실패로 이끄는 변화 회피 반응을 본능적으로 일으킨다"[66]라고 말했다. 사람들이 보이는 변화에 대한 저항은 원천적으로 자연스러운 반응이라는 의미이다. 오히려 구성원들이 조직변화에 저항하지 않는다면 그 변화는 본질적인 변화가 아니라는 증거이다.

변화는 개인적인 측면에서는 현 상태를 파괴하고 종종 스트레스, 불편함, 혼란 등을 야기하기 때문에 변화 저항을 불러온다. 조직적인 측면에서는 문화적 관성이 변화에 저항하는 심각한 요인이 될 수 있다. 문화적 관성이란 과거부터 현재까지 유지되어 온 것과 다르거나 새로운 것을 잘 받아들이지 못하고 동떨어지게 대하는 것을 말한다.

리더는 변화가 아무리 장기적으로 조직의 건전성과 생존력을 높인다는 정당성이 있어도 자신의 이익을 지키려고 하는 구성원들이 저항하는 것을 자연스러운 반응으로 받아들여야 한다. 전문가들의 의견을 종합해 보면 구성원이 조직변화에 저항하는 이유는 다음과 같다.[67]

1. 신뢰의 부족

2. 변화가 불필요하다는 신념

3. 변화성공에 대한 확신부족

4. 자신의 이해관계에 대한 위협

5. 상대적으로 높은 비용

6. 높은 불확실성

7. 기존의 문화적 가치에 대한 위협

8. 속임수에 당할지 모른다는 두려움

9. 간섭에 대한 분노

신뢰의 부족

변화에 저항하는 본질적인 이유는 변화를 제안하고 추진하는 사람과 조직을 신뢰하지 않기 때문이다. 리더와 구성원 간의 신뢰는 모든 관계를 유지하는데 기본적인 전제이다. '메신저를 받아들이고 메시지를 받아들인다'라는 말이 있듯이 신뢰받지 못하는 조직과 리더가 변화를 추진할 경우 특별한 위험이 존재하지 않아도 표현된 말과 행동 뒤에 숨겨진 다른 의도가 있다고 의심하게 되어 변화에 저항할 가능성 높다. 리더는 자신이 아무리 긍정적인 의도가 있더라도 구성원들이 자신을 신뢰하지 않는다고 판단하면 솔직하게 표현하지 않는 것이 더 이익이 된다고 생각해서 정직하게 올바른 정보를 제공하지 않는다. 이것은 다시 구성원들의 의심과 저항을 불러오는 악순환으로 이어진다. 신뢰는 리더가 모든 상황과 대상에게 가장 강력하게 영향력을 미치는 소중한 사회적 자본이다. 상호 강한 신뢰가 형성된다면 새로운 변화로 개인적 손실이 발생한다고 해도 제안한 변화의 이익을 믿고 따를 가능성이 높아진다. 리더가 구성원의 저항을 무조건 부정적인 것으로 간주할 것이 아니라 진지하고 정당한 관심으로 인식할 때 신뢰를 형성하며 변화의 첫 단계를 넘어설 수 있다.

변화가 불필요하다는 신념

'고장 나지 않았으면 고치지 말라'는 격언이 있다. 현재 일하는 방식이 과거에 성공을 거두었거나 지금 심각한 문제가 있다는 분명한 증거가 없다면 사람들은 변화에 저항한다. 조직변화의 초기에 구성원들의 시각에서 문제가 커지고 있다는 징후가 명확하지 않고 리더가 현재의 상태를 과대포장 한 것으로 생각한다면 변화는 더 어렵게 된다. 이러한 저항을 줄이기 위해서는 변화 초기 단계에 구성원들에게 변화의 긴급성과 필요성을 명확히 알려줘야 한다.

변화 성공에 대한 확신이 부족

구성원들은 현 상황에 대한 문제점과 변화의 필요성을 전반적으로 인정해도 변화가 어렵게 느껴지고 성공할 것이라는 확신이 부족하면 저항을 한다. 특히 구성원들은 과거에 변화실패 사례가 있거나 변화를 추진하는 과정에서 리더가 일관성이 없이 오락가락했다면 변화의 미래계획에 대해 냉소주의와 의구심을 갖게 된다. 이러한 냉소주의는 어떤 변화를 제안하더라도 구성원의 태도와 행동에 부정적인 영향을 미친다.

자신의 이해관계에 대한 위협

변화는 기존에 갖고 있던 지식이나 전문성을 쓸모없는 것으로 만들거나 구성원 개인의 권력, 지위, 특권, 급여 및 회사로부터 받은 혜택 등 이해관계에 변동을 가져온다. 조직에 긍정적인 이익을 줄지라도 사람들은 자신의 수입, 권한 또는 특권, 회사로부터 받든 혜택과 직무 안정성에 손실을 겪게 되면 변화에 저항할 가능성이 높다.

높은 비용

변화는 비용을 동반한다. 어떤 경우에는 변화에 투입되는 비용이 이익보다 높을 수 있다. 또한 변화는 더 많은 노력을 투입하여 기존의 방식을 바꾸면서 기존에 투자한 자원을 잃게 되는 위험이 있다. 더욱이 새로운 방식을 도입하고 기존의 문제점을 해결하는 변화실행의 시기에는 성과가 감소되는 게 일반적이다. 이런 비용 증가에 대한 리스크를 걱정하면 불안과 저항은 커지고 변화는 어려워진다.

높은 불확실성

불확실성은 알지 못하는 것에 대한 두려움이다. 변화에 대한 정보의 부족은 불확실성을 증가시킨다. 변화가 어떤 과정을 통해 진행되며 변화가 자신들에게 어떤 영향을 줄지, 변화의 결과가 무엇인지 모를 때 사람들은 변화를 덜 지지하고 저항할 가능성이 높다.

개인적 실패에 대한 두려움

변화는 경험해보지 못한 새로운 업무방식과 구성원들이 현재 갖고 있지 않은 지식과 기술을 요구하면서 기존에 개인이 쌓은 노하우와 경험 등을 쓸모없게 만든다. 만약 새로운 업무를 배울 심리적 준비가 되어 있다면 제안된 변화를 수용하겠지만 자신감이 부족하거나 새로운 방식을 학습하는 절차가 너무 어려우면 배우는 것을 주저하게 된다.

조직문화 전문가 애드가 샤인(Edgar Schein)는 이와 같이 사람들이 새로운 기술이나 능력을 배워야 한다고 생각하면 학습 불안(Learning anxiety)을 갖게 되는 데 이것은 생각보다 아주 강력한 저항의 원인이 된다고 지적했다.

기존의 문화적 가치에 대한 위협

실행하는 변화가 기존의 가치관을 위협할 때, 변화에 대한 저항을 촉진시키는 감정을 강하게 유발한다. 변화를 제시할 때 어떤 것이든지 그것에 의해 영향을 받는 사람들의 가치관, 특히 하나의 조직문화로 단단히 굳어진 가치관에 대한 충격을 반드시 고려해야만 한다.

속임수에 당할지 모른다는 두려움

구성원들은 자신들을 속이기 위한 시도로 변화를 인식하게 되면 저항한다. 그러나 사람들이 변화의 필요성을 인정하며 변화를 추진하는 방식에 대해 의견을 제시할 수 있는 발언권이 있다고 믿을 때는 저항이 완화된다.

간섭에 대한 분노

조직변화는 구성원의 행동을 통제하고 자율성을 저해하는 새로운 규범이나 제도들이 만들어진다. 이와 같이 사람들을 통제하며 변화를 시도하는 것은 분노와 적대감을 유발한다. 구성원들은 다른 사람에 의해 통제받는 것을 원하지 않거나 변화 방법의 결정을 자유롭게 선택할 수 없다면 변화에 저항할 것이다.

현업적용하기

❶ 팀원들이 저항한다는 것을 어떻게 알 수 있는가? 팀원들에게 변화에 반대하는 이유를 물어보고 잘 표현하지 않는다면 메모지를 나누어 주고 작성하게 하라.

❷ 팀원들이 저항하는 원인을 개인과 조직적인 측면으로 분류하라. 만약 리더십과 관련한 내용들이 나오면 어떻게 대응하는 것이 팀원들로부터 원하는 반응을 얻을 수 있는지 새로운 관점을 가져보자.

03 개인변화를 돕는
다양한 방법

신(信)이란 안쪽에서 바깥쪽으로 열리는 문이다. 믿음은 상대방에게 믿어 달라고 요구한다고 생기는 것이 아니라 상대방이 믿을 수 있도록 행동함으로써 받아들이게 해야 한다는 의미이다. 변화도 안에서 바깥쪽으로 열리는 문이다. 우리는 사람들을 변화시킬 수 없다. 다만 그들이 변화를 받아들이도록 도움을 줄 수 있다. 변화는 결국 개인의 내적 동의와 선택에 의해 시작된다.

  K 팀장은 장기적인 저성과자이며 소극적이고 매너리즘에 빠진 팀원을 변화시키기 위해 다양한 방법으로 노력을 했다. 그 팀원에게 코칭도 제공하고 다양한 경험에 노출시켜 자극도 주었다. 그럼에도 불구하고 그 팀원은 잘 변화하지 않았다. 결국 K 팀장은 그 팀원의 변화된 모습을 보지 못하고 다른 부서로 이동했다.

그렇게 1년이라는 시간이 흘렀고 K 팀장은 우연히 예전 부서에 팀원이 완전히 달라졌다는 얘기를 들었다. 과거와 다르게 굉장히 적극적으로 업무를 주도할 뿐 아니라 높은 실적으로 인센티브를 많이 받는 우수한 팀원이 되어 있었다. K 팀장은 그 팀원의 변화에 반가운 마음도 있었지만 한편으로는 자기와 근무할 때 그런 모습을 보이지 않은 것에 대해 서운한 감정이 들었다.[68]

K 팀장이 그 팀원에게 너무 서운한 감정을 가질 필요는 없다. 사람들은 변화에 대한 외부의 자극과 정보를 각자가 다르게 해석하고 받아들이는 속도도 다르기 때문이다. K 팀장이 인식을 못했을 뿐 그 팀원은 K 팀장과 같이 근무할 때 서서히 변화의 임계점을 향해 달려가고 있었다.

변화를 돕는 방법은 그 대상이 자기 인식을 높일 수 있는 정보를 효과적으로 제공하고, 변화 친화적인 조건과 환경을 만들어 주는 것으로 가능하다. 이렇게 변화를 돕는 효과적인 대표적인 과정들은 '관찰과 정보 및 피드백 제공', '중요하고 충격적인 감정적 경험', '질문과 코칭', '환경의 조정과 재설계', 제도와 시스템을 통한 지원' 등이 있다.[69]

관찰, 정보 및 피드백 제공

'어떤 팀원이 업무 이해관계자와 비협력적으로 일하면서 갈등을 유발하고 있다. 리더는 몇 번 불러서 협력적으로 일하는 것의 중요성을 강조하며 변화를 요구했다. 하지만 그 팀원은 문제행동을 반복하며 아무런 변화가 없다.'

이 팀원의 문제를 해결하기 위해서는 먼저 학습의 과정을 이해할 필요가 있다. 윌리엄 하웰(William Howell)은 그의 저서 〈공감적 커뮤니케이션〉에서 학습 과정을 4단계로 제시했다.[70]

1단계는 무의식의 무능력이다. 자신이 능력이 없다는 것을 의식하지 못하는 것이다. 2단계는 의식의 무능력이다. 자신이 무엇을 모르고 할 수 없는지, 문제가 무엇인지 인식할 수 있다. 3단계는 의식의 능력이다. 연습과 학습을 통해 능력을 갖추고 있지만 아직은 익숙하지 않고 편안하지 않은 상태라 의식하며 행동해야 한다. 마지막 4단계는 무의식의 능력이다. 능력을 갖고 행동하지만 자신이 하고 있는 것을 의식하지 못할 정도로 체화된 상태이다. 운전경력이 오래된 사람이 브레이크 페달을 밟거나 좌회전 깜박이를 켤 때 의식하지 않고 자연스럽게 행동하는 것과 같다.

개인 변화도 이와 비슷한 단계로 진행된다. 1단계는 자신의 문제를 의식하지 못하거나 모르고 있는 상태이다. 이 단계에 있는 사람은 변화의 필요성을 느끼지 못하고 문제를 지적하거나 행동 변화를 요구했을 때 강하게 저항한다. 2단계는 자신이 어떤 문제가 있고 어떤 변화가 필요한지 알게 된다. 하지만 자신의 문제점과 변화의 필요성을 인식한다고 행동으로 다 옮기지는 못한다. 3단계는 자신의 행동을 변화시키기 위해 의식적인 노력을 한다. 하지만 긴장감이 떨어지거나 의식하지 않으면 퇴행하게 된다. 4단계는 새로운 행동이 체화되어 의식하지 않아도 스트레스 없이 자연스럽게 행동으로 옮겨진다. 이 마지막 단계가 개인 차원에서는 습관이고 조직 차원에서는 문화이다.

변화는 '의식의 무능력' 단계처럼 자신의 문제와 상황을 정확히 의식할 때 가능하다. 이것이 프로이트(Sigmund Frued)가 처음으로 사용한 '의식의 고양'이라는 말이다. 앞에 사례처럼 업무 이해관계자와 비협력적으로 일하며 갈등을 유발하는 팀원이 변하지 않는 것은 자신의 문제를 정확히 인식하지 못하기 때문이다. 리더는 먼저 그 팀원이 자신의 문제를 정확히 인식할 수 있도록 관찰을 통해 얻은 객관적인 정보와 피드백을 꾸준히 제공해야 한다. 그 팀원은 자신의 문제에 대해 지속적으로 정확한 정보와 피드백을 제공받음으로써 인식의 지평이 넓어지고 객관적인 사실을 통해 이성적인 결정을 내릴 가능성이 높아진다.

중요하고 충격적인 감정적 경험

고든램지의 신장개업 [71]

스코트랜드의 요리사이자, 식당 경영자이며 푸드 작가와 방송인으로 활동하고 있는 고든램지Gordon Ramsay는 신장개업(Kitchen Nightmares)이라는 TV 프로그램에서 망해가는 식당을 기사회생시킨다. 고든램지는 변화에 저항하거나 둔감한 식당 주인들을 변화시키는 탁월한 능력을 갖추고 있다. 고든램지는 이 프로그램에 참여한 한 식당 주인이 문제점을 여러 번 지적해도 받아들이지 않고, 자기방어만 하며 열정을 보이지 않자 식당 주인에게 다음과 같이 얘기하고 화를 내며 방송 최초로 프로그램 중단을 선언하며 식당 밖으로 나가버린다.

"미안해요 다른 방법이 없네요. 나도 포기할게요"

식당 주인은 예상치 못한 고든램지의 반응에 충격을 받았다. 고든램지가 오면 자신의 특별한 노력 없이도 모든 문제가 잘 해결될 것이라고 안일하게 생각했던 식당 주인은 어떻게 해야 될지 모르는 모습이었다. 결국 화를 내고 나가는 고든램지를 쫓아 나간다. 식당 주인은 눈물을 흘리며 고든램지에게 사정하며 호소한다.

"우린 도움이 필요해요. 제발 도와줘요"

고든램지는 도와달라고 애원하는 식당 주인에게 꾸짖듯 얘기한다.

"솔직히 내가 보기엔 아무도 관심 없어요. 마음이 없는데 내가 어떻게 도와줘요"

식당 주인은 그 동안 감추었던 자신의 생각과 감정을 드러나며 고든램지에게 절박하게 매달린다.

"그렇지 않아요. 정말 도움이 필요해요. 식당을 지키고 싶어요. 사는게 사는게 아닌데 길도 안 보여요!"

고든램지가 처음부터 의도했는지는 모르겠지만 방송중단이라는 사상 초유의 충격적인 결정을 내린 것은 안일하게 생각했던 식당 주인의 태도를 완전히 변화시켰다.

자기방어만 하고 안일한 생각을 하던 식당 주인이 갑자기 태도를 바꾼 이유는 무엇일까? 그것은 고든램지의 프로그램 중단이라는 생각지도 못했던 특단의 조치에 정신적 충격을 받았기 때문이다.

전문가들은 변화가 논리보다는 감정적인 문제라고 얘기한다. 사람들은 때론 특정한 사건이나 경험을 통해 급작스러운 변화의 모멘텀을 갖는다. 2001년 미국에서 발생했던 911테러는 전 세계 사람들에게 테러에 대한 경각심을 심어주었을 뿐만 아니라 우리의 삶이 얼마나 예측할 수 없고 불확실한 것인지 알게 했다. 이로 인해 미국 사회는 엄청난 충격에 빠졌고 테러와의 전쟁을 선포하고 안전을 강화하는 조치를 취했다.

1995년 3월 9일 삼성전자 구미사업장 앞마당에는 2000여 명의 삼성전자 직원이 모였다. 이들은 모두 '정성품질 고객만족'이라는 띠를 두르고 비장한 모습으로 서 있었다. 마당 한복판에는 15만대에 달하는 무선전화기, 팩시밀리와 키폰이 산더미처럼 쌓여 있었다. 잠시 후 불도저가 제품들을 산산조각 내고, 사람들이 해머로 부수고, 마지막으로 기름을 부어 불태워버렸다. 이날 모두 500억 원어치의 제품이 재가 됐다. 직원들은 자신들이 직접 만든 제품이 불타오르는 모습에 충격을 받았고 눈물을 흘리기도 했다. 품질을 제일의 가치로 강조했던 이건희 회장이 품질 문제가 개선되지 않자 내린 특단의 조치였다. 이 일은 삼성전자가 세계적인 휴대폰 제조기업으로 거듭나는 변곡점이 되었다.[72]

이처럼 사람들이 직면하고 있는 문제나 상황에 대해 중요하고 갑작스럽게 감정적 경험을 하고 자각을 일으키는 것이 '정서적 각성'이다. 911테러와 삼성의 '무선전화기 화형식' 같은 충격적인 경험은 변화에 미온적이었던 사람들이 자신의 문제를 자각하고 새로운 행동을 하게 만든다. 예를 들어, 사람들은 조직에서 대량해고로 같이 근무하던 동료가 직장을 떠날 때 충격을 받고 위기의식을 느끼거나 중대한 결정을 한다. 변화의 초기 단계에 구성원들에게 정서적 각성을 일으킬 만한 직간접적인 경험을 제공하는 것은 변화의 첫발을 내딛게 하는 데 효과적이다.

질문과 코칭

구성원들이 문제에 대해 주의 깊게 자신의 느낌과 생각을 스스로 분석하고, 변화했을 때 자신이 얻을 수 있는 이익이나 불편함을 증가시키거나 감소시킬 수 있게 도움을 줄 수 있다면 저항을 줄이면서 개인 변화에 도움을 줄 수 있다.

변화의 상황에서 구성원들은 변화가 자신에게 미치는 영향에 대해 논리적으로 또는 감정적으로 재평가를 한다. 변화를 통해 자신이 잃는 것은 무엇이고 얻는 것은 무엇인지 생각하고 비교하는 것이 논리적 평가이다. 감정적 평가는 변화가 요구하는 에너지, 즐거움, 불편함과 두려움 그리고 스트레스 정도에 대한 평가이다. 논리적 평가든 감정적 평가든 자신에게 이익이 된다고 판단할 때 변화의 가능성이 커진다.

리더는 질문을 활용하는 동기부여 대화와 코칭을 통해 구성원들이 자신의 문제와 변화에 대해 논리적 또는 감정적으로 재평가하도록 도움을 줄 수 있다.

환경의 조정과 재설계

20세기 초에 행동 심리학자들은 인간 행동의 많은 부분이 주변 환경에 좌우된다는 사실을 입증하였고 환경을 자신의 필요나 욕망에 맞

게 바꾸면 행동을 통제할 수 있다는 결론에 도달했다.[73]

"구조를 만드는 것은 우리지만 그 구조가 다시 우리를 만든다."

윈스턴 처칠이 제2차 세계대전으로 파괴된 하원 의사당 재건립을 위한 회의에서 환경이나 상황이 사람들의 행동에 어떤 영향을 미치는지에 대해 언급한 말이다. 우리는 환경을 통제한다고 생각하지만 실은 환경이 우리를 조정하고 있는 경우가 많다.

환경을 조정하거나 재배치하면 사람들이 자연스럽게 특정한 행동을 하도록 유도하거나 특정 행동의 발생 개연성을 낮출 수 있다. 한 변화 연구에서 성공적 변화의 36%는 새로운 장소로의 이동과 관련이 있지만 이동을 했음에도 변화에 실패한 경우는 13%에 불과했다.[74]

2000년대 미국 코넬대학의 마케팅 전문가 브라이언 윈싱크Brian Wansink 교수는 팝콘실험을 통해 변화를 용이하기 위해 환경을 재구성하거나 조정하는 것이 중요하다는 것을 확인했다.[75] 영화관에서 영화를 보여주면서 입장할 때 5일 전에 튀긴 눅눅하고 맛없는 팝콘을 큰 용기와 작은 용기 담아 나누어 주고 누가 더 많이 먹는지 결과를 지켜봤다. 결과는 큰 용기에 담은 팝콘을 담은 사람이 53%나 더 먹었다. 이것은 변화와 행동의 조절이 의지의 문제가 아니라 주어진 환경이나 상황에 좌우된다는 것을 증명한 결과이다.

환경과 상황의 종류는 물리적 환경뿐만 아니라 분위기 또는 사람을 포함한다. 1994년 하버드 대학교 연구진의 조사에 의하면 삶의 방식을 철저하게 뜯어고친 사람들은 변화를 상대적으로 쉽게 도모할

수 있는 사회적 집단에 속해 있거나 변화가 가능하다고 믿게 만든 공동체나 개인이 주변에 있었다.[76]

칩 힙스와 댄 힙스는 〈스위치〉에서 "변화는 사람 문제인 것 같지만 실은 상황의 문제인 경우가 의외로 많다"고 언급했다. 리더는 구성원 개인의 문제보다 먼저 환경과 상황을 바꾸거나 조정하는 노력을 통해 변화를 용이하게 할 수 있다. 다른 방법으로는 개인 스스로 반응을 조절하고 통제하는 것보다 문제행동을 일으키는 자극 자체를 규제하거나 건전한 행동을 유발할 수 있는 환경적 조건을 변화시키는 것이 있다.

예전에 내가 살던 아파트는 울타리 사이로 통행하는 사람들 때문에 잔디와 울타리나무가 손실되는 문제가 해결되지 않고 있었다. 관리사무소는 통행금지 푯말을 세우고 나일론 줄을 쳐서 통행하지 못하도록 조치를 취했다. 하지만 여전히 사람들은 나일론 줄 사이로 빠져나가 울타리로 통행했다. 이런 조치에도 사람들이 울타리 통행을 멈추지 않는 것은 그곳으로 이동하면 버스정류장과 상가에 쉽게 접근할 수 있는 편리함의 이익이 있기 때문이었다. 결국 이 문제는 관리사무소에서 그 자리에 촘촘한 철망 울타리를 설치하여 통과 자체가 불가능하도록 환경을 통제하고 나서야 해결되었다.[77]

사람들의 행동을 바꾸기 위해 강제기능(Forcing Functions)[78]을 도입하는 것도 좋은 방법이다. 강제기능(Force function)이란 사람들이 특정 행동을 할 수밖에 없도록 환경을 조성하는 것이다. 어떤 기업은 과거 출입구 가까운 자리에 사원, 대리가 앉고, 출입구에서 먼 쪽에 부서장 자리를 배치시켰다. 하지만 수평적인 조직문화를 구축하고 상하 간의 소통을 활성화하자는 취지로 팀장 자리와 칸막이를 없애고 팀원들과 나란히 마주 보고 앉는 형태로 사무실구조를 바꾸었다. 이렇게 팀장과 팀원들의 물리적거리가 가깝게 환경을 바꾸고 서로 접촉할 수밖에 없는 환경을 만들자 팀장과 팀원들의 소통 빈도수가 많아졌다. 또한 팀장은 팀원들에게 자신의 일하는 모습이 공개적으로 노출되는 구조 때문에 업무에 더 집중하는 모습을 보였다.

제도와 시스템을 통한 지원

"팀장님, 저는 이번에 추진하는 프로젝트에 대해 팀장님이 내신 의견에 대해 다른 생각을 하고 있습니다."
"부장님, 지난번 회의 시간이 너무 길고 방향성이 부족했다고 생각합니다."

보수적인 조직에서 위처럼 직급이 낮거나 경험이 부족한 사람이 자신의 생각을 솔직하게 표현하는 것은 쉬운 일이 아니다.

리더들에게 직원들이 개인의 의견을 편안하게 얘기할 수 있는 분위기를 만드는 것이 조직 문제를 본질적으로 해결할 수 있는 중요한 조건이라고 말하면[79] 절망적인 반응을 보이며 다음과 같은 말을 많이 한다.

"우리는 직원들에게 그럴 기회를 충분히 주죠. 심지어는 "정말 괜찮으니까 어떤 얘기든 편하게 해봐요"라는 말까지 덧붙이지만 대부분 입을 다물고 있습니다."

사람들이 말할 기회를 줘도 침묵하는 것은 그렇게 하는 것이 자신에게 이익이 된다고 생각하기 때문이다. 실제로 직원들에게 리더와 조직의 발전을 위해 솔직하고 진정성 있는 직언(speak-up)을 해야 한다고 하면 이런 얘기가 나온다.

"어떤 말도 하지 않는 게 더 도움이 됩니다. 큰 마음먹고 용기를 내서 솔직한 얘기를 해봐야 눈총만 받게 되고 괜히 부정적인 사람으로 낙인 찍혀서 불이익을 당합니다."

그렇다면 직원들이 자유롭게 의견을 말하는 분위기 조성을 위해 어떤 변화가 필요할까? 물론 시간이 걸리는 문제이기는 하지만 직원들이 얘기를 하지 않는 것보다 얘기를 하는 것이 더 이익이 된다고 느끼게 만들어야 한다. 이는 리더가 평정심을 잃지 않고 직원들의 어떤 얘기라도 들어주는 담대한 리더십을 발휘할 때 가능하다. 또한 제도적으로 개입하여 어떤 의견이라도 말할 수 있는 권한을 부여하고 그 권리를 옹호해주는 것이 필요하다.

한국 화이자는 회사에 스트레이트 토크(Straight Talk)라는 제도가 있다.[80] 스트레이트 토크는 직급, 연차에 상관없이 자유롭게 의견을 개진을 할 수 있는 기회를 제공하는 제도이다. 화이자에서는 개인들에게 스트레이트 토크 코인이 지급된다. 언제든 이 코인을 책상 위에 올려 놓으면 직급에 상관없이 누구든 발언할 수 있고 상대는 들어줄 의무가 생긴다. 적어도 눈치 보며 할 말을 하지 못하는 상황을 방지하겠다는 회사의 제도적 장치이다.

이처럼 회사에서 추구하는 변화의 주제에 맞게 제도적인 장치나 권한을 부여하는 것은 개인 변화를 이끄는 데 도움을 얻을 수 있다.

현업적용하기

❶ 팀원들과 함께 개인의 삶 또는 직장생활에서 변화의 계기가 되었던 경험에 관해 이야기를 나누어라. 어떤 요인이 변화하는 데 중요한 역할을 하는지 이해하는 것은 팀원들의 변화를 돕기 위한 전략을 짜는 데 도움이 된다.

❷ 팀리더로서 팀원들의 변화를 돕기 위해 변화가 필요한 사무실 환경과 제도, 시스템 무엇인지 생각해보자. 팀원들과 일대일로 미팅을 하여 어떤 조건이 충족되고 지원이 이루어진다면 문제를 해결하고 변화할 수 있는지 질문을 하라.

04 뇌는 가벼운 변화를 좋아한다

뇌와 변화의 연관성을 이해하면 변화의 상황에서 사람들의 행동을 이해하고 효과적인 방법으로 변화를 진전시킬 수 있다. 사람들은 일반적으로 걱정을 유발하는 조직의 큰 변화나, 한 번도 경험하지 못한 업무와 도전적인 과제가 주어지면 괴로움, 두려움 불편함을 느낀다. 이런 느낌들은 모두 뇌에게 위협으로 간주된다. 위협의 원인이 무엇이든 뇌의 편도체는 경고음을 울리기 시작하며 몇 가지 반응을 일으킨다. 편도체는 정서적 의미가 포함된 자극이나 부정적 자극에 반응하는 일종의 경고음을 울리는 곳이다. 최초의 경보가 울리면 교감신경계에 위험하다는 경보등이 들어온다. 그리고 스트레스 호르몬인 아드레날린과 코티솔이 혈관을 타고 온몸으로 흘러가며 괴로움이 시작된다.

아드레날린은 혈액을 큰 무리로 보내고 동시에 폐의 기관지는 기체교환을 위해 확장한다. 이것은 위협을 상대하거나 그것으로부터 빠르게 도망가기 위한 것이다. 코티솔은 편도체 활성을 조절하는 역할을 하는 해마의 기능을 억제한다. 해마의 기능이 억제되면서 편도체가 더욱 활성화되고 더 많은 코티솔이 혈중으로 분비된다.

결국, 정서와 동기의 중추인 변연계의 활성이 전반적으로 증가함에 따라 전전두피질의 능력이 감소한다. 전전두피질은 목표를 설정하고 계획을 수립하고, 행동을 지시하며 정서를 조절하여 변연계를 지배하는 역할을 한다. 전전두피질이 변연계의 영향을 받으면 부정적인 방향으로 판단하게 된다.[81]

복잡하고 긴 얘기를 했지만, 사람들이 변화를 쉽게 받아들이게 하려면 편도체의 자극을 최소화해야 한다. 그럼에도 불구하고 리더들은 변화상황에서 구성원들에게 과부하가 걸리는 높은 수준의 행동을 요구하거나 부정적인 자극을 사용하여 스트레스를 유발하는 방식을 많이 사용한다. 물론 사람들에게 심리적 충격을 주고 생존 불안을 느끼게 하는 것은 당장 위협으로부터 도망치게 만드는 단기적 효과가 있다.[82]

하지만 심리학자 바버라 프레드릭슨(Babara Fredrickson)은 편도체를 자극하는 부정적인 자극은 사람들의 생각을 협소화시켜 창의성을 떨어뜨린다고 말한다. 사람들은 마음이 가볍고 긍정적일 때 생각과 행동의 범위를 확장하고 실행력이 높아진다.[83] 사람들이 긍정적인 심리상태로 동기부여 되어 변화 지향적인 행동을 장기적으로 하게 만드는 것은 희망과 기대 그리고 자기 능력에 대한 믿음이다.

찰스 두히그는 그의 책 〈습관의 재발견〉에서 변화와 행동의 규모를 줄여서 심리적 거부감을 낮추고 희망을 갖게 하고 자기효능감을 높이는 것이 좋다고 말한다. 예를 들어, 하루에 글 2~3줄 쓰기, 팔굽혀 펴기 한번, 책 한 쪽 읽기와 같이 노력의 정도를 낮춘다면 마음이 가벼워 쉽게 실행하게 되고 그것을 통해 자기효능감을 높일 수 있다.

한 기업의 영업관리자는 영업사원들에게 하루에 가망고객 명함 20장 받아오기, 고객제안서 제출 3건을 목표로 제시했다.[84] 영업사원들의 활동량을 늘려 성과를 높이기 위한 조치였다. 결과는 어떻게 됐을까? 영업관리자가 제시한 목표는 물리적으로 불가능한 목표였다. 대부분 영업사원은 서랍 속에 보관하고 있던 명함이나 영업과 전혀 관련이 없는 명함을 제출했고 고객에게 전달하지도 않을 가짜 제안서를 만들어 관리자에게 결재를 받아 가방 속에 넣고 다녔다. 만약 그 관리자가 영업사원들이 가벼운 마음으로 실행할 수 있는 작은 수준의 목표부터 제시했다면 "그것도 못 하면 인간도 아니지!", "그 정도는 눈감고도 할 수 있지!"라고 생각하며 좀 더 쉽게 실행에 옮겼을 것이다.

현업적용하기

팀원들과 일대일로 미팅을 하라. 현재 팀에서 새롭게 추진하고 있는 업무의 강도를 어떻게 생각하는지 물어보라. 만약 실행하기 어려운 수준이라면 개인에게 가능한 수준을 얘기하게 하라. 팀원들의 의견이 종합되면 전체 팀원에게 개별 미팅한 내용을 공유하고 심리적으로 부담을 느끼지 않으면서 실행할 수 있는 활동량과 업무의 강도를 팀원들과 협의하라.

무조건 수용하지 말고 활동의 목적을 달성하는 범위내에서 조정하라.

05 변화에 대한 반응유형

"어떤 직원들은 지시하면 빠르게 수용하고 실행에 옮기는데 어떤 직원들은 관심조차 없습니다. 또 어떤 직원들은 수용하는 듯 보이지만 확인해 보면 아무것도 하지 않은 직원들도 있습니다. 정말 왜 그런지 이해가 안 됩니다"[85]

이처럼 대부분의 리더는 자신의 지시를 잘 따르는 직원들을 제외하고 생각과 행동이 다른 직원들은 문제가 있다고 판단한다. 하지만 리더의 이런 태도가 사람들을 변화시키는 데 더 큰 장애가 된다는 것을 알아야 한다. 구성원들은 이런 생각을 갖고 있는 리더에게 자신의 생각과 의견을 잘 표현하지 않을 뿐만 아니라 저항을 겉으로 드러내지 않기 때문이다. 오히려 변화는 다양한 생각과 의견 그리고 표현방식을 가진 직원들이 혼재 되어 개방적으로 소통하며 수용하고 통합해 나갈 때 제대로 이루어진다.

　사람들은 같은 변화를 경험하더라도 그에 대한 심리적 반응은 다르다. 어떤 사람은 충격적인 변화를 경험하면 심한 스트레스를 받거나 정서적 외상을 입어 변화에 더 취약해진다. 예를 들어 A는 갑자기 본인의 의지와 상관없이 직무가 변경되는 경험을 하고 다시 직무가 변경된다는 소식을 들었을 때 두려움에 퇴직을 고려한다. 하지만 B는 직무변경을 경험한 후 면역력이 생겨 또다시 직무변경을 하는 데 적응 기간 없이 곧바로 변화할 준비를 하게 된다. 반복된 변화가 어떤 사람에게는 금방 회복할 힘을 주기도 하지만 다른 사람에게는 더 움츠러들게 만든다.

　나는 가끔 강의 중에 변화에 대해 사람들이 어떤 태도를 가졌는지 직접 경험할 수 있는 재미있는 현장실험을 한다. 학습자들에게 갑작스럽고 뜬금없이 각자 자리에 있는 책과 개인 물건을 다 챙겨서 자리에서 일어나 옆 조로 자리를 옮기라고 말한다. 그러면 겉으로 드러난 사람들의 반응은 보통 세 가지 유형으로 나뉜다. 말이 끝나자마자 책과 개인 물건을 챙겨 일어나서 밝은 표정으로 자리를 옮기는 사람, 진짜 자리를 옮기는 건가 나의 눈치와 주변 사람들의 움직임을 살피면서 천천히 움직이는 사람. 그리고 얼굴에 인상을 쓰면서 갑자기 왜 자리를 옮기는 건지 물어보는 사람이 있다. 사람들은 이런 단순하고 쉬운 변화에도 각기 다른 반응을 보인다. 그런데 하물며 자신의 이해관계와 관련된 조직변화에 다양한 반응을 보이는 것은 당연하다.

피터 블록(Peter Block)은 이처럼 변화의 상황에서 일어나는 구성원의 반응과 태도를 희생자, 비평가, 방관자, 주도자의 4가지 유형으로 구분했다.[86]

희생자형은 변화로 인해 기존에 가진 지위와 혜택, 전문성 등에 손해를 보며 익숙하지 않은 지식이나 스킬의 습득을 요구할 때 나타난다. 희생자 유형은 과거의 방식으로 회귀하려고 하며 스스로를 고립시킨다. 기존에 하던 대로 내버려 두지 않는다고 불평불만을 하며 변화에 저항하거나 포기하며 굴복하기도 한다.

비평가형은 리더가 변화의 결과를 정확하게 알지 못하고 변화를 추진한다고 생각할 때 발생한다. 이 유형은 변화가 성공할 수 없는 이유를 찾고, 변화의 필요성과 적합성에 계속 의문을 제기한다. "예전에도 안됐는데 이번에도 잘 안 될 거야", "결국 변화를 통해 변화되는 것은 없어"와 같은 말을 한다.

방관자형은 변화가 실패하면 비난받고 불이익을 당하리라 판단할 때 보이는 반응이다. 방관자는 변화에 마지못해 합류하거나 하는 시늉만 낸다. '이러다 말겠지' 하는 마음을 갖고 있다.

주도자형은 리더가 변화 초기부터 적극적인 커뮤니케이션을 하며 정보를 공유할 때 나타난다. 이 유형은 변화로부터 오는 문제보다는 기회를 보고 적극적으로 참여하고 개선을 위한 노력을 한다.

리더는 이러한 개인의 다양한 변화 반응을 모두가 정상적이며 자연스러운 현상으로 인식하는 태도를 가져야 한다. 또한 사람들은 하나의 유형으로 고착화되어 있는 것이 아니라 자신의 경험과 상황에 따라 유형이 변화기도 하고 다르게 나타난다는 것을 알고 있어야 한다.

리더가 구성원들의 변화에 대한 반응을 '옳고 그른가'의 관점이 아닌 '어떤 도움을 주고 개입해야 하는가'를 기준으로 바라볼 때 변화를 효과적으로 이끌 수 있다.

현업적용하기

❶ 팀원들과 개인적으로 미팅을 해라. 개인들이 어려움을 겪고 나면 어떤
생각과 느낌을 갖는지 질문을 해라. 그리고 갑작스럽게 신변에 변화가
생기면 어떤 반응을 할 것인지 질문을 하라. 이것을 통해 변화에 대한
개인의 심리적 반응을 추론해 볼 수 있다.

❷ 팀원들이 평상시 새로운 지시를 내렸을 때 4가지 유형(희생자, 비평가,
방관자, 주도자) 중 어떤 유형의 반응을 많이 보이는지 관찰하라. 중요
한 것은 왜 그들이 그런 반응을 보이는지 개인적으로 대화를 통해 이해
하는 것이 중요하다.

요약

❶ 조직변화는 개인들이 행동을 관리받는 것이 아니라 그들이 행동을 변
화시키는 것이다.

❷ 이런 이유로 리더는 변화에 대한 개인의 생각과 관점, 변화를 받아들이
는 태도와 속도를 이해하고 감정을 다루는 노력을 해야 한다.

❸ 엘리자베스 퀴블러 로스의 개인 변화 5단계는 부정-분노-타협-침체-
수용의 순서이다.

❹ 제임스 프로차스카의 개인 변화 6단계는 무관심-심사-숙고-준비-실
행-유지-종료 순이다

❺ 개인의 변화는 한 번에 시작해서 종료되는 선형이 아니라 중단과 퇴행
을 반복하는 나선형 모델이다.

❻ 변화에 저항하는 이유는 신뢰의 부족, 변화가 불필요하다는 신념, 변화
성공에 대한 확신 부족, 자신의 이해관계에 대한 위협, 상대적으로 높은
변화 비용, 높은 불확실성, 기존의 문화적 가치에 대한 위협, 속임수에
당할지 모른다는 분노 등이 있다.

❼ 리더는 구성원들의 저항을 정상적인 반응으로 인식하고 본질적인 변화가 일어나고 있다는 신호로 받아들여야 한다.

❽ 개인 변화를 돕는 방법은 관찰과 정보제공을 통한 의식의 고양, 충격을 통한 정서적 각성, 질문을 통한 자기 재평가, 환경의 조정과 설계, 제도와 시스템을 통한 지원 등이 있다.

❾ 사람들이 변화를 쉽게 받아들이게 하려면 편도체의 자극을 최소화해야 한다. 이를 위해 행동의 규모를 줄여야 한다. 그러면 쉽게 받아들인다.

❿ 사람들은 변화에 대해 각기 다르게 반응한다. 변화에 반응하는 대표적인 유형은 희생자, 비평가, 방관자, 주도자형이다.

⓫ 변화에 대한 구성원의 반응과 관련된 리더의 가장 중요한 태도는 어떤 유형과 반응이든 모두가 정상적이고 자연스러운 현상으로 보는 것이다.

변화리더의
조건

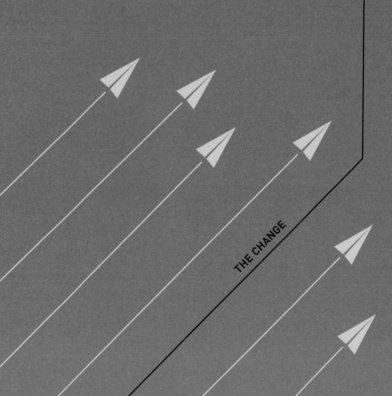

THE CHANGE

1
진정한 변화리더되기

진정한 변화리더는 사람들이 현실에 안주하지 않고 변화하는 환경에 대처하며
새로운 것을 받아들이고 도전할 수 있도록 긍정적인 영향력을 발휘한다.

01 진정한 변화리더란 누구인가?

1960년대 미국과 러시아는 달에 누가 먼저 도착하느냐 우주 패권을 놓고 치열한 경쟁을 벌였다. 도로시 본은 그 당시 나사에 근무하는 흑인 여성 전산원들의 리더이자 프로그래머였다. 도로시는 자기 분야에 탁월한 능력을 갖추고 있지만 성차별과 인종차별로 인해 제대로 인정을 받지 못하고 위에서 지시하는 일만 해야 했다.

어느 날 도로시는 우연히 기술동에 새롭게 설치되는 IBM 컴퓨터를 목격한다. 그녀는 상사로부터 나사 최초로 IBM 컴퓨터가 도입될 것이며 앞으로 손으로 하는 계산은 컴퓨터가 대신하게 될 거라는 얘기를 듣고 직업적으로 변화가 있을 거라는 생각을 한다. 도로시는 동료에게 나사의 IBM컴퓨터 도입 얘기를 하며 미래에 대한 불안감을 털어 놓는다. 그러자 동료는 앞으로 어떻게 할 건지 대책을 도로시에게 물었는데 그녀는 다음과 같이 대답하고 자신의 말을 즉시 실행으로 옮긴다.

"딱 하나 있지, 능력을 개발하고 몸값을 올려야지, 하늘이 무너져도 솟아날 구멍은 있으니까!"

그녀는 출입이 허용되지 않은 백인 도서관에서 관련 서적을 어렵게 구하여 남몰래 컴퓨터 프로그래밍을 독학한다. 또한 시험 가동 중인 IBM 컴퓨터실에 몰래 들어가 공부한 내용을 적용하는 실습을 한다. 때로는 IBM 직원들에게 발각되어 쫓겨나기도 하지만 포기하지 않는다. IBM 직원들은 자신들이 제대로 운영 못 하는 컴퓨터를 다룰 줄 아는 도로시를 눈여겨 본다. 도로시는 이런 열악한 환경에서 독학으로 공부해 컴퓨터를 운영할 정도의 실력을 갖추게 된다.

도로시는 어느 날 부하 직원인 흑인 여성들을 모아 놓고 IBM 7090 데이터 처리 시스템이 24000번 이상 연산이 가능하기 때문에 제대로 운영되면 모두 쫓겨날 것이라고 말하며 앞으로 예상되는 변화의 위협을 언급하며 모두 컴퓨터 프로그래밍을 배울 것을 설득한다. 그렇게 직원들은 도로시 본에게 프로그래밍을 배우며 미래에 닥쳐올 위기에 대비한다.

그러던 어느 날 도로시에게 생각지도 못한 기회가 찾아온다. 그녀의 상사는 그녀에게 IBM 컴퓨터 임시 운영직으로 재배치를 제안한다. IBM 직원들이 컴퓨터 운영 준비가 끝나자 도로시를 운영인력으로 추천했던 것이다. 도로시의 상사는 앞으로 수작업으로 궤도를 계산할 필요가 없어지면 당장은 변동 없지만 결국에는 전산 그룹이 해체될 것이라며 도로시에게 선택을 강요한다. 하지만 도로시는 자신의 직원들이 배제된 단독 재배치에 대해 거부 의사를 밝힌다. 다만 프로그래밍을 위해 많은 인력이 필요하고 직원들은 이미 충분한 역량을 갖고 있으니 전원 재배치한다면 제안을 수용하겠다고 조건을 제시한다. 결국 도로시의 상사는 제안을 수용하게 되고 직원들은 모두 IBM 컴퓨터실로 재배치되어 새로운 일을 시작하게 된다.

실화를 바탕으로 제작된 영화 '히든피겨스'의 세 명의 주인공 중 한 명인 도로시 본의 일화이다.[1] 도로시 본은 자신뿐만 아니라 부하직원들이 현실에 안주하지 않고 변화하는 환경에 대처하며 새로운 것을 받아들이고 도전할 수 있도록 긍정적인 영향력을 미치는 진정한 변화리더이다. 도로시의 변화리더십은 그녀의 동료들에게도 영향을 미친다. 그녀의 동료 메리는 엔지니어가 되는 것이 꿈이지만 인종차별과 법적인 문제로 고민하고 있었다. 도로시 본은 인종차별로 인해 백인 고등학교에서 수업을 듣는 것을 허락하지 않을 것이라고 투덜대는 메리에게 도전을 자극하는 얘기를 한다.

"종일 여기 앉아서 현 상황을 불평하는 네 얘기를 못 듣겠어. 법원에 탄원서 내고 원하는 바를 쟁취해, 얘기는 그만해"

메리는 도로시의 제안대로 탄원서를 내고 법정에서 적극적으로 호소하여 버지니아 최초로 백인 남자고등학교에서 수업을 듣는 흑인 여성이 되었다. 메리는 나사뿐만 아니라 미국 최초의 아프리카계 미국인 항공 엔지니어가 됐다. 도로시 역시 훗날 나사 최초로 아프리카계 미국인 관리자가 됐으며 전자 연산이라는 미개척지 분야의 포트란 전문가로서 나사의 최고수재 중 한 명으로 인정받았다.

하버드대학교 경영대학원의 애이브러햄 잘레즈닉(Abraham Zaleznick)은 관리자는 단순히 과정을 관리하고 안정을 추구하는 반면에 리더는 리스크를 떠안고 변화를 추구하는 사람으로 정의했다.[2] 도로시는 비록 인종차별로 인해 직책도 없는 관리자 역할을 했지만 직원들이 조직의 새로운 변화에 적응하며 도전할 수 있도록 영향력을 발휘했다. 반면 그녀의 상사는 직원들이 새로운 제안을 하거나 도전을 할 때마다 규정만을 따지며 현재의 시스템과 프로세스를 유지하는 일에만 매달렸다. 진정한 리더는 도로시의 상사가 아니라 자신과 주변 사람들을 변화로 이끈 도로시이다.

미국의 역사가이자 정치학자 제임스 맥그리거 번스(James McGregor Burns)는 이런 말을 했다. "리더십은 어디에서 시작되는가? 변화가 시작되는 곳이다." 그렇다. 진정한 변화리더는 사람들을 새로운 방향으로 이끄는 사람이다.

현업적용하기

조직에서 일어나고 있는 변화의 조짐을 살펴보라. 그리고 당신이 먼저 변화에 대응하기 위한 학습과 도전을 시도하라. 당신의 조직이 시행하려는 것을 이미 하고 있는 다른 조직이 있다면 당신이 직접 찾아가서 먼저 가서 배우고 팀원들과 공유하라. 진정한 변화리더는 자신부터 변화를 시도한다.

02 변화와 탁월성의 원리

자신의 삶에서 탁월성을 발휘하는 사람들은 그렇지 않은 사람들과 어떤 차이가 있는가? 조셉오코너(Joseph O'Connor)와 존 시모어(John Seymour)는 자신들의 저서 NLP(Neuro-Linguistic Programming : 신경 언어 프로그램)에서 삶에서 원하는 것을 성취하는 데 필요한 탁월성의 원리로 성과(goal/outcome: 목표/결과로 표현하기도 함), 감각적 민감성(sensory acuity), 행동적 융통성(behavioral flexibility) 세 가지를 제시했다.[3]

성과는 자신이 원하는 것 즉, 바람직한 상태를 명확히 아는 것을 의미한다. 자신이 원하는 것을 명확히 아는 사람은 관심과 에너지를 집중시킬 수 있다. 감각적 민감성은 자신의 말과 행동이 원하는 성과를 얻고 있는지, 그것을 지향하고 있는지 분별하고 관찰하는 능력이다. 건강한 삶을 원하는 사람은 자신의 행동과 습관이 건강을 얻는 데 도움이 되는지 분별하고 인식할 수 있어야 한다. 행동적 융통성은 원하는 것을 성취하기 위해 사고와 행동을 유연하게 변화할 수 있는 능력이다. 현재 자신의 행동과 습관이 건강한 삶에 방해되거나 효과가 없다면 다양성을 가지고 다른 행동으로 변화시켜야 한다.

탁월성의 원리는 개인의 성공과 변화는 물론 타인의 변화, 커뮤니케이션, 리더십 같은 삶의 모든 영역에 효과성을 높일 수 있다. 커뮤니케이션을 잘하기 위해서는 상대에게 얻고 싶은 인지·정서·행동적 반응이 무엇인지 명확히 인식하고 있고 자신이 하는 말이 상대로부터 원하는 반응을 얻고 있는지를 민감하게 관찰하고 분별해야 한다. 그리고 원하는 반응을 얻지 못하고 있다면 커뮤니케이션의 방식과 내용을 변화시켜야 한다. 만약 어떤 사람이 자신의 말에 화를 내거나 민감한 반응을 계속 보인다면 보통은 "아니 내가 틀린 말 했나요? 화를 내면 어떻게 합니까?"라고 상대를 비난하지만 탁월성을 가진 사람은 문제의 원인이 그런 반응을 촉발하는 말을 한 자신에게 있다는 것을 깨닫고 자신을 변화시킨다.

타인에게 영향력을 미치는 리더십과 탁월성의 원리는 같다. 리더는 변화를 통해 달성해야 할 목표와 성과가 무엇인지 명확히 알아야 한다. 또한 조직성과가 제대로 달성되고 있는지 관찰하면서 원하는 결과가 나올 때까지 조직의 시스템과 프로세스, 환경 그리고 리더십을 변화시키는 융통성, 유연성을 가져야 한다.

앞에서 한 리더가 "그렇게 강조하고 확인하고 통제를 해도 사람들이 바뀌지 않아요"라는 말을 하며 구성원들의 문제점을 지적한 사례를 들었다. 이 리더는 자신의 방식이 구성원들을 변화시키는 데 한계가 있다는 것을 자각하지 못한 채 구성원들만 문제라고 생각한 것이다. 이 리더는 자신의 행동으로 얻은 구성원의 반응이 자신의 책임이라는 것을 받아들이고 행동을 변화시켜야 구성원을 변화시킬 수 있다.

캔블랜차드(Kenneth Hartley Blanchard)의 상황대응코칭 리더십(situational coaching leadership)은 탁월성의 원리가 반영된 리더십이론이다.[4] 이 이론은 리더가 원하는 성과를 얻기 위해 구성원의 능력과 동기 상태를 진단하고 그 상황에 맞게 리더십 스타일을 변화시키는 것이 핵심 내용이다. 캔블랜차드는 개인의 능력과 동기를 고정된 것이 아니라 업무와 프로젝트 그리고 역할에 따라 다르다고 전제한다. 사람들은 역량과 의욕이 다를 때 욕구와 기대도 다르다. 역량이 낮고 의욕이 높은 사람은 인정과 칭찬보다는 부족한 능력을 채워 주기를 바란다. 역량도 낮고 의욕도 낮은 사람은 역량도 채워주고 의욕도 높여줘야 한다. 반대로 역량이 높고 의욕이 낮은 사람은 상대가 의욕을 높여주는 행동을 할 때 동기부여 되고 성과를 낼 수 있다. 마지막으로 역량과 의욕이 모두 높은 사람은 자신을 믿고 위임해주기를 바란다. 이처럼 대상에 따라 리더십 스타일을 바꾸는 것이 행동의 융통성이다.

탁월성의 원리를 잘 적용하기 위해서는 세 가지 요소와의 라포(rapport : 마음의 유대, 서로의 마음이 연결된 상태)가 중요하다. 첫째는 리더 자신과의 라포이다. 리더는 자신의 내면에서 들리는 목소리에 귀를 기울이고 내면의 상태를 살펴야 한다. 변화의 시작은 리더의 말로 출발하는 것이 아니라 리더의 헌신에서 시작된다. 리더 자신이 진정으로 원하지 않는 것을 타인으로부터 진실된 행동을 하도록 만들기는 어렵다.

둘째는 구성원과의 라포이다. 구성원들이 어떤 욕구와 정서를 갖고 있는지 살피면서 효과적인 소통과 리더십을 발휘해야 한다. 마지막으로 환경과의 라포이다. 아무리 이상적이고 의미 있는 변화 비전이라도 환경과의 적합성이 떨어지면 실현 가능성이 낮아진다. 결국 변화는 리더자신, 구성원, 환경과 상황이 연결되어 조화를 이룰 수 있을 때 성공할 수 있다.

현업적용하기

팀원들이 어떤 말과 행동을 했을 때 긍정적인 태도를 보이는지 관찰하라. 회의에 들어가기 전에 회의의 목표가 무엇인지 그리고 팀원들로부터 어떤 반응을 얻어야 하는지, 그러기 위해서는 어떤 말과 행동을 해야 하는지 정리하라. 회의를 시작하면 당신의 얘기를 일방적으로 하지 말고 팀원들의 표정과 상태를 살피면서 유연하게 대처하라. 이 연습을 꾸준히 하게 되면 하고 싶은 말을 하는 것이 아니라 원하는 반응을 얻을 수 있는 말을 하게 된다.

03 소프트파워를 활용하라

탁월한 변화리더가 되기 위해 필요한 역량은 무엇일까? 마이클 자렛 (Michael Jarrett) 인시아드 경영대학원 교수는 런던비즈니스 스쿨에서 수년간 1500여 명의 리더들을 대상으로 이 질문에 대한 답을 찾기 위한 연구를 진행했다.[5] 자렛교수는 리더들에게 바람직하지 못한 상태에서 보다 나은 상태로 이행하는 과정을 이끌어가는 사람의 가장 중요한 특징들을 나열하고 그 중요도에 따라 순서를 매기어 답안을 제출하게 하였다. 그 결과는 중요도 순으로 다음과 같다.

- 위, 아래, 옆으로의 비전 소통

- 에너지와 열정

- 주위 사람들에게 공감을 불러일으키는 영감과 동기부여

- 상황에 적합한 성실성, 정직성, 투명성

- 매우 곤란한 상황에서도 과감하게 결단을 내리고 꾸준히 밀고 나갈 수 있는 용기

- 유연성과 열려 있는 정신

- 뛰어난 감성 지능

- 모든 이해관계자들에 대한 능숙한 관리와 네트워킹

- 정치적인 기민함

- 귀 기울여 듣기

- 위기감의 창출

자렛 교수의 연구 결과 리더가 변화를 효과적으로 이끌기 위해 필요한 역량들의 대부분은 관리스킬 보다는 구성원들의 인식과 정서에 영향을 미치는 휴먼 스킬로 구성되어 있다.

맥컬레이(Macaulay)와 동료들의 변화리더의 역량과 관련된 또 다른 연구의 결과도 자렛 교수의 결과와 크게 다르지 않게 60% 이상이 사람을 다루는 휴먼 스킬과 관련된다.[6]

- 전략개발

- 프로젝트 매니지먼트

- 기획 및 평가

- 신뢰, 자신감, 도덕성을 구축하기 유지하기 위한 커뮤니케이션 스킬(적극적 경청)

- 피드백 및 발전을 위한 코칭

- 이해관계자에 대한 정치와 영향력을 위한 전략과 스킬

- 변화에 대응하면서 불확실성에서 오는 스트레스와 두려움을 다루는 회복탄력성 구축

- 시간이 지나면서 감정이 어떻게 변하는지 인식하기

- 저항을 인식하고 다루는 기술

자렛 교수와 맥컬레이와 동료들이 제시한 변화리더의 역량은 조지프 나이가 제시한 파워의 유형 중 소프트 파워와 관련된다. 조지프 나이는 파워의 유형을 하드파워와 소프트파워로 구분했다.[7] 하드파워는 정치적 파워와 경제적 파워 그리고 직원을 해고할 수 있는 능력과 같이 유인과 위협에 의해 발휘되는 것이다. 반면 소프트파워는 물질적인 인센티브를 사용하여 조작하지 않고 다른 사람을 매력적으로 끌어들여 영향력을 미치는 것을 말한다.

조지프 나이는 리더가 상황에 따라 하드파워도 사용해야 하지만

표 2-1. 소프트파워와 하드파워의 비교[8]

구분	소프트파워	하드파워
행동	친화, 협동	위협, 유인
리더십	영감을 주는 리더십	거래적 리더십
원천	카리스마, 설득, 수사학, 솔선수범	위협과 협박, 채용, 해고, 강등, 승진과 보상
기술	– 감성지능 – 커뮤니케이션 – 비전	– 조직역량 – 마키아밸리적 기술

소프트파워가 영향력의 더 중요한 원천이 되고 있다고 주장한다. 이것은 수평적 조직문화의 확산과 구성원들의 높아진 자기 표현과 개인 욕구로 인해 과거처럼 지시와 통제방식으로는 변화몰입을 이끌어내기 어렵기 때문이다.

이제 탁월한 변화리더가 되기 위해서는 리더 자신이 변화의 메시지가 되어 구성원 개개인의 생각과 감정을 이해하고 소통하는 능력을 개발해야 한다. 소프트 파워에 대한 구체적인 스킬들은 '제3부 변화실행스킬'에서 학습하게 된다.

현업적용하기

❶ 당신이 팀원들에게 새로운 행동을 요구할 때 소프트파워와 하드파워 중 어느 것을 더 많이 사용하는지 스스로 생각해 보라.

❷ 당신이 경험했던 상사들을 떠올려 보고 그 상사들이 소프트파워와 하드파워 중 어떤 파워를 더 많이 사용했는지 분류해보자. 그리고 사용하는 파워의 유형별로 당신과의 관계와 신뢰수준을 평가해보자.

2
변화를 올바르게 진단하라

탁월한 변화리더는 명의가 환자의 병을 정확히 진단하고 올바른 처방을 내리 듯
변화의 유형, 추진방식, 저항의 원인을 정확히 진단하고 효과적인 방법으로 변화를 추진한다.

탁월한 의사는 환자의 병을 정확히 진단하고 올바른 처방을 내린다. 잘못된 진단과 처방은 병을 더 악화시키거나 또 다른 문제를 일으킨다. 마찬가지로 탁월한 변화리더들은 변화를 올바르게 진단하는 능력을 갖고 있다. 탁월한 변화리더는 변화와 관련된 다양한 이슈를 정확히 진단하고 효과적인 방법으로 변화를 추진한다. 특히 성공적인 변화를 위해 다음의 세 가지 이슈의 진단에 관심을 가져야 한다.

첫째, 리더는 변화의 유형이 기술적 도전(technical challenge)인지 적응적 도전(adaptive challenge)인지 올바르게 진단해야 한다.[9] 둘째, 변화 추진방식을 구성원의 자율과 선택을 제한하는 강제프로세스 (mandatory process)와 구성원의 자기 결정성을 높여 몰입도를 높이는 권장프로세스(advisory process)중 어떤 것을 적용하는 것이 효과적인

지 진단해야 한다.[10] 셋째, 변화에 대한 저항 원인이 시스템에서 오는 장애(obstacle)요인인지 사람과 관련된 방해(objection)요인인지를 정확히 진단하여 효과적으로 대응해야 한다.[11]

01 기술적 도전 vs 적응적 도전

기술적 도전은 문제의 원인도 명확하고 해결책도 명확하다. 리더가 주체가 되어 개인이 아닌 주변 환경과 시스템, 조직구조, 절차, 업무방식을 변경하고 조정해야 하는 변화이다. 예를 들어, 고객 접점에서 서비스 제공 속도에 문제가 생겼을 때 자리 배치를 바꾸거나 새로운 시스템을 도입하는 문제가 기술적 도전에 해당된다.

적응적 도전은 사람들의 신념, 생각, 우선순위, 습관, 정체성 등의 변화와 관련된다. 적응적 도전은 기존에 있는 이론과 지식을 뛰어넘어 기존의 업무 관행과 방식을 변화시키기 때문에 개인들이 손실을 감수해야 하는 상황도 발생한다. 적응적 도전은 문제가 명확하지 않고 해결책도 다양하고 복잡하다. 정답보다는 해답을 찾는 과정이며 탐색과 학습이 필요하다. 그래서 기술적 도전과 다르게 이해관계자가 참여하여 변화의 주체가 되도록 하는 것이 효과적이다. 예를 들어, 기존에 하지 않았던 새로운 업무를 하거나 수평적 조직문화를 만들기 위해 리더의 새로운 리더십과 스킬을 개발하는 것이 적응적 도전의 사례이다.

하지만 모든 변화를 단순하게 기술적 도전과 적응적 도전으로 구분하는 것은 어렵다. 조직변화는 기술적 도전과 적응적 도전이 혼재되어 진행되는 경우가 대부분이다. 다음의 사례는 조직의 관리자들이 기술적 도전과 적응적 도전을 제대로 진단하지 못했을 때 흔히 벌어지는 일이다.

한 영업본부의 본부장은 성과를 개선하기 위해 특단의 조치가 필요하다고 판단해 영업팀장들에게 영업사원과 똑같이 개인 목표를 부여하여 평가하기로 결정했다. 본부 관리팀장은 본부장에게 이런 변화로 인해 영업팀장들의 영업사원에 대한 영향력이 약화되고 사기를 떨어뜨릴 수 있어 신중하게 결정해야 한다고 조언했다. 그럼에도 불구하고 본부장은 팀리더가 개인 목표를 갖고 직접 현장활동을 하면 팀장들 간의 경쟁의식이 높아지고 구성원들이 긴장감과 위기감을 느끼게 되어 영업이 활성화될 것이라며 강행했다. 본부장은 이런 조치가 단순히 영업팀장에게 새로운 업무를 추가하는 정도로 가볍게 생각했다.

하지만 영업팀장들은 겉으로 표현하지 않을 뿐 많은 불만과 저항감을 갖고 있었다. 팀장에게 개인 영업목표를 부여한 것은 지금까지 영업조직에서 전례 없었던 조치일 뿐만 아니라 자신들이 목표달성을 하지 못할 경우 경쟁에서 뒤처져 직책을 잃을 수 있다는 불안감도 있었다. 또한 현장 실무자로 어렵고 힘든 과정을 오랫동안 인내하며 좁은 문을 통과해 관리자가 되었는데 다시 현장에서 직접 영업한다는 것에 좌절감도 컸다.

더 중요한 문제는 지시하고 명령하고 통제하던 관리자에서 현장에서 직접 뛰어야 하는 플레이어로 정체성을 바꾸는 데서 오는 박탈감이었다. 이 변화는 팀원들 사기에도 악영향을 미쳤다. 미래에 관리자의 꿈을 갖고 있는 팀원들은 열심히 해봐야 자신들의 팀장처럼 된다는 생각에 희망이 사라진 것이다.[12]

로널드 하이페츠는 리더십이 제대로 발휘되지 못하고 실패하는 가장 중요한 원인을 변화 적응적 도전을 기술적 도전처럼 취급하기 때문이라고 말한다. 영업팀장들에게 개인목표를 부여하고 자신의 팀원들과 똑같이 활동하고 평가받게 하는 것은 단순히 새로운 업무를 부여하는 기술적 도전이 아니라 정체성, 신념, 습관에 변화가 필요한 적응적 도전이다.

결국 영업본부장의 새로운 시도는 영업팀장들의 사기를 밑바닥으로 떨어뜨리고 전체성과는 개선되지 않은 채 실패로 끝났다. 영업본부장은 새로운 변화로 인해 팀장들이 갖게 되는 감정적인 측면의 문제를 헤아리지 못하는 실수를 범했다.

많은 부모들이 공부에 관심이 없거나 성적이 낮은 학생의 성적을 끌어올리기 위해 좋은 학원에 보내거나 과외를 시키면 해결된다고 생각한다. 하지만 이 문제는 그렇게 간단하지 않다. 공부를 안 하는 학생이 그저 좋은 공부방법과 시스템을 제공한다고 해서 갑자기 공부를 하지는 않는다. 이 문제는 공부에 대한 학생의 신념과 정체성의 변화가 전제되어야 한다. 조직변화도 마찬가지이다. 겉으로는 단순한 것 같은 기술적 도전들이 생각보다 복잡한 변화 적응적 도전에 해당되거나 기술적 도전과 변화 적응적 도전이 동반되는 경우가 많다. 변화리더는 이것을 정확하게 진단해야 한다.

02 권장 프로세스 vs 강제 프로세스

일반적으로 변화를 추진하는 방법은 강제(mandatory)와 권장(advisory)의 두 가지 프로세스가 있다. 리더는 변화의 상황과 목적에 따라 이 두 가지 중 어떤 프로세스를 적용해야 효과적인지 진단하고 선택해야 한다.

강제 프로세스는 변화의 과정에서 구성원들이 특정 행위를 해야하거나 아예 할 수 없는 조건이나 상황을 만드는 것이다. 강제 프로세스는 재무적 통제, 안전관리, 생산라인, 콜센터와 같은 업무 프로세스에 적용하는 것이 좋다. 예를 들어, 조직에서는 예산 사용의 용도와 한도를 자율에 맡기지 않고 전산에서 강제로 통제하거나 특정한 프로세스를 거치도록 한다. 안전과 위생, 보안은 문제가 생겼을 때 파급효과가 크기 때문에 환경을 재설계하거나 통제하여 문제가 발생하는 원인 자체를 제거하는 것이 효과적이다. 최근에 기업이 주 52시간 근무제도가 시행되면서 법적인 이슈가 발생하지 않도록 강제 PC 셧다운 제도를 시행하는 것도 강제 프로세스를 적용한 것이다.

　권장프로세스는 시간을 갖고 직원들이 참여하여 수용성을 높이고 내적수용과 자기결정성을 높이는 프로세스이다. 권장프로세스는 다양하고 창의적인 아이디어가 필요한 업무나 고객 접점에서 고객에게 창의적으로 대응을 해야 할 경우 적용하는 것이 효과적이다. 예를 들어 관리자가 신규고객을 더 늘리기 위해 기존고객에 대한 서비스를 강화하여 만족도를 높여야 한다는 생각을 갖고 있다면 직원들을 모아 놓고 일방적으로 특정한 활동을 지시하기보다는 구성원들의 참여를 통해 다양한 아이디어와 의견을 들어 반영하는 것이 효과적이다. 일반적으로 권장프로세스는 강제프로세스보다 시간이 더 걸리지만 변화 프로세스 유형에 따른 반응 곡선에서 알 수 있는 것처럼 구성원의 적극성과 몰입을 얻을 수 있다.

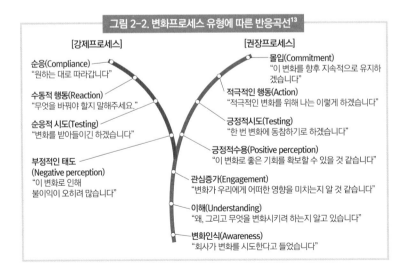

그림 2-2. 변화프로세스 유형에 따른 반응곡선[13]

[강제프로세스]

순응(Compliance)
"원하는 대로 따라갑니다"

수동적 행동(Reaction)
"무엇을 바꿔야 할지 말해주세요."

순응적 시도(Testing)
"변화를 받아들이긴 하겠습니다"

부정적인 태도
(Negative perception)
"이 변화로 인해
불이익이 오히려 많습니다"

[권장프로세스]

몰입(Commitment)
"이 변화를 향후 지속적으로 유지하겠습니다"

적극적인 행동(Action)
"적극적인 변화를 위해 나는 이렇게 하겠습니다"

긍정적시도(Testing)
"한 번 변화에 동참하기로 하겠습니다"

긍정적수용(Positive perception)
"이 변화로 좋은 기회를 확보할 수 있을 것 같습니다"

관심증가(Engagement)
"변화가 우리에게 어떠한 영향을 미치는지 알 것 같습니다"

이해(Understanding)
"왜, 그리고 무엇을 변화시키려 하는지 알고 있습니다"

변화인식(Awareness)
"회사가 변화를 시도한다고 들었습니다"

03 장애 vs 반대

구성원들이 변화에 저항하는 이유는 다양하다. 크게 보면 시스템 측면의 장애요인과 사람 측면의 반대요인으로 분류할 수 있다. 이렇게 두 가지 영역으로 구분하고 진단해야 하는 이유는 접근하는 방법과 해법이 다르기 때문이다. 반대요인을 장애요인처럼 장애요인을 반대요인처럼 다루면 저항이 해결되지 않고 변화의 단계를 진행하기가 어렵다.

"제가 할 수 있는 권한이 없습니다, 지원이 없어서 못 하겠습니다, 경쟁력 있는 신상품 출시가 안 돼서 영업이 어렵습니다, 지금까지 한 번도 해본 적이 없습니다, 어떻게 해야 되는지 배워 본 적이 없습니다."

장애요인은 대부분 시스템 이슈와 관련되기 때문에 구성원들은 주로 위와 같은 말을 하며 저항한다. 장애요인은 시스템과 프로세스의 개선, 새로운 기술과 지식습득을 위한 교육훈련, 성과와 보상의 연계, 조직 문제 점검과 조치 등을 통해 저항을 해소하고 긍정적 변화를 이끌어 낼 수 있다.

"우리가 그것을 해야 하는 이유를 모르겠습니다, 바쁜데 어떻게 그런 것까지 합니까?

"그건 해봐야 소용이 없을 것 같습니다"

"그건 우리가 해야 하는 일이 아니라고 생각합니다"

구성원들이 위 같은 얘기를 하며 저항한다면 반대요인에 해당한다. 반대요인은 사람과 관련된 이슈이다. 앞에 사례에서 영업팀장들에게 개인 목표를 부여해서 발생했던 저항들은 대부분 반대요인이다. 저항의 원인이 반대요인으로 진단되면 저항을 없애거나 무시하거나 강제로 이기려고 하기보다는 피드백스킬, 코칭스킬, 커뮤니케이션, 동기부여와 같은 방법을 활용하여 인정하고 함께 갈 방법을 모색하는 것이 효과적이다. 이와 관련된 내용은 3부에서 구체적으로 다룬다.

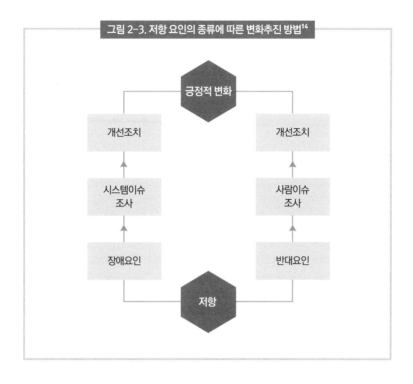

그림 2-3. 저항 요인의 종류에 따른 변화추진 방법[14]

김 팀장은 HRD 부서장으로 발령받아 조직변화를 위해 어떤 조치가 필요한지 다양한 경로를 통해 정보를 수집했다. 전임자와 대화를 나누고 이해관계자 및 부서원들과 인터뷰를 실시했다. 그 결과 교육 운영 및 관리업무를 담당하는 직원들이 전임 부서장들로부터 관심과 평가에서 소외되어 왔고 이로 인해 동기 수준이 낮은 상태이며, 반면 기획업무를 담당하는 직원들은 승진 및 인사고과에서 더 많은 혜택을 받아왔다는 사실을 확인했다.

이것은 직원들의 업무에 대한 중요성 인식과 의미에도 영향을 미쳤다. 부서원들은 교육운영과 관리업무는 누구나 할 수 있는 일상적 업무이고, 아무리 열심히 해도 좋은 평가를 받을 수 없으며, 교육 기획은 부서의 핵심적인 업무여서 언제나 인정받는다고 인식하고 있었다.

위와 같은 조직 내 분위기로 인해 김 팀장이 추구하는 변화에 교육운영과 관리업무를 하는 직원들이 소극적이고 미온적인 태도를 보였던 것이었다. 김 팀장은 이 문제를 해결해야 HRD 부서가 비용센터에서 퍼포먼스센터로 변신하는데 부서원들의 자발적이고 적극적인 참여를 이끌어 낼 수 있다고 판단했다.

김 팀장은 먼저 평가와 승진의 공정성 문제 해결을 위한 제도의 변화를 시도했다. 그 동안 부서장이 단독으로 해왔던 인사 고가평가를 3단계로 세분화하였다. 1단계는 동료평가로 파트원간 상호업적을 비교하며 의견을 나누고 평가등급을 결정한다. 2단계는 파트장 평가이다. 파트원들이 결정한 평가 결과를 가지고 파트 내 평가 등급을 파트장이 결정한다. 이 평가방식은 특정 파트에 상위 고가자가 편중되는 것을 막기 위해 무조건 파트별로 상위 고가자가 나오도록 배분하는 효과가 있어 어떤 업무를 하든지 상위 고가를 받을 기회를 균등하게 제공한다. 마지막은 부서장 평가로 파트 평가 결과를 갖고 최종 평가를 확정한다.

이 제도의 변화는 구성원들에게 평가와 승진이 공정하고 어떤 업무 든 가치 있고 중요하다는 인식을 심어 줌으로써, 부서원들의 의욕을 높여주고 적극적인 참여를 이끌어 내는 결과를 만들었다.

김 팀장의 새로운 시도가 성공할 수 있었던 것은 첫째, 조직의 문제점과 저항의 요인을 정확히 진단했기 때문이다. 만약 문제점을 장애요인이 아닌 방해요인으로 판단해 제도와 시스템을 개선하지 않고 동기부여를 위해 회식을 하는 등의 소통을 통해 해결하려고 했다면 실패했을 것이다. 둘째, 부서원들에게 제도변화의 취지에 대해 충분히 설명하고 이해시키는 과정을 가졌다. K팀장은 모든 업무가 중요하며 어떤 업무를 하든 열심히 하면 누구나 좋은 평가를 받고 승진할 수 있다는 대의명분을 제시함으로써 수용성을 높였다.

현업적용하기

조직생활 하면서 경험했던 변화를 생각해 보자. 당신이 지금 추진하고 있는 변화가 있다면 포함시켜 나열해 보고 기술적 도전과 적응적 도전 중 어느 것에 해당하는지, 그 변화가 권장 또는 강제프로세스로 진행되었는지 변화과정에서 발생한 저항은 장애 또는 반대요인 중 어디에 해당하는지 분류해보자. 당신은 이 활동을 통해 변화의 올바른 진단의 중요성을 이해하게 된다.

04 I-Change vs D-Change

변화를 위해 마련한 대책이 오히려 직원들에게는 해야 할 일 목록에 또 다른 프로세스만 증가시키면서 부담을 가중시키는 일이 허다하다. 사내 메일 수신함은 이런 현실을 반영하듯 항상 ~조사, ~확인, ~지침, ~시행으로 끝나는 제목의 메일이 수시로 날아와 직원들은 메일의 홍수에 빠져 정신을 못 차린다.

이것은 리더들이 새로운 일을 찾아 직원들이 정신을 못 차릴 정도로 과중하게 업무를 늘려 바쁘게 만드는 것을 제대로 된 변화관리로 생각하는 경향이 있기 때문이다. 관리를 중심으로 경험하고 훈련된 대부분의 리더들은 일을 복잡하게 만들어 구성원들을 혼란에 빠뜨리고 지치게 만드는 데 박사학위를 따지 않았나 의심할 정도이다.

피터 드러커는 이런 현실에 대해 다음과 같이 지적했다.

"내가 만난 본 리더들 중 절반은 무엇을 해야 할지 배울 필요가 없는 사람들이다. 그들은 무엇을 그만둬야 할지를 배워야 할 필요가 있다."[16]

나는 해야 할 일과 업무 프로세스를 증가시키는 방식으로 추진하는 변화를 '증분변화(Increase-Change)'라고 부른다. 구성원들에게 이런 증분변화는 이미 많이 경험한 익숙한 것이어서 호기심을 자극하거나 몰입을 일으키기보다는 피로감과 저항감을 불러오기 쉽다.

하루 종일 이 회의 저 회의 불려 다니다 자리에 앉자마자 상사가 불러서 또 다른 업무지시를 하고, 자리로 돌아와 앉아 마음잡고 업무를 하려고 하니 다른 부서 담당자가 전화를 해서 요청한 자료는 언제 줄 거냐고 독촉할 때 '아! 정말 아무것도 하기 싫다'라는 생각을 한두 번은 다 해봤을 것이다.

사회학자 로이 바우마이스터(Roy F. Baumeister)에 의하면 자아 강도(ego strength)라는 한정된 자원이 있다. 자아 강도는 유혹을 이겨내고, 욕망을 억제하고, 생각과 표현을 조절하고, 규칙을 지키는 등 자기 규제의 노력을 기울이는 동안 점차 약해져 고갈돼 간다. 이것을 반복적으로 경험하면 자아 고갈 상태가 된다. 일반적으로 구성원들은 자아 고갈 상태가 되면 부주의한 선택을 하거나 결정을 미루며 아무것도 안 하게 되는 결정 피로에 빠지게 된다.[17]

구성원들이 변화를 긍정적으로 받아들이고 변화의 첫발을 가볍게 내딛게 하려면 어떻게 해야 될까? 이에 대해 존 코터는 다음과 같이 얘기했다.

"사람의 마음을 움직이는 지도자들은 스타일과 관계없이 기본적으로 비슷한 일을 합니다. 일을 복잡하지 않고 단순하게 가져갑니다. 많은 사람을 이해시켜 그들의 협력과 도움을 구하려면 단순해야 하니까요."[18]

그렇다. 존 코터의 말처럼 증분변화보다는 기존의 업무 방식과 프로세스를 단순화하고, 새로운 방향에 방해가 되거나 효과가 떨어지는 관행이나 규범 그리고 활동을 줄이는 감소변화(Decrease-Change)가 구성원의 마음과 협력을 얻어 변화의 성공 가능성 뿐만 아니라 변화 차별성을 높인다.

문영미 교수는 디퍼런트에서 진정한 차별화를 통한 혁신을 위해서는 추가나 증분적 확장이 아닌 제거, 분열, 변형을 시도하라고 말한다.[19] 문영미 교수의 얘기는 마케팅 관점에서 브랜드를 성공시키기 위한 혁신전략이지만 조직변화의 관점에서도 적용점이 충분히 있다.

변화에 있어 제거는 기존에 해왔던 것들 중에서 불필요한 관행이나 제도 그리고 행위들을 없애는 것이다. 분열은 하던 일을 쪼개어 일부 업무를 더 집중적으로 하면 된다. 마지막으로 변형은 하는 일의 의미와 개념을 바꾸어 새로운 가치를 창출한다.

구성원의 입장에서는 기존에 자신들이 하던 것에다 다시 새로운 일을 추가하여 복잡성이 증가되는 변화보다는 일을 줄이고, 원래 하던 특정 영역에 에너지를 더 쏟고, 일의 개념과 의미를 바꾸는 변화가 혼돈을 줄이고 마음을 가볍게 하여 변화 수용성을 높이게 된다.

물론 증분변화(I-Change) 또는 감소변화(D-Change)방식 중 어떤 것이 절대적으로 효과적이라고 말할 수 없다. 리더가 해당 조직과 구성원의 과거의 변화방식과 경험을 진단하고 어떤 방식으로 변화를 추진할 것인지 결정해야 한다.

현업적용하기

현재 팀원들이 하는 업무와 활동을 나열해 보라. 그리고 복잡성을 줄이기 위해 제거하거나 더 쪼개어 집중하고 새로운 의미를 부여할 수 있는 업무를 찾아 변화를 시도하라. 구성원의 변화 수용성을 높일 수 있을 것이다.

요약

❶ 진정한 변화리더가 되고 싶다면 당신이 먼저 변화를 받아들여야 한다. 그리고 사람들이 변화할 수 있도록 자극하고 고무시켜야 한다.

❷ 변화에 성공하고 원하는 것을 얻기 위해서는 기대하는 성과를 명확히 알아야 하고, 말과 행동이 원하는 성과를 얻게 하는지 관찰하고 그렇지 않다면 사고와 행동을 유연하게 변화시켜야 한다. 이것이 탁월성의 원리(성과, 감각적 민감성, 행동적 융통성)이다. 이 원리는 리더십, 변화, 커뮤니케이션과 같은 삶의 모든 영역의 효과성을 높일 수 있다.

❸ 변화를 효과적으로 이끌기 위해서는 소프트파워를 개발해야 한다. 소프트 파워는 영감을 주는 리더십이며 감성지능, 커뮤니케이션, 비전 등의 기술을 사용한다.

❹ 변화를 성공시키기 위해서는 세 가지 측면의 진단 능력이 중요하다. 첫 번째는 변화의 종류를 구분하는 기술적 도전과 적응적 도전에 대한 진단이고 두 번째는 변화를 진행하는 프로세스인 권장프로세스와 강제프로세스 중 어느 프로세스를 적용할 것인지에 대한 진단이고 세 번째는 구성원의 저항이 방해 또는 반대 요인인지에 대한 진단이다.

❺ 기존에 조직변화는 주로 증분변화에 집중되어 있다. 구성원의 수용성과 몰입도를 높이고 복잡성을 줄이기 위해 감소변화로 시작해야 한다.

3

나 Meism 에서 우리 Weism 로
이끄는 리더십

진정한 변화리더는 구성원이 고차원의 욕구를 갖도록 만든다.
구성원이 고차원적 욕구를 갖게 되면 개인의 입장과 관점을 넘어 조직차원에서
생각하고 행동하며 조직변화에 더 많은 몰입을 하게 된다.

조직변화의 핵심은 구성원들의 가치와 행동을 '나(meism)'중심에서 우리(weism)로 바꾸는 것이다. 이것은 리더가 구성원의 욕구를 저차원에서 고차원의 수준으로 높여 변화(Change)를 넘어 변혁(Transformation)으로 이끄는 리더십을 발휘할 때 가능해진다. 욕구의 수준이 높아지면 구성원들이 자신을 위해 먹고 살려고 어쩔 수 없이 일을 하던 것에서 더 큰 무언가를 위해 기여하고 있다는 믿음을 갖게 된다.

구성원이 고차원적 욕구를 갖게 되면 개인의 입장과 관점을 넘어 조직차원에서 생각하고 행동하며 조직변화에 더 많은 몰입을 한다. 배스Bernard M.Bass는 구성원이 자신의 이해관계를 떠나서 조직의 목표를 수행하도록 변화시키는 상징적인 리더의 행동을 변혁적 리더십(Transformation Leadership)으로 정의했다.[20] 오늘날 같은 역동적인 비즈니스 환경에서 최고의 팔로워십을 개발하고 변화관리를 다루는 데 있어 가장 효과적인 리더십은 변혁적 리더십 모델이다. 그 이유는 변혁적 리더는 구성원들의 경각심을 높이고 변화를 위해 갈등과 위기를 활용하고 구성원들에게 권한을 위임하며 그들을 치켜세우기 때문이다. 또한 변혁적 리더는 낮은 수준의 감정인 공포, 욕망, 증오보다는 높은 이상과 도덕적 가치로 호소함으로써 변화에 대한 파워를 증가시킨다.[21]

구성원의 욕구 수준을 높이기 위한 리더십행동은 이상적 영향력(idealized influence), 영감적 동기부여(inspirational motivation), 지적 자극(intellectual stimulation)과 개인적인 배려(individualized consideration)의 4개 차원으로 구성된다.[22] 이 4개의 리더십 행동은 구성원의 내면의 욕구 체계와 가치관을 저차원의 욕구에서 고차원의 욕구로 높여주는 효과가 있다. 리더는 그와 같은 행위를 통해 구성원들로부터 존경을 이끌어 내고 리더와 자신을 동일시하게 만들며 자부심과 자신의 능력에 대한 믿음을 증가시킨다. 결과적으로 이것은 현재 하는 일에 대한 정서적이고 인지적인 만족도와 창의성을 증가시키고, 조직변화의 가능성과 혁신 행동을 높여준다.

그림 2-4. 변혁적 리더십의 매커니즘

리더의 행동	구성원의 반응	결과
이상적인 영향력 영감적 동기부여 지적자극 개인적 배려	리더와 비전에 대한 동일시 임파워먼트 고양 자긍심과 자기효능감증가	조직변화가능, 혁신행동 조직목표달성 조직만족도 증가 직무만족, 창의성 증가

01 이상적인 영향력을 발휘하라

우리는 누군가를 존경할 때 그 사람을 닮고 싶어진다. 더 나아가 그 사람과 자신을 동일시(identification)하는 경향이 있다. 동일시는 자기가 좋아하거나 존경하는 사람의 태도, 가치관, 행동 등을 자기의 것으로 받아들여 가는 과정을 말한다.[23] 사람들은 자신과 동일시하는 대상을 더 깊게 따르고 그 대상에 몰입하게 된다.

　존경을 받는다는 것을 무엇을 의미할까? 그것은 사람들에게 강력한 역할모델이 되는 것이다. 핀란드 전 대통령 타르야 할로넨(Tarja Kaarina Halonen)과 인도의 정신적·정치적 지도자였던 마하트마 간디(Mohandas Karamchand Gandhi)야말로 사람들에게 최고의 역할모델이다.

진정성의 영향력, 타르야 할로넨[24]

다음은 핀란드 전 대통령 타르야 할로넨에게 붙은 수식어들이다.

핀란드 역사상 가장 위대한 핀란드인 10인,

2009년 포브스 선정 세계에서 가장 영향력 있는 100인,

핀란드 첫 여성 대통령으로 12년 동안 역임,

무민마마

할로넨은 핀란드를 성공적인 변화로 이끈 대통령으로 평가받고 있다. 할로넨은 재임 동안 국가 청렴도 1위, 국가경쟁력 1위, 학업성취도 국제비교 1위, 환경지수 1위라는 탁월한 성과를 냈고, 국정운영 지지율 88%라는 높은 국민적 지지를 받았다. 할로넨은 한 언론과의 인터뷰에서 국민적 사랑을 받는 비결을 묻는 말에 다음과 같이 대답했다.

"정확은 비결은 모르겠다. 정치에서 진실함은 굉장히 중요하다고 생각한다. 정치인에게 정직함과 투명함은 최고의 덕목이다. 선거 전이나 후에도 변함없는 모습을 보여주어야 한다…(중략) 리더는 높은 곳이 아니라 가까이에 있다는 느낌을 줘야 한다. '당신은 진짜다(You are real one)라는 말이 내겐 최고의 칭찬이다."

할로넨은 재임 시절에도 동네 주민들과 같이 옷을 벗고 사우나를 즐기며 소통할 정도로 소탈한 대통령이었다. 특히 2000년 서울에서 열린 아시아 유럽 정상회의에 참석해서 보여준 그녀의 행동은 세간의 화제가 되었다. 그 당시 할로넨은 집에서 쓰던 다리미를 가져와

손수 외출복을 다려 입고 머리 손질도 직접 했던 것으로 알려졌다. 한 대학교를 방문하는 행사에서는 외국 귀빈으로서 받아야 할 밀착 경호를 거부하고 학생들과 편안하게 대화를 나누며 강연장으로 입장하는 파격적인 행보를 보였다. 이런 그녀의 행동은 주변의 시선을 의식해서가 아니라 그녀가 중요한 신념으로 삼고 있는 공정과 평등을 몸으로 실천한 것이다. 또한 대통령으로서 특권의식을 버리고 자신도 그저 핀란드 국민의 한 사람이라는 생각이 몸에 배어서 나왔던 자연스러운 모습이었다. 사람들이 타르야 할로넨에게 지지와 존경을 보이는 것은 자기 자신을 그대로 보여주고 자신의 신념과 가치를 온전하게 실천하려는 진정성 때문이다.

솔선수범의 영향력, 마하트마 간디

간디 역시 많은 사람들에게 긍정적인 영향력을 미친 인물이다. 평소에 간디를 존경했던 한 어머니가 어린애를 데리고 간디를 찾아와 이런 부탁을 했다. "선생님 아이가 사탕을 너무 많이 먹어 이가 다 썩습니다. 아이에게 사탕을 먹지 말라고 말씀 좀 해주세요"

간디는 이 말에 "한 달 후에 데리고 오세요 그러면 그때 말해주겠습니다."라고 대답했다. 아이의 어머니는 간디의 의외에 대답에 당황스러웠지만 자신이 평소에 존경하는 분의 말이기에 이유도 물어보지 않고 한 달을 기다렸다 간디를 찾아가 똑같이 부탁했다. 그런데 이번에도 간디는 "한 달만 더 있다가 오세요"라고 말했다. 아이의 어머니는 결국 이번에도 다시 한 달을 기다렸다 간디를 찾아가니 그제야 간디는 "얘야, 지금부터는 사탕을 먹지 말아라"라고 얘기하는 것 아닌가. 당황한 아이의 어머니는 간디에게 "선생님 그 얘기를 하는 데 두 달이나 기다려야 했나요"라고 물었다. 간디는 "사실 나도 사탕을 너무 좋아서 사탕을 먹고 있었습니다. 그런데 제가 어떻게 아이에게 사탕을 먹지 말라고 말을 하겠습니다. 저도 이제는 사탕을 먹지 않습니다"라며 웃으며 말했다고 한다.[25]

리더가 구성원들의 행동을 바꾸기 위해서는 할로넨과 간디처럼 다른 사람에게 기대하는 행동을 자신이 먼저 행동으로 옮김으로써 리더 자신이 구성원들에게 주장하는 것과 일치하는 새로운 가치와 변화의 역할모델이 되어야 한다. 리더가 변화를 추진하겠다는 뜻을 밝힌 후, 구성원들이 가장 먼저 주목하는 것은 바로 리더의 말과 행동이다. 그래서 알버트 슈바이처(Albert Schweitzer)는 모범을 보이는 것의 중요성을 다음과 같이 극적으로 표현했다.

"모범을 보이는 것은 다른 사람에게 영향력을 미치는 가장 좋은 방법이 아니다. 유일한 방법이다."[26]

구성원들은 리더가 진정으로 자신이 말하는 메시지와 변화에 깊은 관심을 갖고 실천하는가를 확인하려 한다. 리더가 자신의 이익보다는 조직의 이익을 우선시하고 어떠한 어려움이 있어도 도덕적이고 윤리적인 원칙에 기반한 결정과 행동을 할 때 존경심을 불러오고 사람들의 마음을 움직일 수 있다.

핵심가치를 강조하기 위한 상징적 행동을 하라

간디는 '세상에서 보기를 바라는 변화, 스스로가 그 변화가 되어야 한다"라고 말했다.[27] 간디의 말처럼 중요한 목표를 성취하거나 중요한 가치를 지키기 위한 리더의 상징적인 행동은 리더 스스로 개인적 손실의 위험이 있거나 자기희생을 감수하고 기존의 전통을 깨는 파격적인 행동을 할 때 영향력이 더 커진다. 다음 사례는 중요한 의사결정의 상황에서 리더의 행동이 갖는 의미를 되새기게 한다.

기성 가수들이 출연하는 한 서바이벌 예능 프로그램에서 중견가수가 최하 점수를 받아 탈락 위기에 놓였다. 원칙대로 하면 바로 탈락시켜야 했다. 하지만 출연진 중에 몇몇 동료 가수들이 탈락을 재고해 줄 것을 제안했고, 담당 PD는 스텝들과 의논하여 기존 룰에 없던 예외를 적용하여 재도전을 허용했다. 재도전은 담당 PD가 급조해낸 룰이었다. 이 일이 온라인에서 중요한 이슈가 되면서 프로그램이 공정성을 상실했다는 시청자들의 비난이 쇄도했다. 결국 프로그램의 신뢰도는 급격히 하락했고 담당 PD가 하차했다.[28]

만약 담당 PD가 몇몇 가수들의 제안에 단호하게 대처해 원칙대로 처리하는 상징적 행동을 보였다면 중견가수도 예외 없이 탈락의 대상이 되는 진정한 서바이벌 프로그램으로 시청자에게 더 큰 관심을 끌었을 것이다.

조직변화는 리더 자신이 중요하다고 언급한 가치와 신념을 자신의 희생과 불이익을 감수하면서 지켜내는 이상적인 영향력을 발휘할 때 구성원들의 신뢰를 이끌어 내고 변화의 동력을 얻을 수 있다.

다음은 이상적 영향력을 개발하는 핵심 행동이다. 자신의 현재 수준을 평가하고 개선점을 찾아보자.[29]

표 2-5. 이상적인 영향력 진단 설문

이상적인 영향력	전혀 그렇지 않다	그렇지 않다	보통 이다	그렇다	매우 그렇다
나는 구성원이 나와 관련되어 있음을 자랑스럽게 느끼도록 해준다.	1	2	3	4	5
나는 조직의 이익을 위해 나의 이익을 감수한다.	1	2	3	4	5
나는 존경심을 불러일으키는 방식으로 행동을 취한다.	1	2	3	4	5
나는 구성원에게 힘과 자신감을 보여준다.	1	2	3	4	5
나는 내가 생각하는 가장 중요한 가치와 신념들에 대하여 이야기를 한다.	1	2	3	4	5
나는 강한 목표의식을 가지는 것의 중요성을 강조한다.	1	2	3	4	5
나는 의사결정을 할 때 의사결정으로 인한 도덕적, 윤리적 결과들을 고려한다.	1	2	3	4	5
나는 공동의 미션을 가지고 있는 것이 중요하다고 강조한다.	1	2	3	4	5

현업적용하기

❶ 팀원들이 당신을 자랑스럽게 생각할 만한 자신의 장점이나 성품은 무엇인지 생각해보라.

❷ 당신이 중요하게 생각하는 신념이나 가치는 무엇인지 생각해 보고 그것과 일치되게 리더십을 발휘하는지 점검하라. 만약 중요한 신념이나 가치가 떠오르지 않는다면 팀원들에게 당신이 평소에 중요하게 생각하는 것이 무엇이라고 생각하는지 질문하라. 팀원들의 얘기는 당신의 행동을 보고 판단했기 때문에 정확하다.

❸ 올바른 리더가 된다는 것은 윤리적이고 도덕적인 개인과 관리자가 되는 것이다. 당신의 의사결정과 지시가 내일 아침 사내 방송에 소개되었을 때 당당할 수 있는지 생각해 보라.

02 영감으로 동기부여하라

변화 과정에서 만나는 예상치 못한 장애물을 극복하기 위해서는 미래에 대한 희망과 할 수 있다는 자신감이 필요하다. 변혁리더는 이럴 때현재의 상태보다 더 좋은 미래를 위한 이상적인 비전과 목표와 상황을구성원들과 열정적으로 의사소통한다. 또한, 구성원에게 높은 기준을가지도록 용기를 북돋우고 일과 활동에 대해 의미를 제공한다.

강력한 비전을 제시하라

영화 히든피겨스의 주인공 메리는 전산원이지만 엔지니어가 되는 것이 꿈이다. 하지만 그녀는 성차별과 인종차별로 인해 자신의 꿈이 불가능하다고 생각한다. 그런 그녀가 상사의 조언에 영감을 받고 동기부여 되면서 자신의 꿈에 도전하게 된다.[30]

"엔지니어 훈련 프로그램에 공석이 있어, 메리 자네 같은 친구가 엔지니어가 돼야 해, 남은 평생 전산원이 될 순 없다고!"

"전 흑인 여성이에요. 불가능한 희망을 갖지 않을래요!"

"난 폴란드 계 유대인이야 부모는 나치 포로수용소에서 죽었고 이제 난 우주선 밑에 서 있잖아 이게 사람을 우주로 올려줄 거고, 차마 나는 상상도 못 한 삶을 살고 있어, 자네가 백인 남성이라면 엔지니어 꿈을 꿨겠나?

"그럴 필요 없겠죠 이미 됐을 테니까요!"

메리는 상사의 말에 자극을 받고 동기부여가 되어 아프리카계 여성으로서 미국 최초의 항공 엔지니어에 도전하고 결국 성공했다.

구성원들은 메리의 상사처럼 무엇을 성취해야 되는지 명확하고 강력한 비전을 제시할 때 변화를 향해 강하게 동기부여 된다. 호소력과 가치가 있는 비전은 일에 의미를 부여하고 자부심을 심어주고 공동의 목표를 제시해 준다.

구성원들에게 영감을 주는 강력한 비전은 다음의 세 가지 노력을 통해 구축된다.

첫째, 비전은 숫자보다는 감정적인 언어로 나타낼 때 더 매력적으로 보이며 설득력을 가지게 된다. 비전은 스토리텔링 기법을 사용하여 감성적이며 생생하게 표현하는 것이 좋다. 그러나 매력적이고 호소력 있는 비전만으로는 부족하다. 구성원들이 비전이 적합하다는 확신을 가져야 한다. 이를 위해서 비전과 전략, 목표, 제도, 시스템, 리더십, 의사소통 구조를 일치시켜야 한다. 다른 말로 비전에 맞게 기존의 관행과 방식, 프로세스를 새롭게 바꾸어야 한다.

둘째, 비전의 성공 여부는 리더가 얼마나 구성원들과 직접적으로 소통하며 상호작용하는가에 달려 있다. 기회가 있을 때마다 반복적으로 설명하고 구성원들이 질문을 할 수 있는 기회를 제공해야 한다. 또한, 리더는 일방적으로 비전을 달성하기 위한 구체적인 방법과 계획을 제시하지 않고 구성원들이 그것을 이루는 방법과 과정을 스스로 생각하고 결정하도록 지원적인 역할을 한다.

셋째, 리더는 구성원들이 비전에 대해 신뢰를 갖도록 자신감과 확신을 표현해야 한다. 비전 달성이 가능하다는 긍정적이고 낙관적인 태도를 보이는 것이 중요하다. 특히 변화의 과정에서 겪는 장애와 어려움 그리고 실패의 순간에 리더십 표현(Leadership presence)이 중요하다. 리더의 대응하는 모습과 분위기는 구성원들에게 그 자체로 메시지가 된다.

의미를 부여하라

중국 상하이에 2개의 발마사지숍이 붙어 있는데 한 매장이 유난히 잘 되고 다른 한 곳은 파리가 날렸다. 고객이 문전성시를 이루는 마사지숍 사장에게 잘 되는 이유를 물었더니 생각지도 못한 이런 대답을 했다.

"나는 직원들에게 당신 하는 일이 무엇이냐고 물어서 '발마사지'라고 대답하면 직원들에게 이렇게 얘기합니다. 당신이 하는 일은 단순한 발마사지가 아니라 고객의 에너지를 창출하는 일이다. 우리 집에 피곤해서 오는 사람들이 당신의 발마사지를 통해 다시 에너지를 얻게 된다. 어때 멋지지 않아?"

발마사지숍 사장은 직원들이 자신의 일을 고객의 지저분한 발을 만지는 마사지가 아닌 피로 해소를 돕고 에너지를 얻어 활기차게 일상으로 돌아가게 만드는 중요한 일로 여기도록 의미를 제공했다.[31]

미국의 전기자동차 테슬라의 CEO 일론 머스크는 직원들뿐만 아니라 세상 사람들에게 영감을 주는 인물이다. 일론 머크스는 2010년 자금난으로 어려움을 겪으며 도산의 위험에 놓여 있을 때 직원들이 동요하자 전 직원에게 이런 내용의 이메일을 보냈다.

"보스를 위해 일하지 마세요. 지구의 미래를 위해 일하세요."[32]

아무리 어렵지만 내연기관 자동차를 전기차로 대체하는 일은 지구의 환경을 지키는 중요한 일이니 보스의 눈치를 보지 말고 신념대로 행동하라는 의미이다. 직원들은 자신들이 더 큰 무언가를 위해 기여하고 있다고 생각하며 당면한 어려움과 문제를 극복할 수 있는 동기를 얻었을 것이다.

구성원들에게 영감을 주고 동기를 부여하는 것이 반드시 중국 마사지숍 사장이나 일론 머스크의 행동처럼 극적일 필요는 없다. 구성원들이 하는 일을 존중해주고 잘 될 것이라고 희망을 주고 가슴으로 말하면 된다.

하지만 다양한 관계와 이슈가 생물처럼 움직이며 역동성을 만들어내고 숫자가 인격이 되는 업무 현장에 있는 리더들에게 '영감과 동기'라는 단어는 별나라 딴 세상 얘기처럼 생각될 수 있다.

나는 지인이 관리자로 있는 한 기업의 사무실에 방문했을 때 실제 그 현장을 목격했다. 그 사무실의 창가에는 다음과 같은 문구가 인쇄된 커다란 현수막이 부착되어 있었다.

"밥값을 하자"

나는 그 관리자에게 왜 저런 문구를 붙여 놨냐고 물어봤고 그는 이렇게 대답했다.

"사람들이 월급을 받으면서 밥값도 못해요. 당연히 밥값을 해야 되는 거 아닙니까?"

'밥값하라'는 말은 매슬로우의 5단계 욕구 중 최하위 욕구인 생존 욕구 수준으로 일을 비하할 때 쓰는 표현이다. 직원들은 그 문구를 볼 때마다 어떤 생각을 할까? 아마 '봉급쟁이 인생 고달프다. 난 밥값도 못하는 몹쓸 인간이란 말인가'라는 생각을 할 것이다. 이와 같은 말은 구성원들의 사기와 자존감만 떨어뜨릴 뿐 의미와 동기를 부여하지 못한다.

리더는 변화가 얼마나 가치 있고 중요한 것인지 의미를 제공해야 한다. 특히 조직의 중간리더들은 거창한 회사의 비전과 방향을 말하며 뜬구름 잡는 것보다 자기 조직의 규모와 직원들의 욕구 수준에 맞는 비전을 만들어 제시할 수 있어야 한다. 예를 들어 구성원들에게는 '일과 삶의 균형' 보다는 '정시에 퇴근해서 가족과 함께 즐거운 시간을 보내자'가 더 와 닿는 표현이다.

다음은 구성원에게 영감적으로 동기부여를 하기 위한 핵심 행동이다. 자신의 현재 수준을 평가하고 개선점을 찾아보자.[33]

표 2-6. '영감적인 동기부여' 진단 설문

영감적인 동기부여	전혀 그렇지 않다	그렇지 않다	보통 이다	그렇다	매우 그렇다
나는 미래에 대해 강력한 비전을 제시한다.	1	2	3	4	5
나는 성취해내야 할 사항들에 대하여 열정적으로 이야기 한다.	1	2	3	4	5
나는 미래에 대하여 낙관적으로 이야기한다.	1	2	3	4	5
나는 목표가 달성될 수 있을 것이라는 확신을 보여준다.	1	2	3	4	5

현업적용하기

❶ 당신은 어떤 생각을 하고 어떤 말을 들었을 때 의욕이 생기는지 생각해보라. 그리고 팀원들 입장에서 당신이 어떤 말과 행동을 할 때 의욕이 생기는지 개별적으로 인터뷰를 해서 확인하라.

❷ 팀원들이 직장생활에서 무엇을 기대하고 어떤 희망을 갖고 있는지 개별적으로 질문하고 확인하라. 그리고 당신이 새롭게 시작하려는 일을 그들의 기대와 희망과 연결시켜라.

03 지적으로 자극하라

에디슨은 엔지니어와 발명가를 고용해서 팀으로 일했다. 그는 신규 직원을 채용할 때 점심식사를 같이 먹으러 가서 수프 2인분을 주문하고 음식이 나오면 채용후보자를 지켜봤다. 만약 채용후보자가 맛을 보기 전에 소금을 치면 고용하지 않았다. 자신의 예측에 의해 행동을 한다고 생각했기 때문이다. 증명되지 않은 사실에 대해 추정하지 않고 주변 환경에 대해 끝없는 의문을 던지며 시험해 보는 인재를 뽑기 위한 통과 의례였다. 에디슨이 수많은 혁신의 결과물을 세상에 내놓을 수 있었던 것은 이러한 리더십이 있었기에 가능했다.

리더가 구성원들을 변화시키기 위해서는 그들의 가정이나 생각에 이의를 제기하고 아이디어를 요구해야 한다. 또한 문제해결을 위한 새로운 관점을 모색하고 창의적으로 해결하도록 자극하며 새로운 시도로 발생할 수 있는 위험을 감수해야 한다.

이와 같은 지적 자극 능력은 한 분야에서 탁월성을 발휘하며 세계 경제와 비즈니스를 이끌어 가는 유대인들의 특성 중의 하나이다. 유대인들은 세상에 없는 새로운 비즈니스를 창출하거나 창의성이 요구되는 분야를 이끌고 있다. 빌게이츠, 마이클 델, 래리 페이지, 마크 저커버그, 스티븐 스필버그, 조지 소로스가 대표적인 인물이다. 세계 인구에 0.2%에 불과한 유대인들이 어떻게 탁월한 성과를 이루어 나가고 있는 것일까? 그 비밀은 그들의 독특한 교육방식에 있다.

전통적인 유대인의 학습 방법인 하브루타(havruta)는 나이, 계급, 성별과 관계없이 논쟁을 통해 진리를 찾는 학습방식을 말한다. 유대인들은 7~8세가 되면 하브루타 방식으로 친구와 함께 대화하며 탈무드를 공부한다. 상대방과 마주 앉아 대화하면서 서로의 생각을 주장하고 논쟁하면서 본질에 대해 깊이 이해한다. 유대인들의 또 다른 성공 요인 중 하나는 학교의 수업방식이다. 이스라엘의 학교 수업 시간에 선생님이 가장 많이 하는 얘기는 '마따호쉐프'이다. 우리말로 "너의 생각은 어떠니?"란 뜻이다. 유대인들은 100명의 유대인에게는 100개의 생각이 있다고 믿는다. 그래서 선생님은 일방적으로 지식을 전달하지 않고 '마따호쉐프'라고 학생 개인의 생각을 묻는다. 학생은 선생님의 질문을 통해 생각을 자극받고 자기의 생각을 표현하는 연습을 하며 사고를 확장해 나간다. 하브루타와 학교의 질문 중심의 수업방식이 유대인이 세계사적인 변혁을 이끌어 가는 리더들을 탄생시

킨 원동력이 되었다.[34]

리더가 구성원들을 지적으로 자극하는 다른 방법 중 하나는 실패를 통해 배울 기회를 제공하는 것이다. 아이디오의 창업자 데이빗 켈리는 직원들에게 "빨리 실패하라, 그러면 더 빨리 성공할 것이다"라고 말하며 도전하고 위험을 감수하도록 격려했다. 이것이 아이디오가 세계적인 디자인회사로 성장하는 원동력이 되었다.[35]

혼다는 다른 기업에는 없는 '올해의 실패왕'이라는 상이 있다. 한 해 동안 가장 크게 실패한 연구원에게 수여되는 상이다. 상금을 우리 돈으로 1000만 원 가까이 제공하는 이 제도는 혼다의 창업자 혼다 소이치로가 실패를 두려워하지 않고 마음껏 도전하는 조직문화를 만들기 위해 만들었다. 이와 유사하게 3M은 실패한 연구원을 위해 '실패파티'를 열어주고 BMW는 '이달의 창의적 실수상'을 선정한다.[36]

이처럼 구성원에게 새로운 관점을 갖도록 질문하고 생각을 자극하고 실패를 허용하는 것은 개인의 유능성에 대한 느낌을 높이고 위험 감수에 대한 노력을 증가시켜 새로운 실험과 도전을 가능하도록 만든다.

다음은 구성원에게 지적 자극을 제공하기 위한 핵심 행동이다. 자신의 현재 수준을 평가하고 개선점을 찾아보자.[37]

표 2-7. '지적 자극' 진단 설문

지적 자극	전혀 그렇지 않다	그렇지 않다	보통 이다	그렇다	매우 그렇다
나는 구성원이 추측하고 추정하는 사실이나 내용들이 과연 적절한가를 재검토해 준다.	1	2	3	4	5
나는 문제들을 해결할 때 다른 관점들을 모색해 본다.	1	2	3	4	5
나는 구성원에게 다양한 관점을 통해서 문제들을 인식하도록 한다.	1	2	3	4	5
나는 구성원이 업무(과제)를 수행하는데 있어서 활용할 수 있는 새로운 방법을 제시한다.	1	2	3	4	5

현업적용하기

❶ 팀원들에게 지적 자극을 할 수 있는 가장 효과적인 질문은 "그렇게 해야 되는 이유는 무엇인가요?"이다. 사람들은 이 질문에 대한 답을 생각하면서 자신이 하는 일이 습관적이고 관행적이라는 것을 깨닫게 된다.

❷ 팀의 일상적 업무 및 활동 리스트를 작성하여 ERRC프레임을 적용해 개선해보자. 팀원들에게 포스트잇을 나누어 주고 전지를 사분면(제거할 것Eliminate, 증가시킬 것Raise, 줄일 것Reduce, 새롭게 창조할 것Create)으로 구분하여 아이디어를 적어서 제출하게 하고 같이 토론하라.

04 개인적인 배려를 하라

개인적 배려는 구성원 개개인의 욕구를 돌보고 멘토 또는 코치로서 행동하고 구성원의 관심과 욕구를 경청하는 것을 말한다. 변혁리더들은 구성원의 욕구와 관심을 나타내는 개인의 개발에 관심을 가진다. 이러한 리더의 행동은 리더와 구성원의 경제적 교환관계를 개인적으로 연결되는 사회적 교환관계로 발전시키게 되고 구성원이 자기 가치를 느끼게 만든다.

고인이 된 조지 H. W.부시 대통령이 생전에 백혈병을 앓고 있는 어린 소년을 위해 삭발을 해서 화제가 되었다. 부시 전 대통령은 재임 시절 그의 경호를 맡았던 비밀 경호원의 자녀의 백혈병 치료비를 모금하기 위해 같이 근무했던 비밀경호원 동료 26명과 함께 삭발을 했다.[38] 한 국가의 전직 대통령이 그와 같이 근무했던 경호원의 개인적인 어려움을 외면하지 않고 배려와 관심을 보인 것은 부하들의 마음을 움직이고 감동을 주기에 충분하다.

때로는 상대방의 얘기를 잘 들어주는 것만으로 그 사람의 마음을 움직일 수 있다. 신문 기사에 범죄를 저질러 구속 수감 중인 죄수가 한 검사에게 감사의 편지를 보낸 일이 기사화되었다. 그 검사는 6개월간 피의자 8명을 포함해 10명으로부터 편지 12통을 받아 검찰내부에서 이슈가 되었다. 검사가 받은 편지에는 "범죄자인 내 말을 끝까지 들어줘 고맙습니다. 검사님 덕분에 진심으로 반성하고 있습니다"라는 내용이 있었다. 한 수감자는 검사에게 보낸 편지에 "지금의 슬픔과 눈물이 훗날 처와 자식의 환한 웃음이 될 수 있도록 많은 노력을 하며 살겠습니다"라는 다짐이 적혀 있었다. 심지어 어떤 피의자는 자신이 알고 있는 범인의 소재지와 범행 사실을 제보하기도 했다. 해당 검사는 언론과의 인터뷰에서 "피의자의 말을 중간에 자르지 않고 들어줬는데 서로 얘기하면서 오히려 엉켜 있던 수사의 실타래가 풀리는 경우가 많았다"고 했다. 이처럼 진정한 경청은 사람의 마음을 움직이고 변화시키는 힘이 있다.[39]

변화의 상황들은 구성원들의 다양한 정서적 소진과 어려움을 동반한다. 이런 개인의 고충과 어려움을 잘 경청하고 배려할 때 마음의 문을 열고 리더를 받아들이고 리더의 메시지와 변화를 기꺼이 따르는 영향력을 미칠 수 있다. 사람은 마음으로 마음을 얻고 가슴으로 가슴을 얻는다.

다음은 개인적 배려를 위한 핵심 행동이다. 자신의 현재 수준을 평가하고 개선점을 찾아보자.[40]

표 2-8. '개인적 배려' 진단 설문

개인적 배려	전혀 그렇지 않다	그렇지 않다	보통 이다	그렇다	매우 그렇다
나는 구성원들을 가르치고 코칭하는 데 많은 시간을 할애 한다.	1	2	3	4	5
나는 구성원을 단지 팀의 일원으로만 대하기 보다는 한명의 인격체로서 대우 해준다.	1	2	3	4	5
나는 구성원을 다른 사람들과 다른 욕구와 능력 그리고 열망을 가진 한명의 인격체로서 고려해 준다.	1	2	3	4	5
나는 구성원들의 강점을 개발할 수 있도록 도와 준다.	1	2	3	4	5

현업적용하기

❶ 팀원들과 대화를 할 때 대화의 주도권을 잡겠다는 생각에서 벗어나 듣겠다는 다짐을 하는 것이 필요하다.

❷ 당신이 리더로서 존재하는 이유는 팀원이 있기 때문이다. 팀원을 한 명의 인격체로서 대우하는 것은 개인의 욕구와 능력을 존중하는 것이다. 팀원이 당신에게 어떻게 대우받기를 바라는지 생각해보라.

❸ 티칭에서 코칭으로 패러다임을 바꾸기 위해 노력하라. 3부의 내용을 학습하고 직접 현장에 적용하라. 코칭을 실천하는 가장 쉬운 방법은 당신이 하려는 말을 질문으로 바꾸어 상대방의 의견을 묻는 것이다.

요약

❶ 구성원을 변혁으로 이끌기 위해서는 구성원의 욕구 수준을 저차원에서 고차원으로 높이는 리더십행동이 필요하다.

❷ 구성원의 욕구 수준을 높이기 위한 리더십행동은 이상적 영향력(idealized influence), 영감적 동기부여(inspirational motivation), 지적 자극(intellectual stimulation)과 개인적인 배려(individualized consideration)이다. 이러한 행동들은 구성원의 조직변화 가능성과 혁신행동을 높이고 창의성을 증가시킨다.

❸ 이상적 영향력은 구성원들에게 강력한 역할모델이 되는 것이다. 구성원들은 이러한 리더들과 동일시하고 그들의 행동을 본받으려고 한다.

❹ 영감적 동기부여는 구성원들에게 높은 기대를 표시하며 조직구성원들 간에 공유된 비전을 실현하는 데 최선을 다하도록 동기유발을 통해 의욕을 끊임없이 고무시키는 것을 말한다.

❺ 지적 자극은 구성원들의 창의성과 혁신을 자극하고 그들 자신의 신념과 가치뿐만 아니라 리더와 조직의 신념과 가치까지도 새롭게 바꿔 나가려고 노력하는 리더의 행동이다.

❻ 개인적 배려는 구성원의 개인적 욕구에도 세심한 관심을 기울이고 지원하는 분위기를 조성하려는 리더의 대표적인 행동이다.

4

조직변화모델 활용하기

일반적으로 모델(Model)을 사용하면 야구선수가 타석에 설때마다
홈런을 치게 만들지는 못해도 평균타율을 높일 수 있다.
조직변화모델도 마찬가지이다. 조직변화 성공가능성을 더 높여준다.

변화리더로서 올바른 태도와 역량 그리고 구성원의 욕구를 저차원에서 고차원으로 높이는 영향력을 갖추었다면 변화모델을 활용하여 변화의 성공 가능성을 더 높일 수 있다. 조직변화모델은 조직변화를 효과적으로 이끌어 가기 위한 전체적인 프로세스를 제시한다. 조직변화모델은 크게 전통적 변화모델과 긍정변화모델의 2가지의 유형으로 분류할 수 있다.

대표적인 전통적 변화모델은 르윈의 세력-장모델과 존코터의 8단계 모델이 있다. 이 모델들은 문제와 결점을 중심으로 접근한다. 문제를 먼저 파악하고 분석한 뒤 해결하는 방향으로 전개된다. 변화의 방향이 주로 조직의 상층부로부터 시작하여 아래로 내려간다. 변화의 추진은 특정 전문가 집단이 주체가 되어 사례를 전파하고 진행한다.

조직 내부를 바라보는 관점은 '왜 우리는 다른 집단에 비해 뒤떨어지는가?'에 초점이 맞추어져 있다. 이러한 내부 문제 해결을 위해 외부로부터 베스트프렉티스(best practice)를 찾아내어 조직에 적용한다. 이런 접근은 NIH(Not Invented Here)신드롬을 유발할 수 있다. 구성원들이 환경과 조건이 다른 외부로부터 들여온 방식을 자기 조직에 적용하는 것은 적합하지 않다는 이유로 저항을 하는 것을 말한다.[41]

긍정변화모델의 종류에는 긍정탐색법과 긍정일탈접근법이 있다. 이 모델들은 전통적 변화모델과 다르게 가능성과 기회 그리고 희망을 중심으로 변화를 추진한다. 주로 조직 내부에 있는 가능성과 해결책을 활용한다. 어떤 개인들은 성공의 경험이나 노하우를 갖고 있거나 똑같은 상황과 조건에서도 남들보다 더 창의적이고 높은 성과를 낸다고 가정한다. 이처럼 변화를 위한 해결책이 조직 내부 또는 조직 내 개인으로부터 나와 외부로 향하기 때문에 구성원들의 수용성이 높고 변화에 대해 좀 더 긍정적인 정서를 갖는 것이 장점이다.[42]

표 2-9. 전통적 변화모델과 긍정변화모델 비교

항목	전통적 변화모델	긍정변화모델
유형	르윈의 세력장모델, 존코터의 8단계 모델	긍정탐색법, 긍정일탈접근법
변화방향	경영진과 특정전문가 집단에서 구성원으로	구성원에서 조직으로
관점	문제점, 결핍, 타집단과의 비교	조직과 구성원의 강점과 해결책, 성공경험
구성원의 수용성	NIH신드롬과 저항 발생	조직내부의 아이디어에 대한 높은 수용성
해결방식	문제로부터 접근하여 해결책 파악	해결책과 아이디어 파악 후 문제해결
전략	밀어내기 전략(Push strategy)	끌어 당기기 전략(Pull strategy)

01 문제 중심의 전통적 변화모델

르윈의 세력-장 모델

세력-장 모델(force-field model)은 1940년대 미국의 심리학자 커트르윈(kurt Lewin)이 제시한 가장 오랜 된 변화관리의 고전적 모델이다.[43] 세력-장 모델은 변화를 지지하는 힘과 변화에 저항하는 힘이 평형을 이룰 때 현재 상태가 유지되고 반대로 변화를 지지하는 힘과 저항하는 힘의 균형이 깨지게 되면 새로운 상태로 움직이며 변화가 일어난다고 가정한다.

변화는 변화를 추진하는 힘을 의도적으로 증대시키거나 현 상태를 유지하는 힘을 감소시키는 방식으로 진행된다. 또는 두 가지를 병행할 수 있다. 예를 들어 한 조직의 현재 성과와 상태를 유지하려는 구성원들의 집단적인 힘이 리더가 성과를 개선하려는 힘과 동일하다면 그 조직의 성과는 현 수준을 유지하게 된다. 하지만 조직구성원들이 집단규범이 변화하여 더 높은 성과를 내야 한다고 생각하거나, 리더가 더 높은 수준의 성과를 내야 한다고 압력을 증가시킬 때 성과는 향상될 수 있다. 이 모델은 변화의 과정을 해빙(unfreezing), 변화(change), 재결빙(refreezing)의 3단계로 구분한다.

해빙

해빙은 현재 상태를 유지하려는 힘이 약화되고 변화를 추진하는 힘과 저항하는 힘의 균형이 깨지면서 변화에 대한 필요성을 인식하는 단계이다. 이를 위해서는 현재 상황을 정확히 파악하고 조직이 달성하고자 하는 이상적인 상태를 정해야 한다. 그 다음에는 조직구성원들에게 요구되는 바람직한 행동과 실제 행동의 격차를 보여주는 정보를 제공하여 구성원들이 변화 활동에 참여할 수 있도록 동기부여한다. 해빙은 '심리적 불안'을 자극하여 이루어지기도 한다. 해빙 단계를 거치지 않고 변화단계로 곧장 나아가려고 시도하면 무관심이나 강력한 저항에 부딪힐 가능성이 높아진다.

변화

변화는 실제적인 변화가 발생하는 단계이다. 이 단계에서의 주안점은 의도하는 변화와 일치하는 새로운 태도와 가치 그리고 행동을 개발하는 것이다. 이를 위해서 구체적인 행동을 제시하고 이것을 추진할 수 있는 강력한 지원 세력을 구축해야 한다. 또한 변화의 정당성에 대해 일관성 있게 소통하고 변화실행에 대한 권한을 구성원들에게 부여하여 필요한 자원을 사용할 수 있게 함으로써 변화에 대한 책임감과 주인의식을 갖게 하는 것이 필요하다. 또한 변화에 대한 자신감과 가능성을 높이기 위해 단기적인 성과를 축하하며, 더 큰 변화를 위해 결실을 강화해야 한다.

재동결

재동결은 조직이 새로운 균형상태에서 안정화되도록 만드는 단계이다. 이 단계에는 새로운 규범, 정책, 구조 등의 변화를 시도하여 다시 견고하게 만들어야 한다. '오래된 습관은 좀처럼 없어지지 않는다'는 격언처럼 구성원들과 합의구축에 주의를 기울이지 않고 변화추진에 열정을 지속적으로 유지하지 않으면 변화는 실행되고 나서 얼마 되지 않아서 원래 상태로 되돌아가게 된다.

존코터의 8단계 모델

르윈의 세력-장 모델은 조직변화를 이해할 수 있는 일반적이고 광범위한 프레임을 제공하는 반면에 존코터의 8단계 모델은 좀 더 구체적으로 조직변화의 성공확률을 높일 수 있는 세부적인 내용을 제시한다. 존코터(Kotter, J.P.)는 1980년대 조직변화관리를 시도하여 성공 또는 실패한 100여 개의 기업을 6~8여 년 동안 집중 조사분석 했다. 그 결과 변화에 성공한 기업들의 8가지 핵심 요소를 밝혀냈고 그것을 체계화하여 8단계의 모델로 제시했다.[44]

표 2-10. 르윈 세력장 모델과 존코터의 8단계 모델 비교

르윈 세력장 모델	존코터의 8단계 모델
1단계. 해빙(unfreeze)	1. 위급함을 느끼게 한다.
2단계. 변화(change)	2. 강력한 지지동맹을 형성한다.
	3. 거부할 수 없는 비전을 개발한다.
	4. 비전을 광범위하게 전달한다.
	5. 비전을 실현하도록 직원들에게 권한을 부여한다.
	6. 단기적인 성과를 창출한다.
	7. 결실을 강화하고 더 큰 변화를 창출한다.
3단계. 재결빙(refreeze)	8. 조직문화에 변화를 제도화 한다.

1단계 : 위급함을 느끼게 한다

1단계는 위급함을 느끼게 하는 단계이다. 존코터의 연구에 의하면 변화혁신을 시도했던 기업 중 50%가 1단계에서 실패했다. 그 원인은 리더들이 위기감을 조성해 구성원들을 안전지대 밖으로 내모는 것이 얼마나 어려운 일인지 과소평가했기 때문이다.

변화 초기에 구성원들은 변화에 저항한다. 일반적으로 구성원들이 변화에 저항하는 원인은 그릇된 자존심과 오만에 의한 자기만족, 두려움과 공포로 인한 현실회피, 분노에 기인한 옹고집, 그리고 비관주의적 태도 때문이다.

저항감을 감소시키기 위해서는 조직이 직면하고 있는 문제나 위협으로 변화가 긴급하게 필요하다는 것을 제시해야 한다. 사람들은 현상태에 대한 위기와 변화의 필요성을 정확히 인식하지 못할 때 저항할 가능성이 높아지기 때문에 위협의 구체적인 실체와 그 원인까지 제시하는 것이 효과적이다.

2단계 : 강력한 지지 동맹을 구축한다.

변화를 추진할 지지 동맹을 구축할 때는 조직 내에서 위상과 신뢰를 갖춘 별도의 조직으로 구성해야 한다. 이 조직은 조직의 정상적인 조직체계에서 벗어나서 운영한다. 구성원들은 혁신 지도부가 누가 되었는가를 보고 변화에 대한 긴박성과 중요성을 느낄 수 있기 때문에 다양한 이해관계를 가진 멤버와 영향력이 있는 사람들로 구성해야 한다.

3단계 : 거부할 수 없는 비전을 개발한다.

변화에 실패하는 기업들은 변화를 위한 계획과 지침 그리고 프로그램은 많지만 그것을 통해 달성하려는 비전이 없다는 문제점이 있다.

비전은 변화를 통해 이루어 낼 미래의 바람직한 모습을 보여주기 때문에 구성원들에게 나아갈 방향과 희망을 제시한다.

우리는 비전을 생각하면 업계에서의 순위나 재정적 목표를 떠올리기 쉬운데 구성원들에게 영감과 동기부여를 제공하는 비전은 고객서비스 개선이나 제품의 유용성 개선 등의 감정적이며 가치 지향적인 목표이다. 즉, 직원들이 비전과 자신을 동일시할 수 있는 가치를 제공하는 비전들이 높은 효과를 발휘한다. 비전은 누구나 쉽게 이해할 수 있고 표현할 수 있게 구체적이고 명확해야 한다.

예를 들어 '업계를 선도하는 최고의 기업', '매출목표 1조 원'보다는 '고객의 불편을 해결하고 아픔을 헤아리는 기업'같이 감성적이고 가치 있는 비전이 효과적이다.

4단계 : 비전을 광범위하게 전달한다.

조직변화에 대한 구성원의 참여 의지를 높이기 위해 비전에 대한 소통을 한다. 조직의 모든 의사소통 채널을 통해 인내를 갖고 지속적으로 의사소통해야 한다. 예를 들어 리더는 구성원들의 일상적 활동이 비전과 어떤 관련이 있는지 연결시키거나, 공식적인 자리에서 비전을 전달하고 강조할 수 있다. 더 나아가 리더가 비전의 중요성을 전달할 때 비전과 자신의 행동을 일치하도록 솔선수범해야 한다.

5단계 : 비전을 실현하도록 직원들에게 권한을 부여한다.

구체적인 행동과 방법을 실행하도록 구성원에게 권한을 부여하는 것은 자기 결정성을 높이고 책임감을 느끼게 하여 변화몰입을 위한 동기부여를 제공한다. 또한 건설적인 피드백을 제공하고 지지해주고 잘한 것에 대해서는 보상과 격려를 한다. 비전에 역행하는 조직의 관행이나 구조를 변경하여 변화를 위한 환경을 용이하게 하고 내부 반대자에 대한 교육과 설득을 지속적으로 하는 것도 병행해야 한다.

6단계 : 단기적인 성과를 창출한다.

많은 리더들이 변화는 장기적인 과정이라고 생각하기 때문에 단기적인 성과에 관심을 갖지 않는 경향이 있다. 하지만 가시적이고 단기적인 성과는 리더와 구성원 모두에게 변화에 대한 믿음과 확신을 갖는 데 중요한 역할을 한다. 예를 들어, 리더가 변화와 관련된 지표 중에서 가장 빠른 시간 내에 개선하거나 변화 가능한 것을 찾아 단기적인 성과를 낸다면 변화를 주도하는 리더에게는 비전과 전략이 타당한 피드백을, 비전을 위해 일하는 구성원들에게는 심리적인 격려를 제공한다. 또한 변화에 미온적이거나 참여의 수준이 낮았던 구성원들의 비판을 잠재우고 신뢰를 구축하는 데 도움이 된다.

7단계 : 결실을 강화하고 더 큰 변화를 추진한다.

단기적 성과는 변화의 최종 목표가 아니라 혁신을 위한 중간 단계라고 할 수 있다. 단기적 성과에 만족하여 멈추지 않고 지속적으로 변화를 추진한다. 단기적인 성과는 조직의 자만심과 자기만족을 불러와 변화추진력을 약화시킬 수 있다. 이 단계에서는 위기감을 계속해서 팽팽하게 유지하고 인내를 가지고 새로운 변화 프로젝트를 추진하고 달성한 성과를 공개적으로 공유하고 미래를 위한 대비책을 세운다.

8단계 : 조직문화에 변화를 제도화한다.

변화는 뿌리가 내리기 전에는 성공했다고 할 수 없다. 변화를 정착시키기 위한 방법으로는 새로운 규범과 변화 행동을 실천하는 사람들을 영향력 있는 업무에 배치하거나 승진을 시키고, 변화에 성공한 이유를 반복적으로 설명하고, 성공한 변화의 가치를 인정하고 격려하여 제도화하는 방법이 있다. 이것은 구성원들이 새로운 규범과 행동이 조직 내에서 중요하게 인식되고 지속될 것이라는 인식을 심어주고 지속하도록 하는 힘을 제공한다.

변화를 위한 강력한 도구 보고-느끼고-변화하기

존코터의 8단계 변화모델의 단계별 내용을 이해하는 것보다 더 중요한 것은 변화의 성공 가능성을 높이기 위해 각 단계를 어떤 방식으로 진행해야 하는가이다.

일반적으로 변화관리를 위한 접근방식은 분석하고-생각하고-변화하기 방식으로 전개한다.[45] 문제가 발생하면 원인을 분석하고 차이를 숫자로 계량화하여 보여주며 인지시키고 변화가 필요하다고 설득한다. 그러나 지나친 분석과 논리에 치중하여 추진한 변화들은 대부분 실패했다. 사람들의 인식 변화를 주기 위해서 바람직한 상태와의 차이를 논리적으로 알려주는 것은 중요하고 필요하지만 행동 변화를 위해 감정에 영향을 주고 동기부여를 제공하는 데 한계가 있기 때문이다.

존 코터의 변화에 대한 기업연구에서 밝혀진 결과는 데이터나 분석 보고서보다는 감정을 움직일 만한 구체적이고 시각화된 정보를 제공하고 스스로 변화 욕구를 가지도록 실제적인 내용을 보여주는 것이 변화의 성공 가능성을 더 높여주었다. 변화관리 8단계 전반에 걸쳐 '성공한 변화는 분석하고-생각하고-변화하기 방식이 아닌 변화의 모든 단계에서 보여주고(see)-느끼고(feel)-변화하기(change)의 방식으로 진행되었다. 문제가 무엇인지 문제를 어떻게 해결해야 할지 사람들이 볼 수 있도록 감정과 감성에 호소함으로써 변화를 방해하거나 억제하는 감정들은 감소시키고 변화에 유용한 행동을 유도하는 것이 변화에 효과적이다.

만약 부품 제조라인에서 높은 불량률을 줄이기 위해 변화가 필요하다면 구성원들에게 불량률과 관련된 숫자를 제시하는 것보다 불량으로 인해 폐기 된 부품들을 별도에 장소에 쌓아 놓고 불량으로 낭비된 비용을 부품마다 스티커로 붙여 보여준다면 문제의 심각성과 변화의 필요성을 더 강하게 느끼게 만들 수 있다.

현업적용하기

❶ 개인마다 입장과 상황 그리고 욕구가 다르기 때문에 위기감을 느끼는 원인도 다르다. 팀원들이 위기감을 느끼는 요인들이 무엇인지 파악해 보라.

❷ 당신이 생각하는 팀의 문제는 무엇인가? 어떻게 그 문제점을 팀원들에게 직접 보여줄 수 있는가? 만약 보여줄 수 없는 것이라면 어떻게 그 문제점을 감정적으로 느끼게 할 수 있는지 아이디어를 만들어라.

❸ 조직의 여러 가지 문제 중 짧은 기간에 성과를 낼 수 있는 지표를 찾아보자. 변화는 장기적이라는 생각에서 벗어나 팀원들이 성취감과 자신감을 얻을 수 있는 지표를 먼저 개선시키자. 이것은 당신의 상사로부터 지지를 얻고 변화를 추진할 수 있는 시간적 여유를 확보할 수 있게 만든다.

02 강점과 희망중심의 긍정변화모델

조직변화와 관련한 불편한 진실 중의 하나는 대부분의 조직변화가 부정적인 접근방법을 사용하여 변화를 추진한다는 것이다. 여기에는 나름의 타당한 이유가 있다. 사람들은 부정적인 것에 더 특화되어있기 때문이다.

심리학자들이 200개의 신문 기사를 검토한 결과 좋은 소식의 기사보다는 나쁜 소식의 기사가 더 많았다. 이런 결과가 나온 것은 사람들이 좋은 소식의 기사보다는 나쁜 소식의 기사에 더 관심을 두고 자극을 받기 때문이다. 마치 사람들이 막장 드라마에 더 관심을 갖는 것과 같다. 이것은 우리가 사용하는 감정과 관련된 언어에도 반영되어 있다. 심리학자들이 감정을 나타내는 단어 558개를 분석한 결과 긍정적인 단어보다 부정적인 단어가 62%로 더 많았다. 결국, 나쁜

것이 좋은 것보다 강력하다고 말할 수 있다.[46]

이런 이유로 조직변화를 추진할 때 조직의 결핍, 약점, 문제점 해결 같은 부정적인 것에 초점을 맞추게 된다. 전통적 변화모델에서 변화 초기에 구성원들에게 위기감과 생존 불안을 느끼게 만들어야 한다고 강조한 것도 같은 맥락이다.

"사람들이 신발에 작은 돌맹이가 들어 있으면 발바닥이 아프니까 돌맹이를 꺼내어 문제를 해결한다."

긍정심리학자 마틴 셀리그먼(Martin Seligman)이 한 말이다.[47] 부정적인 것은 마치 신발 속의 돌맹이와 같은 역할을 한다. 사람들은 결국 신발 속에 돌맹이를 꺼내기 위해 신발을 벗을 수밖에 없다. 분명한 것은 불편함은 무엇인가를 즉각적으로 행동하도록 만드는 효과가 있다. 그러나 신발 속에 돌맹이가 사람들이 신발을 벗은 상태로 계속 있도록 만들지는 못한다. 결핍과 문제 중심의 변화가 갖고 있는 한계와 부작용이 바로 이것이다. 사람들이 뭔가를 스스로 지속하도록 할 수 없다.

또한 결핍과 문제에 기반한 조직변화는 과거의 문제 원인을 파헤치는 데 많은 시간을 낭비한다는 문제점이 있다. 조직과 구성원에 대한 문제점을 수집하는 것은 에너지와 자존감을 떨어뜨리고 많은 피로감을 유발한다. 더 나아가 서로가 문제를 지적하고 그것을 수면위로 드러내면서 팀워크와 관계가 악화된다.

긍정변화모델은 이런 문제와 결핍 기반모델과 달리 조직이 어떻게 해야 올바르게 할 수 있는가에 초점을 맞춘다. 긍정변화모델은 구성원들이 조직이 잘 운영되고 성공했을 때를 이해하고 그 안에서 강점과 역량을 발견한다. 그리고 강점과 역량을 이용하여 더 나은 성과를 달성할 방법을 개발한다. 이런 점에서 긍정변화모델은 최근 사회과학에서 관심이 높아지고 있는 긍정조직학문(positive organization scholarship)과 일치한다. 긍정조직학문은 특별한 성과를 내는 조직 내의 긍정적인 것에 초점을 두고 사람들은 개인이나 조직에 대해 긍정적으로 기대하고 생각하고 말할 때 그것이 현실로 이루어질 수 있도록 행동하고 활동한다고 전제한다. 이와 같은 접근은 사람들에게 힘을 불어넣고 더 높은 기대를 하게 만드는 효과가 있다.

긍정변화모델의 이러한 장점을 활용할 수 있는 긍정탐색법과 긍정일탈접근법의 단계별 내용을 구체적으로 살펴보자.

긍정탐색법 (Appreciative Inquiry)

긍정변화모델 중 보편적으로 많이 알려져 있는 것이 긍정변화 철학에 기반한 긍정탐색법(AI : Appreciative Inquiry)이다.[48] 긍정탐색법은 개인과 조직이 최고의 상태에 있을 때 우리의 삶과 일에 활력을 주는 것이 무엇인지 연구한다. 전통적 변화모델과 다르게 긍정 탐색법은 구성원들을 변화에 깊이 참여하는 공동 학습자로 전제한다.

긍정탐색법은 전통적 변화모델처럼 문제진단과 해결에 초점을 두는 것이 아니라 대화적 기법으로 변화를 만들어 간다. 이러한 대화적 기법은 구성원들의 광범위한 참여를 촉진하여 조직의 긍정적인 잠재력에 대해 공유할 수 있는 비전을 창출하는 데 효과적이다. 참여는 변화와 그 과정에 대한 구성원의 수용성과 자기 결정성을 높이고 몰입도를 높이기 때문에 중요하다

긍정탐색법은 먼저 변화주제를 정하는 것에서 시작한다. 예를 들어 변화시켜야 할 문제가 '수직적인 조직문화와 불통'이나 '부서 이기주의로 인한 불신과 갈등'이라면 주제는 '수평적 조직문화와 소통이 잘 되는 조직'과 '상호협력과 신뢰의 팀워크 구축' 같은 긍정적인 키워드로 변환해서 정한다. 긍정주제가 정해지면 긍정탐색법은 발견하기-꿈꾸기-설계하기-실현하기의 4단계 프로세스로 진행된다.

발견하기(Discovery)

이 단계는 개인 간 라포(rapport)를 형성할 수 있는 개인적인 배경과 동기 같은 쉽고 편안한 주제로 대화를 시작한다. 개인적 대화를 하고 워크숍을 위한 심리적 준비가 되면 변화주제에 대해 일대일로 짝을 이루어 인터뷰한다. 예를 들어 주제가 '수평적 조직문화와 소통이 잘 되는 조직'이라면 과거에 수평적인 관계 속에서 소통이 잘 되며 일할 수 있었던 시간을 기억하여 그 스토리에 대해 서로 질문을 주고받는다. 다음 사례는 발견하기에 활용되는 대화 내용이다.

당신에 대해서 말씀해 주십시오.

1. 현재 팀에 근무하면서 가졌던 목표와 기대는 무엇입니까?

2. 요즈음 당신에게 에너지를 불어넣은 것은 무엇입니까?

3. 만약 당신을 아는 몇몇 사람들에게 당신이 타인과 비교해 잘하는 것이 무엇이냐고 물어본다면 그들이 무엇이라고 말하겠습니까? 세 가지만 말해 주세요.

〈상호협력과 신뢰 구축의 경험〉

현재 소속된 팀이나 다른 팀 그리고 사람들과 일하면서 상호협력과 신뢰를 경험했던 시간을 기억해 보십시오

1. 어떤 사람들이 참여하고 관여했습니까?

2. 어떻게 진행되었습니까?

3. 당신 또는 상대방은 협력을 위해 어떠한 노력을 했습니까?

4. 어떤 시스템이나 관행, 개인적인 능력과 태도가 협력을 성공으로 이끌었습니까?

5. 이러한 협력을 통해 얻은 결과는 무엇이라고 생각합니까?

이 인터뷰가 끝나면 개인 간의 대화 내용을 조별로 공유하고 핵심 성공요인을 도출한다.

꿈꾸기(Dream)

발견하기 단계에서 도출한 핵심성공요인을 구성원들이 최대로 실천했을 때 현 상태에서 변화된 희망하는 미래를 얘기한다. 구성원들이 미래의 꿈과 비전에 대한 표현은 다양한 방식 예를 들어, 콜라쥬, 역할극, 인터뷰 형식, 신문 기사의 헤드라인, 광고 등으로 할 수 있다. 바람직한 미래상에 대한 조별 작업이 끝나면 발표하고 공유한다.

설계하기(Design)

이 단계에서는 현재 상태에서 구상한 미래상을 실현하기 위해 조직의 사회적 구조(관계, 리더십, 목표, 조직구조, 커뮤니케이션, 역할, 시스템, 절차, 의사결정 등)를 변화시키기 위한 과감한 제안을 한다. 이것을 도발적 제안(provocative proposition)이라 하며 기대하는 미래를 만들기 위해 사회적 구조를 어떻게 변화시켜야 하는지 원칙을 만드는 것을 의미한다. 조별로 작성한 내용은 옆 테이블에 있는 조들과 공유하고 피드백을 받는다.

실현하기(Destiny)

실현하기 단계에서는 꿈꾸기에서 작업한 비전과 설계하기 단계에서 제안한 도발적 제안을 달성하는 데 필요한 구체적인 활동과 실행계획을 만든다. 이후에는 실행하고 그 결과를 평가하고 필요한 조정을 하며 조직이 비전을 향해 나갈 수 있도록 이끈다. 이러한 과정을 통해 '가장 최고인 것'에 대한 조직의 스토리를 축적하고 새롭게 만들어 간다면 변화를 조직의 문화로 정착시킬 수 있다.

사례 : 긍정탐색법

긍정탐색법이 현업에서 어떻게 적용될 수 있는지 한 기업의 가상적이지만 현실성 있는 사례를 갖고 정리해보자.[49]

배경

한 기업의 사업부는 매출이 급격히 증가되고 사업이 확장되면서 여러 가지 변화가 일어났다. 조직의 규모가 커지고 부서의 기능이 세분화되어 신설팀이 늘어났다. 업무량이 많아지고 구성원들의 숫자도 늘어났다. 하지만 조직의 기능이 나누어지고 비대해지면서 부서 간 소통과 협력에 문제가 생겨났다. 해외 마케팅팀 직원들은 자신들이 사업부의 성과를 견인하는 중요한 역할을 하고 있다고 생각하며 국내 마케팅팀 직원들을 무시했고, 기획팀에 있는 직원들은 고객 접점에 있는 마케팅팀 직원들의 입장을 고려하지 않은 채 기획안을 제시했다. 또한 마케팅은 고객니즈가 정확히 반영된 제품을 생산하기 위해 설계팀뿐만 아니라 개발팀과 유기적인 협력을 유지하고 소통을 해야 되지만 서로의 입장만 내세우며 잦은 갈등이 발생했다.

사업부장은 원활한 소통과 협력을 위해 변화가 필요하다고 판단하고 조직개발부서에 해당 사업부의 변화관리 솔루션을 요청했다.

조직개발부서는 해당 부서가 기존에 문제해결 중심의 변화관리를 많이 경험했기 때문에 이번에는 참여와 대화 중심의 긍정 탐색법으로 변화관리를 진행하기로 결정했다. 전체 진행 프로세스는 1단계로 개인과 팀 단위 변화실행계획을 수립하고 공유하는 변화관리 워크숍을 진행하고 2단계로 워크숍의 결과물을 기반으로 팀 리더들은 구성원들의 요구사항에 맞게 시스템과 제도 그리고 리더십을 개선하고 팀원들에게 상담 및 코칭을 제공하여 구체적인 실행을 관리하기로 했다. 또한 변화에 대한 동기부여와 지속성을 유지하기 위해 변화주제와 관련된 스토리를 발굴하고 중간 점검을 하는 계획을 세웠다.

사전 준비단계

조직개발팀은 사업부와 협의하여 긍정주제를 '상호협력과 신뢰 구축'으로 정한다. 사업부에 있는 7개 팀에 변화관리 워크숍의 배경과 목적에 대한 내용을 공유하고 일정을 조정하고 확정한다.

조편성은 워크숍의 취지에 맞게 소통의 기회를 가질 수 있게 팀 내 파트원들을 섞어서 구성한다.

변화관리 워크숍 실행
오프닝

워크숍의 전체일정과 취지 그리고 목적을 간단하게 설명한다. 편안한 대화 분위기 조성을 위해 상호 이해할 수 있는 소통 게임을 한다.

외부 퍼실리테이터가 상호협력과 신뢰가 무엇을 의미하는지, 왜 그것이 개인과 팀 전체에 중요한지 물어본다. 다음으로 효과적인 워크숍을 위한 규칙을 제시하고 이 과정에 참여하는 과정이 상호협력과 신뢰를 실천하고 발전시키는 기회가 되기를 기대한다고 말한다.

발견하기

8개의 테이블의 각 조에서 서로 짝을 이루어 준비된 질문 시트를 가지고 서로 인터뷰를 한다.

짝과의 인터뷰를 마치고 조별로 5~6명의 사람들이 각자 자신이 인터뷰를 담당했던 상대방의 핵심적인 이야기를 간단히 공유한다. 다음은 공유한 내용을 통합하여 '상호협력과 신뢰 구축'을 위해 필요한 공통적인 핵심성공요인을 3~4개(예: 목표, 헌신, 소통, 의지, 책임감, 신속, 경청, 협력, 배려)로 정리한다. 이제 각 조는 도출된 핵심성공요인 3~4개를 가지고 '상호협력과 신뢰'에 대한 정의를 직접 만든다.

실제 워크숍에서 참여자들이 직접 만든 '상호협력과 신뢰'의 정의를 소개하면 다음과 같다.

'상호협력과 신뢰는 굳은 의지를 가진 구성원들이 활발한 소통을 통해 헌신하는 것이다',

'상호협력과 신뢰는 역지사지의 자세로 서로를 이해하며 공감대를 형성하고 그 과정에서 적극성을 발휘해 문제를 해결하기 위해 노력하는 것이다'

조별로 직접 작성한 '상호협력과 신뢰'의 정의를 전체를 대상으로 설명한다. 이 과정은 '상호협력과 신뢰'의 정의를 집단으로 공유함으로써 변화주제의 중요성과 의미 그리고 적절성에 대한 합의를 하게 만든다.

꿈꾸기

참석자들이 정의한 상호협력과 신뢰의 핵심성공요소와 의미를 현업에서 최대한 실천했을 때 1년 뒤 변화된 부서의 바람직한 모습에 대한 꿈을 꾸도록 다음의 내용을 깊게 성찰한다.

> '여러분은 깊은 잠을 자다 깨어났습니다. 눈을 떠보니 1년이라는 시간이 흘렀습니다. 당신은 평상시와 같이 아침에 즐거운 마음으로 회사에 출근해서 동료들을 만나 소통하고 일을 하면서 목격한 장면에 깜짝 놀랐습니다. 동료들의 표정은 전보다 밝아졌고 생동감이 느껴졌습니다. 프로젝트 진행을 위한 회의를 하는 데 과거와 다르게 모두가 집중하며 이견이 발생했을 때 더 중요한 목적을 언급하며 지혜롭게 해결하는 것 같았습니다. 우연히 복도를 지나다 다른 사업부 사람들이 우리 사업부를 협력이 잘 되고 분위기가 좋아서 부럽다고 말하는 것을 들었습니다.
>
> 이제 여러분은 우리 사업부가 어떤 긍정적인 모습으로 변했는지 구체적이고 생생한 스토리를 같이 생각합니다. 그리고 방법과 도구에 제한 없이 최대한 창의적으로 표현하여 발표합니다. 연극도 가능하고, 그림, 노래, 뉴스, 인터뷰도 좋습니다.'

조별 발표를 하면서 직원들은 에너지의 수준이 올라가고 동료들이 보여주는 바람직한 미래의 새로운 이미지를 집단의 바람으로 만들어간다. 발표가 끝나면 우리의 현실을 가장 잘 반영하여 꼭 현실화하고 싶은 최고의 꿈을 투표로 결정한다.

디자인하기

꿈꾸기 단계에서 선정한 최고의 꿈을 실현하기 위해 무엇을 변화시켜야 할지 설계하는 시간을 갖는다. 조직의 사회적 구조(social architecture)를 이루는 관계와 설계요소 중 최고의 꿈과 관련된 과제를 결정할 핵심요소를 평가하여 우선순위를 정한다.

조직변화에 영향을 미치는 관계요소는 다양하다. 예를 들어 동료관계, 상사와 부하의 관계, 회사와 고객과의 관계, 부서 간의 관계, 노사관계, 회사-임직원 가족과의 관계, 협력사의 관계 등이 있다. 이러한 다양한 관계 중 조직의 꿈에 영향을 더 크게 미치는 관계를 선정하고 그 관계를 어떻게 변화시켜야 하는지 다루어야 한다.

다른 하나는 설계요소이다. 설계요소는 리더십, 목표, 전략, 구조, 의사결정, 커뮤니케이션, 역할, 시스템, 지식관리, 정책, 절차, 산출물, 서비스 등이 있다. 관계요소와 마찬가지로 설계요소 중 조직의 꿈을 달성하는 데 영향이 큰 요소를 중심으로 우선순위를 정한다.

관계와 설계요소에 대한 우선순위의 결정은 개인별로 중요하다고 생각하는 것에 세 개의 점 스티커를 나누어 주고 붙이게 하거나 비용과 효과를 기준으로 Pay off 매트릭스를 만들어 평가한다.

예를 들어 우선순위 결정을 통해 다음과 같이 5개의 요소로 결정될 수 있다.

- 리더와 구성원 간의 신뢰를 구축하기 위한 아이디어들
- 커뮤니케이션을 좀 더 활성화하고 개선할 수 있는 아이디어들
- 시스템과 프로세스를 개선하는 방법들
- 의사결정의 변화를 통해 협력과 신뢰를 이끌어 내는 아이디어들
- 협력과 신뢰를 촉진하는 리더십의 변화

운영자는 조별로 선정된 5개의 설계요소에 대한 도발적 제안을 플립차트에 작성하도록 요구한다. 도발적 제안은 설계요소에 대한 행동 원칙을 말한다.

개인별로 메모지를 나누어 주고 항목별 도발적 제안을 작성해서 부착하고 점 스티커로 우선순위를 결정한다. 다른 조와 공유하고 즉시 피드백을 받아 도발적 제안을 수정하고 완성한다.

실현하기

구성원들이 바라는 조직의 미래의 모습과 디자인 단계에서 제시한 도발적 제안을 실현하기 위한 구체적인 실천방안을 도출하고 실행하는 단계이다. 각 조별로 도발적 제안을 구체화할 수 있는 가시적인

조치와 프로그램, 구체적인 액션에 대해 토론하고 구체적인 시행일
정과 역할을 정한다. 다음 순서는 사업부의 변화를 위해 개인들이 어
떻게 참여하고 노력할 것인지 세부적인 실천 행동을 공유하고 응원
의 메시지를 상호 나눈다.

또한 이 워크숍을 통해 무엇을 발견했고 무엇을 느꼈는지를 말한
다. 마지막으로 가장 중요한 순서가 있다. 워크숍의 참석자 중 부서를
대표하는 리더가 실천을 위한 헌신(commitment) 선언을 한다. 리더가
공개적인 자리에서 솔선수범을 약속하는 것은 구성원들의 동기부여
와 변화 실행력을 높이는 데 가장 효과적이다.

EPISODE 50

한 조직에 새로운 고위직 관리자가 부임했다. 신임 관리자는 새롭게 맡은 조
직의 성과가 낮을 뿐만 아니라 직원들의 열정과 동기가 떨어져 조직변화가
필요하다고 판단했다. 그는 과거에 자신이 관리하던 조직을 변화시켜 높은
성과를 내고 임원으로 승진한 경험이 있기 때문에 새로 부임한 사업장을 변
화시키는 데 자신감이 있었다.

그는 하위 조직의 중간 관리자들을 모아 놓고 과거 자신의 성공담을 늘어
놓으며 전에 근무했던 조직과 현재 조직을 비교하며 많은 문제점들을 지적
했다. 그는 항상 '내가 해봐서 아는데'로 시작하는 말을 하며 과거에 자신이
성공했던 방식과 관행들을 새로 부임한 조직에 이식시키기 시작했다.

직원들은 처음에는 일상적인 관리행위로 받아들였지만 계속되는 비하 발

언에 자존감과 사기가 떨어졌다. 또한 이전 조직에서 자신이 신뢰했던 고성과자들을 강사로 초빙해서 현재 조직의 직원들을 모아 놓고 벤치마킹을 하도록 수차례 강연회도 열었다. 하지만 이와 같은 신임 관리자의 노력은 직원들의 불만과 변화에 대한 저항을 더 키우는 결과를 만들었다.

"자기가 예전에 근무하던 사업장과 여기가 시장 상황이 똑같은 것으로 착각하는 것 아냐?"

"아니 그때 시장환경이 좋아서 잘 된 거지? 자기가 잘해서 잘 된 건가?!"

"나도 그런 시장에 가면 그 정도는 하겠다. 아니 우리 지역은 시장환경이 완전히 다르다는 것을 모르나?"

직원들은 새로운 관리자가 자신들을 의욕과 능력이 부족하다고 평가하며 시장 상황이 다른 사업장의 방식과 노하우를 일방적으로 주입시키는 것에 불만을 가졌다.

1년 동안 이런 상황이 지속되면서 직원들의 이직률은 높아졌고, 성과는 개선되지 않았다. 결국 새로 부임한 관리자는 조직변화에 실패하고 말았다.

긍정일탈접근법(Positive Deviance Approach)

제리 스터닌과 리처드 파스칼은 위의 사례와 같은 변화방식의 문제점을 효과적으로 극복할 수 있는 긍정일탈접근법을 제안했다.

제리 스터닌은 월남전이 끝나고 베트남 아이들의 영양실조 개선 프로그램에 참여했다. 이런 문제에 대한 일반적인 접근은 아이들이 영양실조를 일으키는 원인을 찾아 해결하는 것이다. 하지만 제리 스터닌은 다르게 접근했다. 찢어지게 가난한데도 영양상태가 좋은 아이들이 있을 것이라는 역발상을 했다. 똑같이 가난한데도 영양상태가 양호한 아이들의 가정을 방문하여 관찰했더니 그 아이들의 부모들에게서 다른 행동이 관찰되었다. 가난해도 영양상태가 좋은 아이들의 부모는 손을 자주 씻겼고 똑같은 양의 식사지만 여러 번 나누어 먹였다. 또한 논에서 잡은 작은 새우나 게, 비타민의 공급원인 고구마 싹을 같이 먹였다. 스터닌은 이렇게 일반적인 가정의 부모의 행동에서 벗어난 영양상태가 좋은 아이들의 부모의 긍정적 일탈 방식을 집단에 확산시키는 방식으로 영양실조 문제를 해결했다.[51]

이처럼 긍정일탈접근법은 어떤 악조건에서도 누군가는 그것을 극복할 수 있는 효과적인 방법과 행동을 한다는 점에 착안한다. 그리고 집단에서 기존에 해오던 최상의 방법이나 행동을 파악하고 참여를 통해 내부에 확대 적용하는 방식이다.

만약 앞에 언급한 사례처럼 새로 부임한 관리자가 일방적으로 지시하거나 통제하는 방식이 아닌 사람들의 참여를 이끌어 내고, 조직의 문제점을 파헤치고 외부에서 해결책을 가져오는 방식이 아닌 어려운 상황에서 남들보다 탁월한 성과를 내는 내부의 긍정일탈사례를 발굴하여 내부에 전파하는 접근을 했다면 기존과는 다른 결과를 예상할 수 있었을 것이다.

일반적으로 긍정일탈접근법의 적용은 다음과 같은 상황에서 더 효

과적이다.[52]

- 기술적인 변화가 필요한 문제보다 행동과 사회적 변화를 이끌 때
- 지금까지의 해결책이 효과가 없어 매우 다루기 힘든 문제일 때
- 해당 조직 내에 소수의 해결자, 즉 긍정적 일탈이 존재한다고 판단될 때

긍정일탈접근의 기본원칙은 첫째, 구성원들이 진행 과정에 주인의 식을 가져야 한다. 둘째, 긍정일탈 사례조사를 통해 내부에 존재하는 특이하고 성공적인 행동과 전략을 발견할 수 있어야 한다. 셋째, 구성원들이 실천 방법을 숙지하고 자신의 상황에 맞게 적용해야 한다. 넷째, 지식보다 실천을 중요시하고 대상이나 이유보다 방법을 강조해야 한다. 다섯째, 모든 사람을 참여시킨다.[53]

긍정일탈접근의 기본적인 단계는 4단계이다.[54] 앞에 '도입사례'에 나오는 관리자가 문제를 해결하는데 굳게 고수해 온 '더 나은 지식 활용'이나 '지시와 통제적인' 태도를 버리고 긍정일탈접근법을 사용해 조직변화를 추진한다고 가정을 했을 때 다음과 같이 진행할 수 있다.

1단계(Define) : 문제와 바람직한 결과를 정의한다

구성원들의 참여를 통해 문제의 중요성을 검토하고 어떻게 변화시켰으면 좋을지 미래의 바람직한 모습을 설정한다. 현재 문제에 영향을 미치는 요인들과 행동들에 대해 분석하고 문제가 갖고 있는 장벽을

나열한다. 관련된 이해관계자를 찾고 공유한다.

새로운 관리자는 자신이 오랫동안 고수해온 방식으로는 조직변화가 어렵다는 것을 알았다. 새로운 방식으로 접근해 보기로 했다. 그리고 기존에 하지 않았던 흥미로운 질문을 던졌다. "여러분들처럼 어렵고 비슷한 환경에서 성과가 좋은 개인들은 뭐가 다를까요?"

그는 사업장에서 일을 잘한다고 인정받는 직원 5명을 선발해서 성과개선 T/F를 구성했다. 이들은 현장에 있는 직원들을 대상으로 포커스 그룹 인터뷰를 진행하였다. 성과 문제에 영향을 미치는 요인과 그와 관련된 일상적인 활동 및 관행들을 분석한다. 그리고 6개월 안에 성과를 20% 향상시킨다는 목표를 세웠다.

2단계(Determine) : 일상적 행위를 알아내라

특정 문제와 관련된 구성원들의 일상적인 행동과 규범을 파악한다. 표현 방법은 다양하게 한다(지도 그리기, 즉흥연기, 벤다이어그램, 우선순위 매기기).

현장을 방문해서 영업 담당 뿐만 아니라 영업과 관련된 다양한 사람들과 대화를 하고 일상적인 행동과 규범을 파악한다. 그리고 그것을 정리하고 우선순위를 매긴다.

3단계(Discover) : 조사와 관찰을 거쳐 흔하지 않지만 성공하는 행위와 전략을 발견하라

구성원들 중에서 바람직한 결과를 내고 있는 개인과 집단을 가려낸다. 발견된 전략 중에서 동일한 조건과 장벽에 부닥친 개인이나 집단만 포함시킨다. 성과개선 T/F가 구성원들을 대상으로 심도 깊은 인터뷰와 관찰을 한다. 일상적 행위보다 더 나은 결과를 내는 데 상관관계가 있는 특이한 행동을 구별하고 전체와 공유한다.

현장 영업 담당들의 영업활동을 관찰하고 인터뷰를 하여 다른 영업 담당들보다 높은 성과를 내면서 특이한 행동과 방법으로 영업을 하는 직원들을 가려낸다. 이 직원들의 특이한 행동과 전략을 전체 영업 담당들을 모아 놓고 공유한다.

4단계(Design) : 발견사항에 근거해 액션 러닝 계획을 구상하라

이미 존재하고 있는 긍정적 일탈 행위를 적용할 수 있는 대상과 공간을 정한다. 성공사례를 입증하기 위해 작은 데서부터 시작한다. 동료의 지지가 있는 안전지대에서 실천을 통해 배우고 행동할 기회를 만들어준다.

영업팀 중 인원이 가장 적은 팀부터 긍정 일탈 행위를 실행시킨다. 지식을 전달하는 것이 아니라 행동을 따라 하도록 한다. 해당 팀의 팀장은 팀원들이 실천을 통해 배울 수 있도록 지지해주고 안전한 환경을 보장한다.

긍정일탈접근법은 제리 스터닌, 모니크 스터닌 그리고 리처드 파스칼의 책 〈긍정적일탈〉을 참고하면 더 구체적인 내용을 학습할 수 있다. 솔직하게 고백을 하면 나는 긍정일탈접근법에 전문가는 아니다. 다만 새롭고 독특한 접근방식과 기존의 잠재력을 활용하고 참여를 통해 변화를 추구하는 철학이 매력적으로 느껴져 소개한다.

현업적용하기

❶ 팀 미팅을 진행하라. 팀원들에게 과거에 팀이 성공적인 성과를 냈을 때 어떠했는지 얘기를 들어봐라. 그리고 그때 성공할 수 있었던 요인이 무엇이었는지 질문하라. 이것은 팀의 강점을 파악하는 데 도움을 얻을 수 있다.

❷ 팀원들이 문제와 관련된 업무를 어떻게 수행하는지 파악하라. 팀원과 개인별 미팅을 하거나 워크숍을 할 수 있다. 아니면 직접 업무 현장을 관찰하는 방법도 있다. 성과가 좋은 팀원들이 하는 업무 방식과 프로세스 중에서 그렇지 않은 팀원들과 다른 것을 찾아내고 분석하여 팀원들과 공유하고 실행할 수 있도록 관리하라.

요약

❶ 조직변화모델은 전통적 변화모델과 긍정변화모델로 분류한다. 전통적 변화모델의 종류에는 르윈의 세력장 모델과 존코터의 8단계 모델이 있고 긍정변화모델은 긍정탐색법과 긍정일탈접근법이 있다.

❷ 전통적 변화모델은 경영진과 특정 전문가 집단에서 아래로 향하는 톱다운 방식으로 추진되며, 타 집단과 비교하며 문제점과 결핍을 중심으로 접근하기 때문에 높은 저항이 발생할 수 있는 밀어내기 전략이다.

❸ 긍정변화모델은 구성원에서 조직으로 향하는 참여 중심의 끌어당기기 방식의 변화관리 기법이며, 강점을 기반으로 하기 때문에 구성원들의 수용성이 높다.

❹ 르윈 세력-장 모델은 가장 오래된 고전적 모델이며 해빙-변화-재결빙의 3단계로 진행된다.

❺ 르윈 세력-장 모델에서 변화는 변화를 추진하는 힘을 의도적으로 증대시키거나 현 상태를 유지하는 힘을 감소시키는 방식으로 진행된다.

❻ 존코터의 8단계 모델에서 핵심적으로 강조하는 변화의 강력한 도구는 보고-느끼고-생각하기 방식이다. 문제가 무엇인지 문제를 어떻게 해결해야 할지 사람들이 볼 수 있도록 감정과 감성에 호소함으로써 변화를 방해하거나 억제하는 감정들은 감소시키고 변화에 유용한 행동을 유도하는 것이 효과적이다.

❼ 긍정변화모델은 결핍 기반 모델과 다르게 조직이 어떻게 해야 올바르게 할 수 있는가에 초점을 맞춘다. 긍정적인 접근을 통해 사람들에게 힘을 불어넣고 더 높은 기대감을 갖게 만든다.

❽ 긍정탐색법은 개인과 조직이 최고의 상태에 있을 때 우리의 삶과 일에 활력을 주는 것이 무엇인지 연구한다. 발견하기-꿈꾸기-설계하기-실현하기의 단계로 진행된다.

❾ 긍정일탈접근법은 어떤 악조건에서도 누군가는 그것을 극복할 수 있는 효과적인 방법과 행동을 한다는 점에 착안했다. 집단에서 기존에 해오던 최상의 방법이나 행동을 파악하고 참여를 통해 내부에 확대 적용하는 방식이다.

❿ 긍정일탈접근법은 1단계에서 문제와 바람직한 결과를 정의하고 2단계는 문제와 관련된 일상적 행위를 알아본다. 3단계는 흔하지 않지만 성공하는 행위와 전략을 발견한다. 마지막으로 4단계는 발견사항에 근거해 액션러닝 계획을 구상한다.

THREE

변화실행을
위한 스킬

THE CHANGE

1
3개를 모두 사용하라

구성원을 변화시키기 위해서는 먼저 리더 자신의 3H(Head-Heart-Hand)로
변화를 인식하고 받아들여야 한다. 다음은 구성원의 3H와 연결되어 그들을 이해하고 수용해야 한다.
마지막으로 리더가 구성원의 3H 모두에 영향을 미쳐야 한다.

"최고의 서비스를 통해 고객을 감동시켜야 합니다, 만족을 넘어 감동받은 고객은 또 다른 고객을 창출하는 선순환을 만들어 우리의 지속적인 성장을 견인하는 중요한 원동력입니다. 앞으로 관리자를 포함한 전 직원은 기존고객 방문을 강화하여 고객의 생생한 목소리를 듣고 서비스를 개선하는 데 최선을 다해 주시기 바랍니다."

어디 하나 흠잡을 데 없는 논리적이고 당위적인 말이다. 그러나 직원들이 이런 얘기를 듣고 고객서비스의 중요성을 뼈저리게 느끼거나 행동이 바뀌는 것을 기대하기는 어렵다. 아마도 개인적인 경험으로는 이런 얘기를 더 많이 하지 않을까 생각이 든다.

"그동안 귀에 못이 박히도록 들었던 얘기야. 느낌도 없고 감동도 없어. 누가 그걸 모르는 사람이 있나? 그런데 일이 또 늘어나는 거야?

앞으로 더 피곤하겠네!"

구성원들은 리더의 말이 논리에 맞는지 안 맞는지, 뜬구름 잡는 얘기인지 아닌지 중요하게 생각하지 않는다. 그것이 나와 어떻게 관계되는지, 누가 말했는지, 내 감정은 어떤지가 더 중요하다.

한 연구에서 심장마비 같은 치명적인 일을 경험한 사람들을 대상으로 과거의 안 좋은 습관을 버리고 건강에 도움이 되는 습관을 만든 사람이 얼마나 되는지 추적 조사했다. 그 결과 5명 중 1명 즉 20%만이 건강한 음식을 먹고, 규칙적으로 운동하고, 담배를 끊는 습관을 만드는 데 성공했다.[1] 나머지 사람들은 건강한 습관을 만들기 위해 노력했지만 결국 과거의 나쁜 습관으로 회귀했다. 사람들은 습관을 바꾸지 않으면 죽을 수 있다는 것을 알지만 나쁜 습관을 바꾸지 못했다. 이런 결과를 보면 인간은 반드시 논리적이고 합리적인 의사결정과 행동을 하지 않는다.

이런 인간의 속성 때문에 사람들의 행동을 바꾸려면 머리-가슴-손 다시 말해 인지, 감정, 행동의 변화를 함께 다루어야 한다.[2] 나는 이것을 3H(Head-Heart-Hand) 변화모델이라고 표현한다. 이것은 세 가지 차원에서 접근한다. 첫째는 타인을 변화시키기 위해서는 먼저 자신의 3H(머리-가슴-손)로 변화를 인식하고 받아들여야 한다. 이것은 리더 자신의 변화이다. 둘째는 구성원의 3H(머리-가슴-손)와 연결되어 그들을 이해하고 수용해야 한다. 마지막은 리더가 구성원의 3H(머리-가슴-손)에 영향을 미쳐야 한다.

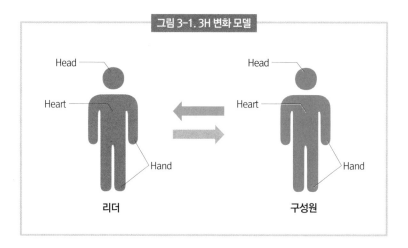

그림 3-1. 3H 변화 모델

01 리더가 먼저 3H로 변화를 수용하라

리더가 구성원을 변화시키기 위해서는 리더 자신이 먼저 머리와 가슴 그리고 손으로 변화를 수용해야 한다. 변화는 한 번의 행동(action)과 순응(compliance)이 아니라 지속하는 습관(habit)을 만들고 헌신(commitment)하는 과정이다. 이를 위해서는 구성원에게 행동 변화를 요구하기 전에 리더가 먼저 그것을 마음으로 받아들이고 이해해야 한다.

어떤 리더들은 구성원들에게 "나도 왜 하는지 모르겠는데 일단 위에서 하라고 하니까 합시다!"와 같이 말하며 새로운 행동을 요구한다. 구성원들은 이 얘기를 듣고 '팀장님도 변화에 대해 탐탁치 않게 생각하는구나!', '위에서 시킨다고 그냥 하면 어떻게? 중간에서 안 되는 건 안 된다고 얘기를 해야지', 본인도 왜 하는지 모르면서 우리한 테 왜 하라고 하는 거야'와 같은 생각을 하면서 자신의 행동 수준을 결정한다.

내가 하기 싫은 것을 다른 사람에게 강요하여 행동하게 할 수 있지 만 그 사람이 마음으로 받아들이고 헌신하며 지속하게 할 수는 없다. 변화를 원하지 않는 사람은 누구도 변화시킬 수 없다. 리더가 먼저 내면적으로 변화를 받아들이고 변화에 성공할 수 있다는 믿음을 가 져야 한다. 이에 대해 마셜골드 스미스는 다음과 같은 말을 했다.

"우리의 내적 신념은 심지어 실패하기도 전에 그 실패를 재촉한 다. 변화의 가능성 자체를 제거해 변화가 지속되는 걸 방해하는 것이 다. 우리는 그 믿음들을 신조처럼 여기며 우리의 나태한 대응을 정당 화시키는 수단으로 삼고, 그저 결과가 나오길 기다린다. 나는 이들을 '믿음의 트리거'라고 부른다."[3]

리더가 변화의 필요성과 성공 가능성에 대해 갖고 있는 믿음은 리 더 자신의 행동 수준과 결과에 영향을 미친다. 리더의 순응은 순응을 낳고 헌신은 헌신을 낳는다. 순응의 의식 수준에 머물러 있는 리더는 스스로 순응 수준의 행동 몰입을 하며 구성원에게 순응 수준의 행동 을 요구하지만, 헌신의 의식 수준에 있는 리더는 스스로 헌신하며 구 성원에게 진정성과 열정을 느끼게 하여 강한 영향력을 미쳐 헌신을 이끌어 낸다.

02 구성원의 3H와 연결하라

사람들의 생각과 감정은 개인마다 각기 다르다. 한 사람의 생각과 감정도 환경과 상황 그리고 상대하는 사람에 따라 살아 있는 생물처럼 움직인다. 어떤 사람에게는 아무렇지도 않은 일이 다른 사람에게는 두렵고 공포스러운 일이 된다.

나는 오래전 초등학생인 아들과 딸에게 자전거 타는 법을 가르쳐 주면서 상대방의 머리-가슴-손과 연결되는 것이 얼마나 중요한지 깨달았다. 아들과 딸은 자전거 타는 법을 배우는 데 완전히 다른 생각과 감정을 그리고 행동을 보였다. 딸은 자전거를 배우고 싶다며 적극적인 태도를 보였다. 수십 번을 넘어지면서도 힘든 기색 없이 웃으면서 즐겁게 연습했다. 그리고 1시간도 안 돼서 중심을 잡고 혼자서 페달을 밟으며 앞으로 나아갔다. 반면에 아들은 이미 얼굴이 사색이 되어 배우기 싫다며 두려워했다. 간신히 설득해서 일단 시도해 보는 것에 합의했다. 아들은 자기 차례가 올 때까지 굳은 표정으로 서 있었다. 결국 자전거 안장에 올라앉아 페달을 밟고 앞으로 나아가며 몇 번을 넘어지더니 포기했다. 아들은 고등학교에 올라가서야 자전거를 탈 수 있게 되었다.[4]

그 당시 동생처럼 자전거를 적극적으로 배우지 못하는 아들에게 문제가 있다고 생각했다. 그러나 그렇게 생각한 내가 문제였다는 것을 나중에 깨달았다. 사람들은 새로운 변화를 받아들이는 인식과 감정 그리고 행동 능력의 차이가 있다. 그리고 이것은 문제가 아니라 다름이다.

음주와 흡연 그리고 안전문제를 예로 들어보자. 술과 담배가 몸에 해롭고 안전수칙을 지키지 않으면 위험하다는 것을 모르는 사람은 없다. 사람들에게 음주와 흡연이 유해하다는 다양한 보고서와 사례, 안전사고와 관련된 충격적인 사진을 보여줘도 행동이 잘 바뀌지 않는다. 사람들이 나쁜 행동과 습관을 유지하는 데는 정서와 느낌들이 연결되어 있다. 사람들의 행동을 바꾸려면 그런 행위가 주는 정서적 느낌과 만족이 무엇인지 이해해야 한다.

이를 위해 리더는 변화시키려는 구성원의 머리와 가슴, 손과 연결되어야 한다. 상대의 생각과 감정, 행동을 이해하고 그 안으로 들어가야 한다. 구성원의 머리, 가슴, 손과 연결되려면 평소에 관심을 두고 관찰해야 한다. 그들이 표현하는 언어와 행동뿐만 아니라 비언어적인 표현에도 집중해야 한다. 이것은 리더 자신의 생각과 표현을 멈추고 상대방에게 집중하여 경청하고 공감할 때 가능하다. 리더의 경청과 공감은 구성원이 마음의 문을 열고 신뢰와 심리적 안전감을 느끼게 만든다. 탈무드에는 '가슴에서 나오는 것이 가슴으로 들어간다'는 말이 있다. 이와 비슷하게 구성원으로부터 관심을 촉발하려면 관심이 필요하고 공감을 불러일으키려면 먼저 공감해야 한다.

03 구성원의 3H에 영향을 미쳐라

리더는 변화에 대한 자신의 머리, 가슴, 손을 온전하게 인식하고 인지적으로 정서적으로 변화를 받아들이고 행동으로 실천해야 한다. 그리고 구성원의 머리, 가슴, 손과 연결되어 변화에 대한 구성원의 말과 행동 뒤에 숨겨진 생각과 감정을 읽고 공감하여 신뢰관계를 구축해야 한다. 이제 마지막으로 리더는 구성원의 3H에 영향을 주어서 변화를 이끌어야 한다.

일반적으로 리더들은 머리, 가슴, 손 중에서 특히 머리 즉, 인지영역에 영향을 미치는 능력에 특화되었다. 존 코터와 댄코헨은 〈기업이 원하는 변화의 기술〉에서 이것이 오히려 사람들을 변화시키는 데 실패의 원인이라고 지적한다.

"정확한 분석만으로는 사람들에게 강력하게 동기를 부여하기 힘들다. 분석 결과로 사람들의 생각을 바꿀 수는 있지만 새로운 방식으로 행동하도록 만들었던 적은 별로 없다. 동기부여라는 단어 자체도 생각이 아닌 감정과 관련된 단어이다."[5]

로널드 하이페츠 교수도 이와 비슷한 주장을 했다. "논리가 답이 될 수 없을 때 리더십이 필요하다. 그리고 리더십은 논쟁에서 이기거나 더 다양한 지식을 알려주는 것을 의미하지 않는다." 이 말이 논리와 지식, 분석적 사고의 무용론을 주장하는 것은 아니다. 오히려 한계요 인이 파악되어 있고 임의의 가정들이 적으며 미래가 불분명하지 않은 경우에는 분석적 도구를 사용하는 것이 효과적이다.[6] 하지만 변화의 상황은 새로운 가정과 전제 그리고 불확실성을 기반하기 때문에 논리와 지식으로 사람들의 행동을 바꾸는 데 한계가 존재한다.

구성원의 3H에 영향을 미치기 위해 구체적으로 어떤 노력이 필요한지는 이 책의 전반에서 중요하게 다루고 있다. 파트1은 변화를 위해 구성원의 머리-가슴-손에 영향을 미치는 것의 중요성을, 파트2는 머리-가슴-손에 영향을 미치기 위한 효과적인 리더십을 설명했다. 이제 파트3에서는 구성원의 머리-가슴-손을 자극해 변화실행을 촉진하는 구체적인 스킬을 다룬다.

현업적용하기

❶ 당신이 팀원들에게 요구하는 행동 방식의 변화가 당신의 내면에서 어떤 느낌을 주는 지 살펴보자. 당신의 실행안이 팀원들의 관심사가 아니라는 것을 받아들여라. 그리고 팀원의 관점에서 변화에 대한 자신의 머리-가슴-손의 느낌을 인식해보자

❷ 새로운 변화에 대해 팀원들의 머리-가슴-손의 느낌을 이해하기 위해 관찰하고 대화하라.

❸ 팀원들이 새로운 행동을 하려면 머리-가슴-손에 영향을 미치기 위해서는 어떤 방법이 효과적인지 전략을 수립해보자. 2부와 3부에 이와 관련된 내용을 충분히 다루고 있다.

요약

❶ 구성원을 변화시키기 위해서는 머리-가슴-손 전부에 영향을 미쳐야 한다. 이 세 가지 중 특히 가슴(감정)에 영향을 미치는 것이 변화 성공 확률을 높인다.

❷ 리더는 변화시키려는 구성원의 머리와 가슴, 손과 연결되어야 한다. 즉, 상대의 생각과 감정, 행동을 읽고 그 안으로 늘어갈 수 있어야 한다. 이것이 어려운 이유는 개인마다 다 다른 생각-감정-행동의 양상을 보이기 때문이다.

2

변화실행스킬의 핵심원리
: 변화 동기부여 대화

당신은 구성원이 마음의 문을 열고, 떨어졌던 의욕이 생기고,
관점과 생각을 문제와 원인보다 해결에 관심을 두어 미래로 나아가도록 만들어야 한다.

1부에서 변화는 한 번에 완성되는 선형의 프로세스가 아닌 퇴행과 중단이 반복되는 나선형의 프로세스라는 것을 이해했다. 이런 변화의 속성은 리더가 인내와 끈기를 가지고 구성원들과 지속적으로 의사소통 해야 한다는 것을 의미한다.

우리에게 익숙한 소통방식은 지시적(Directive) 또는 직면적 접근(Confrontational approach)이다. 빠른 시간에 효과적으로 전달하기 위해 상대에게 원하는 것을 직접적으로 표현하는 것이다. '~하세요. ~해야 됩니다. ~는 안 됩니다. ~은 중요하니 꼭 하세요'와 같이 설득하고 권하는 방식이다. 이 방식은 상대방이 그것을 수용할 마음과 변화의 에너지를 갖고 있다면 효과적이다. 하지만 그런 마음가짐이 되어 있지 않다면 더 하기 싫게 만든다. 자기결정성이 훼손되기 때문에 일어나는 자연적인 현상이다.

이런 문제는 상대방에게 변화를 강요하기보다는 스스로 변화할 수 있는 소통을 통해 해결해야 한다. 사람들은 스스로 문제행동을 바꾸겠다고 긍정적으로 진술하고 그것에 대해 동기를 부여해줄 때 변화를 시작한다. 이런 대화의 전제조건은 구성원이 리더와의 대화를 편안하게 받아들이고, 고민이나 서로 대립되는 의견과 문제를 해결하며, 새로운 변화를 창출할 기회로 인식할 때 가능하다.

이를 위해 먼저 상대방이 마음의 문을 열 수 있도록 저항감을 줄여줘야 한다. 그리고 공감을 통해 떨어졌던 의욕을 높이고 마지막으로 개인의 관점과 생각을 문제와 원인보다 해결에 관심을 두어 미래로 나아가도록 하는 동기부여 대화를 활용해야 한다.

변화 동기부여 대화는 변화의 전 과정에서 구성원과의 대화 시 주제와 상황과 관계없이 지켜야 하는 하나의 핵심원리이다. 그래서 3장에서 학습하는 '변화 퍼실리테이션 스킬', '저항을 긍정의 에너지로 바꾸는 스킬', '갈등의 협력적 해결모델'의 공통적인 원리로 사용된다.

특히 상대방의 의욕을 높이는 데 효과적인 방법인 경청과 공감은 모든 변화실행 스킬에서 빠짐없이 사용된다.

변화동기부여 대화의 기본원칙

• 마음의 문을 열게 하기

• 의욕 불러 일으키기

• 관점을 바꾸어 동기부여하기

01 마음의 문을 열게 하기

리더와 구성원 간의 대화가 원활하게 이루어지기 위한 첫 번째 조건은 구성원이 안전을 위협받지 않고 자존감이 훼손되지 않아야 한다. 구성원은 두려움, 불확실성, 학습 불안 그리고 기존의 것을 버려야 하는 것에서 오는 상실감 등으로 변화에 저항하며 현재의 상태에 머무르려고 한다. 한편으로는 변화가 필요하며 새로운 것을 받아들여야 한다는 것도 어느 정도 인식하고 있다.

예를 들어, 업무성과가 개선되지 않는 사람은 기존의 업무방식을 고수하면서도 업무방식에 변화가 필요하다고 생각한다. 사람들은 건강을 위해 아침에 일찍 일어나 운동을 해야 한다는 것을 알지만 침대의 안락함에서 벗어나지 못한다. 사람들은 해야 한다는 생각과 하고 싶지 않은 마음, 변화해야 한다는 생각과 변화하고 싶지 않은 마음,

할 수 있다는 생각과 못할 것 같은 마음이 공존한다. 이렇게 두 가지의 상호 대립되거나 상호 모순되는 생각과 감정이 공존하는 상태가 양가감정(兩價感情)이다.[7]

양가감정의 상태에 놓여 있는 사람에게 그런 감정이 정상적이며 그런 자신의 생각을 표현하는 것이 안전하다는 느낌을 주는 데 효과적인 것이 듣는 자세이다. 상대방이 상반되는 두 가지 생각과 감정을 모두 귀 기울여줄 때 보호받는 느낌이 들고 편안하게 말할 수 있다. 리더가 구성원의 부정적인 생각이나 문제점을 개선시키려는 의도를 갖고 설득하려고 하면 상대방은 마음의 문을 닫게 된다.

하지만 상대방의 말을 잘 들어주기는 쉽지 않다. 그것은 상대방의 문제점을 발견하면 적극적으로 개선시키려고 하는 교정반사라는 본능이 있기 때문이다. 교정 반사는 타인을 돕고자 하는 욕구에 기인한 긍정적인 행위이지만 저항을 불러온다.[8]

사람들은 자신의 단점만 부각해 설득한다면 쉽게 수긍하지 않으며 자존감이 낮아진다. 만약 압력에 의해 억지로 수용한다고 해도 자율성의 욕구가 침해 받기 때문에 결국에는 원래 행동대로 회귀하거나 변화를 지속하는 힘을 잃게 된다. 사람들은 누군가 내 말에 귀를 기울이고 자기결정권을 보호받는 느낌이 들 때 편안하게 말할 수 있다.

02 의욕 불러일으키기

리더는 구성원과의 대화의 목적을 의욕을 높이는 데 두어야 한다. 자신이 하는 말이 구성원에게 의욕을 높이는지 인식을 하며 대화를 나누어야 한다. 개인들은 의욕이 높아질 때 스스로 문제해결을 위한 노력을 한다. 만약 리더가 자신의 가치관이나 기대로 구성원을 움직이려고 하면 저항을 불러오고 의욕이 떨어진다. 변화대상자가 주체가 되어 스스로 답을 찾게 하고 의욕을 되살릴 때 문제해결을 촉진할 수 있다.

변화에 저항하거나 마음의 문을 닫은 구성원의 의욕을 높이는 가장 좋은 방법은 공유이다. 공유에는 상대의 관심과 기분을 공유하는 방법이 있다. 관심의 공유는 취미에서부터 신념과 가치관 일상적인 것까지 다양하다. 사소한 것이라도 구성원의 관심사에 관해 이야기하고 진심으로 반응해 줄 때 의욕을 회복하고 경계심을 풀게 된다.

구성원의 의욕을 높이는 또 다른 방법은 공감이다. 심리학자 칼 로저스는 변화를 일으키는 중요한 세 가지 요소를 '정확한 공감', '비지배적 배려' 그리고 '진정성 있는 태도'라고 말한다.[9] 정확한 공감은 단순히 상대방을 동정하거나 지나치게 감정을 이입하는 것이 아니다. 객관적이고 치우침 없이 상대의 입장과 상황을 정확히 파악하여 기분과 감정에 대한 이해를 표현하는 것이다. 비지배적 배려는 일방적으로 변화를 강요하는 것이 아니라 상대의 주도적 선택권을 존중하는 것을 말한다. 그리고 진정성 있는 태도는 진심 어린 태도를 갖고 상대를 대하는 것이다.

공감은 정서적 공감과 인지적 공감으로 구분된다. 정서적 공감은 표정과 말투 그리고 감정을 이해하고 있다는 것을 말로 표현하는 것이다. 예를 들어 "본인은 나름대로 열심히 하는데 마음대로 성과가 나지 않아 많이 속상한 것 같습니다"와 같이 표현하면 된다. 인지적 공감은 상대가 이야기하는 것을 그대로 반복하고 확인하고, 자신이 이해한 내용으로 달리 표현하고 요약하여 자신이 상대의 이야기를 얼마나 이해했는지 피드백하는 것이 핵심이다.

다음은 한 관리자가 실적이 오랜 동안 부진한 구성원과 대화에서 정서적 공감을 실천했던 실사례이다.[10]

"요즈음 어떠세요? 제가 보기에는 실적이 계속 부진해서 나름대로 이런저런 고민을 하면서 노력을 많이 하는 것 같은데 마음대로 되지 않아 많이 속상해하는 것 같습니다. 너무 조급하게 하지 마시고 지금처럼 열심히 하시면 잘 해결되지 않겠습니까? 다만 너무 오랫동안 지속되면 스스로 극복하기 힘드니 어떤 형태로든 반등할 기회를 만드는 것이 필요할 것 같습니다"

이 얘기를 들은 직원은 나중에 그 관리자에게 이런 얘기를 했다.

"저는 저를 불러서 요즈음 도대체 뭐 하길래 실적이 이렇게 엉망입니까? 어떻게 할 건지 얘기 좀 해봐요? 라고 몰아세울 줄 아셨는데 생각지도 못한 얘기를 해 주셔서 많이 힘이 나고 고마웠습니다"

관리자로부터 공감을 받은 직원은 실제로 얼마 지나지 않아 장기간의 실적 부진의 늪에서 벗어났다. 직원은 예상치 못한 관리자의 위로와 공감에 마음이 움직였다. 관리자는 하고 싶은 얘기를 하지 않고 그 사람이 듣고 싶은 얘기를 했다.

03 관점을 바꾸어 동기부여하기

변화대화의 또 다른 목적 중의 하나는 상대방이 새로운 관점을 갖고 변화를 위한 의지를 높일 수 있도록 돕는 것이다. 이것을 위해 첫째, 문제의 원인에 집중하기보다는 해결에 중심을 두어야 한다.[11] 문제해결에 초점을 두기 위해서 상대방이 문제가 해결됐을 때 본인의 행동이 어떻게 달라지고 지금과는 어떤 다른 일이 일어날 것인가를 질문을 통해 상상하게 함으로써 유익한 변화를 생각하게 한다.

예를 들어 다음과 같은 질문을 할 수 있다.

"만약 문제가 잘 해결되었다면 당신이 어떤 노력을 했을까요?"
"변화했을 때 어떤 이익을 얻을 수 있을까요?"

둘째, 변화의 목적지를 명확하게 한다. 사람들에게 무엇을 바라는지, 어떻게 되고 싶은지, 지금 실천할 수 있는 건 무엇인지 질문함으로써 문제에서 빠져나와 해결 지향적으로 관점을 전환시킬 수 있다.

예를 들어 다음과 같이 말할 수 있습니다.

"당신은 우리가 새롭게 시도하는 것을 통해 어떤 결과를 얻기를 바랍니까?"

"당신은 나와의 대화를 통해 얻고 싶은 것은 무엇인가요?"

셋째, 칭찬과 위로, 개방형 질문과 반영적 경청을 사용하여 피드백을 제공한다. 상대방이 걱정을 하거나 다른 사람들은 언급하지 않았던 문제점을 제기하면 다음과 같이 얘기한다.

"어떻게 그런 문제점을 생각할 수 있었나요? 남다른 관점을 갖고 있는 것 같습니다."

"다른 사람들이 잘 얘기하지 못하는 문제점을 말해 줘서 고맙습니다."

개방형 질문과 반영적 경청은 상대가 자신의 의견을 충분히 얘기할 수 있도록 다음과 같은 질문을 하고 그 대답에 대해 키워드를 중심으로 되풀이하거나 그 말이 무슨 뜻인지 질문하는 방식이다.

"어떻게 그런 생각을 하게 되었습니까?"

"그렇게 생각하는 이유를 얘기해 주시겠습니까?"

"예전부터 늘 그렇다고 하셨는데 늘 그렇다는 게 구체적으로 어떤 의미인가요?"

"당신의 얘기를 정리하면 ~라는 말인가요?"

"당신이 걱정하는 것은 이번 프로젝트가 문제가 없이 잘 진행되었으면 하는

바람으로 들리는데 제가 이해하는 것이 맞죠?"

현업적용하기

❶ 관심을 공유하는 것으로 대화를 시작하라. 팀원이 요즈음 관심 있는 것은 무엇인지, 주말은 어떻게 보냈는지, 취미활동은 무엇을 하는지 사소한 주제로 대화를 해보라.

❷ 공감의 연습은 인지적 공감부터 시작하라. 팀원이 말을 하면 그 말을 똑같이 반복하라. 인지적 공감이 익숙해지면 정서적 공감이 좀 더 쉬워진다. 당신이 팀원의 말을 반복한 후 팀원의 말속에 숨겨진 감정을 얘기해 주면 된다.

❸ 해결 지향적 대화를 실천하기 위해 직면적 접근방식의 대화를 의식적으로 피하고 팀원의 말을 긍정적 의도로 바꾸어 표현하기 위한 연습을 해보자. 만약 잘 안되다면 팀원 한 명에게 당신이 직면적 접근방식으로 말을 몇 번 하는지 횟수를 체크해 달라고 요청해보자.

요약

❶ 직면적 소통은 빠른 시간에 효과적으로 전달하기 위해 구성원에게 원하는 것을 직접적으로 말하는 것이다. 이 방식은 구성원이 수용할 마음과 변화의 에너지를 갖고 있다면 효과적이다. 하지만 그렇지 않으면 자기결정성이 훼손되기 때문에 개인의 변화 동기를 더 떨어뜨린다.

❷ 동기부여를 위한 변화 대화의 기본원칙은 '마음의 문을 열게 하기', '의욕 불러일으키기', '관점을 바꾸어 동기 부여하기'이다.

❸ 마음의 문을 열기 위한 효과적인 방법은 듣기이다. 상대방의 행동을 개선시키려는 긍정적인 본능인 교정 반사를 멈추고 들어줌으로써 변화에 대해 불편한 감정이 있는 자신이 정상적이라는 생각을 하고 자존감을 높일 수 있다.

❹ 구성원의 변화에 대한 의욕을 불러일으키는 방법은 관심과 기분을 공유하는 방법이 있다. 또 한 가지는 공감이다. 공감은 정서적 공감과 인지적 공감이 있다.

❺ 구성원이 새로운 관점을 갖고 변화를 위한 의지를 높이는 방법은 해결 지향의 대화를 하는 것이다. 해결 지향의 대화는 구성원의 행동이 달라졌을 때 유익한 변화를 생각하게 하고, 대화의 목적을 명확하게 하며 칭찬과 위로, 개방형 질문과 반영적 경청을 사용하여 피드백을 제공한다.

3
변화를 퍼실리테이션 하라

리더는 조직변화를 성공시키기 위해 정보를 공유하고 구성원들이 적극적으로
참여하여 문제해결을 위한 다양한 아이디어를 함께 고민하고 찾을 수 있도록
최고촉진자(Chief Facilitation Officer)가 되어야 한다.

기업변화연구에서 성공사례에 예외 없이 등장하는 것은 기업이 성과가 좋든 안 좋든 앞으로 일어날 수 있는 악조건에 대해 솔직하게 토론할 수 있는 여건이 마련되어 있었다. 즉, 조직변화의 성공은 리더가 정보를 공유하고 구성원들이 적극적으로 참여해 문제해결을 위한 다양한 아이디어를 함께 고민하고 찾을 수 있는 환경을 만드는 데 있다. 이런 이유로 북미 기업들 사이에서는 퍼실리테이션을 변화관리의 핵심 프로세스 스킬로 인식해왔다.[12]

특히 리더들은 지금과 같이 구성원들의 자기 표현 욕구가 강해진 시대에 구성원들이 상호 의견을 제시하고 토의하여 공감대를 형성시킬 수 있는 퍼실리테이션 역량을 반드시 갖추어야 한다. 다시 말해서 변화 상황에서 리더는 최고 전문가(Chief Expert Officer)에서 최고촉진자(Chief Facilitation Officer)로 역할 변신을 해야 한다.

하지만 국내 온라인 한 리서치 전문기관이 직장인을 대상으로 실시한 회의 관련 인식조사 결과를 보면 퍼실리테이션에 대한 리더들의 인식에 많은 개선이 필요하다. 조직에 있는 많은 리더들은 여전히 일방적인 정보전달과 발언권을 독점하는 과거의 회의방식에 머물러 있었다. '회의 시 참여자의 발언권은 동등하게 부여되는가?'라는 질문에 그렇다고 대답한 사람이 41.3%, '이슈를 논의하기 위한 것이 아닌 회의를 위한 회의가 많다'에는 31.5%가 그렇다고 대답을 했다.[13] 이 조사 결과를 보면 직장인들이 회의(會議)에 대해 회의(懷疑)를 느낀다고 농담삼아 말하는 것이 충분히 이해된다.

조직변화의 실패 원인 중의 하나는 리더와 구성원이 갖고 있는 정보의 비대칭성 때문이다. 많은 경우 조직의 구성원들은 사전에 충분한 정보도 제공받지 않은 상태에서 새로운 행동을 요구받는다. 변화가 왜 필요하고 왜 중요한지에 대해 정확히 알지 못하는 구성원들에게 새로운 행동에 대한 수용과 몰입을 기대하기는 어렵다.

리더는 이런 문제점을 해결하기 위해서 변화의 과정에서 다양하고 빈번하게 발생하는 소통의 장을 단순한 정보전달과 일방적인 지시가 아닌 구성원들이 변화에 대해 주인의식을 갖고 목적지까지 찾아가도록 참여하고 자기결정성을 높이는 퍼실리테이션 방식을 활용해야 한다.

01 왜 변화 퍼실리테이션인가

퍼실리테이션의 개념

소가 스스로 물을 먹게 하는 방법은 무엇일까? 그렇다. 소에게 밭을 갈게 하면 목이 마를 것이고 물가에 데려가면 자연스럽게 물을 먹게 된다. 퍼실리테이션이란 이처럼 소에게 물을 강제로 먹이는 것이 아니라 스스로 물을 먹게 하는 방법이다. 즉, 리더가 해결책을 제시해 주지 않고 사람들이 스스로 답을 찾아낼 수 있도록 방향을 제시해 주는 과정이다.

이를 위해 리더가 스스로를 똑똑하거나 중요한 인물로 보이기보다는 자신을 버리고 집단을 성공으로 이끌겠다는 태도를 가져야 한다. 또한 팀 활동을 구조화하고 프로세스를 관리하여 팀 활동의 목표가 달성할 수 있도록 그룹 토의를 이끌어 가는 방법을 능숙하게 사용할 수 있어야 한다.

퍼실리테이션의 효과

리더가 퍼실리테이션 방식으로 접근하는 것은 구성원들에게 충분한 정보를 제공하고, 의사결정에 참여시켜 자기결정성을 높인다는 의미이다. 더 많은 정보를 제공받는 구성원들은 존중받는 느낌 때문에 풍부한 아이디어를 제시하려는 동기가 높아진다. 또한 리더가 전체적인 방향과 목적만 제시하고 그것에 이르는 방법에 대한 의사결정 권한을 구성원에게 부여한다면 선택하는 대안들을 좀 더 신중하게 비교하고, 지시를 기다리는 대신 그들 스스로가 먼저 방향을 설정하는데 책임을 느낀다. 더 나아가 회의의 과정과 결과를 주도해야 한다는 태도를 갖게 되어 리더에게 답을 요구하며 의존하기보다는 스스로 노력하고 변하며 각자가 리더가 되는 긍정적인 효과가 있다. 브레그(Bragg)와 앤드류스(Andrews)는 독단적인 방식으로 조직을 운영하던 한 세탁실 감독자를 참여방식으로 리더십 스타일을 바꾸도록 하고 이것이 구성원의 태도와 성과에 어떤 영향을 미치는 장기간 동안 현장실험연구를 진행했다. 그 결과 참여식 관리 방법을 도입한 부서는 이전보다 구성원의 만족과 생산성이 향상되었다.[14]

'독단적으로 결정을 내렸던 세탁실의 감독자는 부서장으로부터 참여적 접근을 시도하도록 권유받았다. 감독자는 32명의 구성원들을 모아 회의를 개최하여 집단회의의 목적이 이미 높은 수준에 있는 생산성을 더 높이는 데 있지 않고 구성원들의 일을 더 재미있게 만드는 데 있다고 이야기하였다. 노조와 작업자들에게는 참여 프로그램이 불만스럽다면 중단할 것이라고 알려주었다. 그리고 18개월에 걸쳐서, 작업자들이 업무시간, 작업절차, 작업조건, 경미한 장비변경, 안전 문제 등에 대해 구체적인 제안을 토의하기를 원할 때마다 회의가 개최되었다. 감독자는 이러한 집단회의를 주재하였고 새로운 아이디어를 논의하기 위해 개인 및 소집단과 정기적으로 협의하였다.

14개월 동안 2개월 간격으로 설문지를 사용해서 작업자 태도를 측정하였는데 처음과 다르게 점차 호의적으로 변했다. 그리고 프로그램을 실시한지 첫 18개월 동안 세탁실의 생산성은 이전해 비해 42% 증가하였다. 하지만 참여 프로그램을 운영하지 않은 다른 두 병원의 유사 비교집단의 경우에는 생산성이 약간 떨어졌다. 처음에는 높았던 부서 결근율이 참여 프로그램을 도입한 후에는 한층 더 좋아진 반면에, 같은 병원의 다른 비의료 부서들의 경우에는 더 나빠졌다. 결과는 통계적으로 유의했으며, 결과적으로 참여 프로그램은 매우 성공적이었다.

프로그램이 3년 동안 실시된 후에는 감독자뿐 만 아니라 직원들도 과거의 방식으로 되돌아가는 것을 원하지 않았다. 프로그램이 성공하자 의료기록 부서에서도 참여를 도입하였고 고충 처리신청 건수와 이직률이 크게 감소하였다.[15]

이 실험연구는 퍼실리테이션식 접근이 구성원의 참여와 임파워먼트를 증가시켜 변화의 성공 가능성을 높일 수 있다는 시사점을 제공한다. 참여와 관련된 다른 연구에서도 효과적인 리더들은 구성원들에게 활력을 부여하고 활동과 결정에 대한 주인의식을 심어 주기 위해 협의와 위임을 많이 사용하는 것으로 밝혀졌다. 퍼실리테이션의 다양한 효과는 다음과 같다.

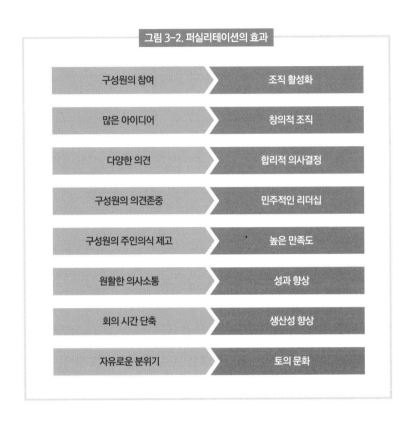

그림 3-2. 퍼실리테이션의 효과

구성원의 참여	조직 활성화
많은 아이디어	창의적 조직
다양한 의견	합리적 의사결정
구성원의 의견존중	민주적인 리더십
구성원의 주인의식 제고	높은 만족도
원활한 의사소통	성과 향상
회의 시간 단축	생산성 향상
자유로운 분위기	토의 문화

02 조직변화 퍼실리테이션 프로세스

1단계 : 조직변화의 큰 그림 전달하기

조직변화에 있어 첫 번째 회의는 일종의 오리엔테이션 단계이다. 회의가 본론에 들어가기 전에 다룰 주제와 진행방식에 관해 설명한다. 리더의 느낌이나 생각이 아닌 구체적인 사실과 증거를 제시하며 변화의 필요성과 이유 그리고 해결하려는 문제가 무엇인지 설명한다.

다음으로 변화를 통해 얻고자 하는 결과 즉 미래의 모습은 무엇인지, 변화의 방해요인, 새로운 업무 순위와 방향을 제시한다. 변화는 항상 긍정적이든 부정적이든 영향을 받는 사람들이 생기게 된다. 주변으로부터 들은 명확하지 않은 정보로 인해 불안감과 불만이 높아질 수 있기 때문에 구체적으로 누가 어떤 방식으로 영향을 받는지 설명이 필요하다. 마지막으로 변화가 어떤 방식과 과정으로 진행되는지 설명한다.

2단계 : 구성원의 의견 청취와 수렴

변화에 대한 목적과 큰 방향에 대한 설명이 끝나면 질의응답 시간을 갖는다. 리더는 자신이 전달한 내용에 대해 구성원들이 어떤 생각과 의견을 갖고 있는지 발언할 기회를 제공하고 경청한다. 특히 변화로 인해 직접적인 영향을 많이 받는 구성원들은 구체적인 내용에 대해 궁금할 뿐만 아니라 불만을 가질 수 있기 때문에 자유롭고 솔직하게 의견을 제시할 수 있도록 개방적인 분위기를 제공한다.

리더가 의견을 제시한 구성원에게 감사를 표시하고 재 진술하고 공감하고 경청하는 모습을 보여줄 때 신뢰가 형성되고 발언에 대한 동기를 부여할 수 있다. 구성원들의 이야기를 기록하고 답변 가능한 질문은 즉석에서 솔직하게 대답한다. 구성원의 의견이나 질문에 추가적인 확인이 필요한 경우는 확인해서 알려주겠다고 말한다.

이 과정에서 주의해야 할 점은 구성원들의 우려와 걱정, 두려움에 대해 충분히 경청하고 공감하면서 변화의 필요성과 방향성은 유지하는 것이다. 구성원의 이야기를 충분히 들어주면서 자신이 통제가능한 영역과 통제 불가능한 영역에 대해 명확하게 선을 그어 얘기를 해야 한다. 만약 리더는 구성원이 합법적이며 해결 가능한 불만을 이야기하면 참여자들과 토론을 통해 해결하고 해결할 수 없는 이슈나 통제 불가능한 주제에 대해 불만을 드러내면 의견제시에 대해서는 감사와 공감을 표현하되 진행되는 주제로 돌아가야 한다고 단호하게 이야기를 한다. 또한 구성원들의 우려와 걱정을 한 번에 해결하기보다는 회의가 끝나고 개별적인 접촉을 통해 설명하고 해결하려는 반복적인 노력을 하는 것이 효과적이다.

3단계 : 안건에 대한 권한의 수준 정하기

조직변화에 대한 구성원의 다양한 의견을 청취하고 수렴했다면 향후 진행되는 프로젝트에 대한 권한의 수준을 정한다. 즉, 문제해결과 아이디어 도출 그리고 실행에 있어 구성원들이 어느 단계까지 참여해야 하는지 위임의 수준을 정한다.[16] 위임의 수준은 조직의 문화와 상황 그리고 구성원들의 역량과 동기에 따라 달라질 수 있다.

1수준 : 통보(Tell)

리더가 혼자서 모든 결정을 내린다. 구성원들은 결정 사항에 대해 통보를 받는다. 예를 들어 평가제도 변경을 알리는 것과 같은 결정이다.

2수준 : 상의(Consult)

리더가 구성원들의 다양한 의견을 경청한 후 의사결정을 내린다. 구성원 간에 갈등이 심화되고 협력이 안 되는 상황에서 구성원들에게 문제의 원인과 해결 방법에 대한 다양한 의견을 들어보고 어떤 방식으로 해결할 것인지 리더가 의사결정 하는 방식이다. 예를 들어, 픽사의 브레인트러스트가 좋은 사례가 될 수 있다. 브레인트러스트는 애니메이션 제작을 위해 다양한 전문가들부터 아이디어와 의견을 듣지만 최종 의사결정을 하고 그 선택으로 인해 발생한 결과에 책임지는 것은 모두 감독의 몫이다.

3수준 : 조언(Advice)

구성원들이 문제를 검토해서 다양한 대안과 행동계획을 결정(문제해결워크숍)하지만 리더에게 보고하는 방식이다. 이 수준에서는 리더의 승인이 있을 때 행동에 옮길 수 있다. 리더가 구성원들에게 상위의 경영진이 설정한 제약이나 고려해야 할 다른 요소에 대해 조언은 하지만 결정은 구성원들이 한다. 예들 들어, 팀 리더가 제품 개발에 대한 몇 가지 주의사항을 조언하지만 제품개발은 구성원들이 권한과 책임을 갖고 운영하는 것을 말한다.

4수준 : 위임(Delegate)

문제를 해결하는 방안과 행동계획 그리고 실행에 대한 모든 권한이 구성원에게 주어진다. 이 경우는 실행하고 결과만 리더에게 알린다.

위의 권한의 4수준을 주제에 따라 다음과 같이 바꿀 수 있다.

'프로젝트 진행 점검을 위해 월 2회 부서장 미팅을 한다고 **통보**했다'

'월 2회 점검 미팅을 언제, 어떤 장소에 할 것인지 부서장과 **상의**해서 내가 결정했다.

'회의를 소집해서 몇 가지 **조언**을 하고 프로젝트가 잘 진행되기 위한 대안을 마련해서 책임지고 실행하도록 했다.'

'사업장별 액션 과제 선정 및 진행을 **위임**했다.'

4단계 : 실행 아이디어 도출 및 의사결정

변화에 대한 구성원들의 걱정, 두려움, 불만 등을 경청하고 수렴하여 권한의 수준을 정했다면 구체적인 실행방안을 도출한다. 위에서 언급한 '안건에 대한 권한의 수준 정하기'에서 2수준과 3수준 즉, '상의'와 '조언'에 해당할 때 리더가 퍼실리테이터로서 역할을 수행하면서 실행 아이디어를 도출하고 같이 참여하여 의사결정을 한다. 또는 구성원 중에서 퍼실리테이터를 선정하여 운영할 수도 있다.

구성원들의 다양한 아이디어를 이끌어 내기 위해서는 구성원들의 특성을 이해해야 한다. 어떤 사람은 논리적으로 자신의 의견을 표현하고 상대방 의견을 경청하지만 그렇지 않은 사람들도 있다. 한마디도 하지 않는 침묵자도 있고 토론을 지배하면서 자신의 말만 하며 때로는 갈등과 집단 내 문제를 일으키는 수다쟁이 같은 사람도 있다. 또 어떤 사람은 회의 안건에서 벗어나 주제를 바꾸며 불만을 이야기하는 것을 좋아한다. 심지어는 참여자들보다 우월감을 느끼고 뻔한 일에 대해 많은 시간을 보낸다고 생각하며 관심을 보이지 않고 지루해 하는 사람도 있다.

리더가 이와 같은 문제를 해결하고 효과적인 회의를 운영하기 위해서는 퍼실리테이션 기법들을 자유롭게 활용할 수 있는 역량을 개발해야 한다. 구체적인 퍼실리테이션 도구와 스킬에 대해서 다음 장에서 알아보겠다.

현업적용하기

❶ 기존 회의 운영방식에 대한 개선점을 생각해보자. 팀원들에게 회의 개선에 대한 의견을 받는 것도 고려해보라.

❷ 일상적인 아침 회의부터 당신의 역할을 퍼실리테이터로 변화시켜 보라. 중요한 정보를 전달하는 경우를 제외하고는 구성원들의 의견을 물어보고 같이 의사 결정하는 연습을 하라.

03 변화를 위한
최고촉진자(CFO) 되기

한 기관에서 직장인 1,000명을 대상으로 회의에 대한 인식조사를 한 결과 조사대상자 중에 71.9%가 회의는 의견을 교환하는 자리이며 75%가 '진행 상태를 공유하는 자리'라고 응답했다.[17] 결국 구성원들이 기대하는 회의는 다양한 생각과 의견을 표현하고 공유하는 방식이다.

하버드대학교 경영대학원 린다 힐 교수는 변화혁신이 성공하려면 조직 차원의 의지를 넘어 창조적 마찰과 창조적 결의 그리고 창조적 민첩성의 능력이 중요하다고 말했다.[18] 창조적 마찰은 대화와 논쟁으로 아이디어를 생산해내는 능력이다. 창조적 결의는 이질적이거나 상반되는 아이디어들을 조합해 통합적으로 결정을 내리는 능력이다. 그리고 창조적 민첩성은 신속한 실행, 고찰 그리고 조정으로 아이디어를 시험하고 시행하는 능력이다. 하지만 폐쇄적이고 수직적인 조직문화와 리더의 일방적인 전달과 지시에 익숙한 구성원들에게 공식 석상에서 자신의 의견을 표출하고 상반된 의견을 수용하며 통합하는 일은 조직변화만큼이나 어렵다.

리더는 구성원의 자발적이고 적극적인 참여와 변화몰입을 위해 최고촉진자(Chief Facilitation Officer)즉 퍼실리테이터가 될 때 구성원의 창조적 마찰과 창조적 결의 그리고 창조적 민첩성을 이끌어 낼 수 있다.

진정한 퍼실리테이터는 구성원들이 "우리가 스스로 해냈어!"라는 느낌이 들도록 만든다. 다음의 세 가지를 실천함으로써 변화 퍼실리테이터로서 영향력을 발휘할 수 있다.

첫째, 다양한 의견을 표출하고 수용하고 통합할 수 있는 회의 규범을 개발한다.

둘째, 구성원이 자발적이고 적극적으로 참여하여 문제를 스스로 해결할 수 있도록 촉진하는 퍼실리테이션 도구를 사용한다.

셋째, 구성원의 긍정적인 정서와 몰입촉진을 위한 퍼실리테이션 스킬을 활용한다.

효과적인 회의 규범개발

픽사(Pixar)의 애니메이션 영화는 늘 관객의 기대를 뛰어넘는 감동과 기발함을 제공하며 흥행을 이어가고 있다. 이런 성공 뒤에는 픽사의 창의와 협업의 매커니즘이며 전통으로 알려진 브레인트러스트(Brian Trust)라는 회의체가 있다.[19] 브레인트러스트는 감독과 회사를 대표하는 핵심구성원들과 제작팀이 모여 이슈와 어려움을 공유하고 해결을 위한 아이디어를 도출하는 목적을 갖는다. 이들은 이 회의체를 효과적으로 운영하기 위해 다음과 같은 회의 규범을 갖고 있다.

첫째, 문제해결 중심의 회의

일반적으로 대부분 조직에서 회의는 단순하게 정보를 공유하거나 문제에 대한 책임소재를 밝혀내기 위한 목적으로 운영되는 경우가 많다. 하지만 브레인트러스트에서는 영화감독과 제작팀이 제작 과정에서 생긴 문제나 이슈를 해결하기 위해 회의를 소집하고 동료들이 적극적으로 아이디어를 제시하는 방식으로 운영한다.

둘째, 포지션 파워가 작동하지 않는 회의

포지션 파워가 강력하게 작동하는 위계 문화에서 하급자가 의견을 자유롭게 표현하고 합리적인 의사결정을 하기 어렵다. 하지만 브레인트러스트에서 상급자와 전문가 집단은 단지 조언과 의견을 제시하는 역할을 한다. 최종 의사결정은 감독이 내린다. 감독은 해당 주제에 대한 전문가와 상사의 의견일지라도 반영하지 않을 권한을 갖고 있다.

셋째, 의견충돌을 감수할 수 있는 신뢰 구축

일반적으로 의견을 주고받다 보면 관점의 차이를 극복하지 못하고 논쟁을 하다 적대적인 감정을 가질 수 있다. 하지만 브레인트러스트의 참석자들은 의견교환이나 피드백이 상대방을 공격하려는 것이 아닌 작품에 기여하기 위한 행위로 인식한다. 이것은 상호 간에 신뢰가 있기 때문에 가능하다. 브레인트러스트의 핵심 가치는 솔직함(candor)이다. 솔직함은 본질을 파악하고 문제를 해결하기 위해 중요한 가치이다. 이것은 누구든 솔직하게 자신의 의견을 제시하고 토론하는 것이 집단의 창의력과 성과를 높이는 것이라는 믿음이 있기 때문이다.

넷째, 분명한 책임소재와 실패의 학습화

회의를 통해 다양한 아이디어가 도출되지만 실행에 대한 책임과 역할이 명확하지 않거나 실행 후 실패에 대한 모든 책임이 아이디어를 제시한 사람이 져야 한다면 실행력이 떨어진다. 사람들이 의견을 잘 말하지 않는 이유는 의견을 말한 사람이 실행에서 결과까지 책임지게 하는 조직의 관행 때문이다. "당신이 된다고 해서 했는데 왜 안 되는 거야 어떻게 할 거야?"와 같은 얘기를 듣고 나면 아무도 의견을 말하지 않게 된다.

이를 해결하기 위해 리더는 다양한 아이디어를 통합하고 조율하여 실행 가능한 수준으로 만들고 실행을 위한 역할과 책임을 명확히 해야 한다. 또한 구성원들에게 아이디어 실행에 대한 실패 책임을 리더 자신이 지겠다고 말할 뿐만 아니라 실제 책임지는 모습을 보일 때 더 적극적인 의견제시와 참여를 이끌 수 있다.

픽사의 브레인트러스트가 지향하는 창의와 협업을 위한 원칙과 가치는 구글의 팀 생산성과 관련된 연구에서도 그 중요성이 밝혀졌다.[20] 구글은 2012년부터 4년간 팀 내 생산성을 높일 수 있는 팀 규범을 탐색하는 '아리스토텔레스' 프로젝트를 수행했다. 그 결과 생산성을 높이는 데 가장 중요한 것은 업무량이나 물리적 공간보다는 팀원들이 서로 배려하며 상대의 발언권을 인정하고 공감해주는 사회적 감수성이었다.

픽사와 구글의 회의 운영의 핵심적인 키워드는 '심리적 안전감(psychological safety)'이다. 심리적 안전감은 자신의 이미지, 지위 또는 경력에 대한 부정적 결과를 걱정하지 않고 자기 자신을 그대로 보여주고 역할을 수행할 수 있다는 느낌을 갖는 것이다. 연구 결과 심리적 안전감에 긍정적인 영향을 주는 요인과 상황은 다음과 같다.[21]

• 조직문화가 개방적이고 지원적일 때,

- 동료와 리더가 지지하고 믿음을 주는 행동을 할 때,

- 동료와 리더와의 대인관계가 좋을 때,

- 리더가 수평적이고 참여적 리더십 스타일을 발휘할 때

- 구성원의 참여와 발언을 옹호할 때

조직변화를 위한 퍼실리테이션에 있어 중요한 것은 심리적 안전감을 줄 수 있는 조건과 상황을 만들 수 있는 효과적인 회의 규범의 개발과 준수이다.

퍼실리테이션 도구

참여와 몰입촉진을 위한 회의 운영기준을 만들었다면 회의 운영과정의 핵심적인 활동인 아이디어와 의견 도출 그리고 의사결정과정을 이끌어 갈 도구의 활용이다. 이 도구들은 리더가 직접 활용할 수 있도록 사전에 학습 및 연습해야 한다.

참여 촉진을 위한 다양한 퍼실리테이션 도구가 있지만 실무에서 직접 활용할 수 있는 몇 가지를 중심으로 알아보겠다

아이디어 도출
구성원의 다양한 아이디어를 이끌어 내기 위한 대표적인 도구는 브

레인스토밍(Brainstorming)과 순회플립차트(Wandering Flipchart)가 있다.

브레인스토밍

브레인스토밍은 짧은 시간에 폭풍처럼 아이디어를 모으는 방법으로 양으로 승부하는 아이디어 발산기법이다. 브레인스토밍 방식은 세 가지 형태로 운영할 수 있다.

자유발표(Free Wheeling)

토의 초기에 순서와 상관없이 자발적으로 아이디어를 그대로 발표하는 방식이다.

단점으로는 참가자가 소극적일 경우는 아이디어가 잘 나오지 않는다. 이런 경우는 메모 활용발표 방식으로 대체하는 것이 좋다.

순차순환발표(Round-Robin)

앉은 순서대로 아이디어를 발표하고 돌아가며 아이디어가 나올 때까지 계속하는 운영하는 방식이다. 자기의 순서가 올 때까지 기다려야 하는 단점이 있다.

메모활용발표(Slip method)

포스트잇 또는 메모지를 이용하여 무기명으로 아이디어를 작성해서 제출하고 수집 및 분류하는 방식이다. 현재 가장 많이 활용되고 있는 브레인스토밍 방식이다. 이 방식은 솔직하고 창의적인 아이디어를 낼 수 있으며 개인의 생각을 공개적으로 표현하는 데 어려운 분위기에서 활용할 수 있다는 장점이 있다.

브레인스토밍을 효과적으로 운영하기 위해서는 다음과 같은 운영 원칙을 공유하고 진행하는 것이 필요하다.

- 타인의 의견을 평가하거나 비판하지 않는다
- 자유분방한 분위기와 제안을 환영한다
- 아이디어의 질보다 양을 추구한다
- 남의 아이디어에 편승(무임승차)한다.

순회 플립차트

참석자들이 주제가 적힌 플립차트에 돌아다니면서 아이디어를 토론하거나 포스트잇에 적어서 부착하는 방식으로 아이디어를 수집하는 방법이다. 사람이 많거나 주제가 광범위하여 익명성을 보장하고자 할 때 사용하면 효과적이다.

진행 방법

① 벽면에 팀의 수만큼 전지를 부착하거나 플립차트를 세운다.
② 참석자들에게 자신이 관심 있는 주제 앞에 서도록 하고 5분 정도

브레인스토밍한 내용을 포스트잇에 작성하게 한다.

③ 두 번째 관심 주제로 이동하도록 하고 앞 팀의 내용을 읽고 추가하게 한다.

④ 벽면에 부착된 전지 또는 플립차트의 숫자만큼 라운드를 진행하며 원래 자신의 자리로 돌아갈 때까지 반복한다.

⑤ 다음으로 모든 사람들이 각각의 전지 및 플립차트를 다니면서 아이디어를 읽은 뒤 그들이 최적의 아이디어라고 생각되는 한두 개를 선택해 동그라미를 치거나 스티커를 붙인다.

⑥ 선택된 아이디어들을 좀 더 구체적으로 검토하고 행동계획을 만들어 책임을 부여한다.

의사결정

멀티투표

다양하고 많은 아이디어의 내용 중 중요하게 다룰 아이디어를 추려내고 우선순위를 정하기 위해 사용한다. 다수결이라서 민주적이며 참여적 방식으로 진행하여 승자와 패자의 느낌을 주지 않는 장점이 있다.

진행 방법

① 투표를 통해 우선순위를 정할 아이디어 목록을 정한다.

② 개인들이 투표할 때 의사결정의 목적에 부합하도록 할 수 있도록

구체적인 투표의 기준을 정한다. (예, 가장 비용이 적게 드는 아이디어, 가장 중요한 아이디어, 가장 혁신적인 아이디어, 가장 먼저 실행해야 되는 아이디어 등)

③ 기준이 정해졌으면 멀티투표 방식을 선택한다. 투표는 선택에 제한을 주기 위해 나온 아이디어의 숫자를 3으로 나눈 숫자만큼 스티커를 붙이게 한다.

기준에 의한 의사결정표

① 평가할 기준을 브레인스토밍 방식으로 도출하고 최종적으로 3~5개의 의사결정기준을 정한다. 예를 들면 '시간 절약', '비용 절감', '실행 가능성', '고객 만족' 등의 기준을 정한다.

② 3개에서 5개 정도의 기준을 선정하여 표의 제일 상단에 위치시키고 왼쪽은 해결 대안이나 아이디어를 위치시킨다.

③ 해결 대안이나 아이디어가 의사결정 기준을 어느 정도 충족시킬 수 있는 지 평가할 수 있는 기준(예, 1=기준 미충족, 2=보통 수준 충족, 3=충분히 기준 충족)을 정한다. 또한 각각의 평가 기준별로 가중치를 부여한다.

④ 점수들을 모두 합계해서 가장 높은 점수를 해결 대안으로 선정하고 실행계획을 작성한다.

구분		평가 기준				
		시간(×1)	비용(×1)	실행가능성	고객만족	총점
잠재적 해결방안	인원 충원	1, 2, 1,1 /4 =1.25	1, 1, 1,1 /4 =1.00	3, 3, 3, 3 /4 =3.00	1, 1, 1,1 /4 =1.00	8.25
	비효율적 업무 제거	2, 2, 2, 1 /4 =1.75	2, 3, 2, 2 /4 =2.25	1, 2, 1,1 /4 =1.25	3, 3, 3, 3 /4 =3.00	12.75
	새로운 시스템 도임	2, 2, 3, 3 /4 =2.50	2, 3, 3, 2 /4 =2.50	2, 2, 2, 2 /4 =2.00	2, 2, 2, 3 /4 =2.25	14.25

표 3-1. 의사결정표

퍼실리테이션 스킬

'실리콘밸리의 팀장'들의 저자 킴 스콧은 침묵하는 직원에게 발언권을 주기 위해 다양한 방법을 끊임없이 모색하는 것이 리더의 역할이라고 말했다.[22] 구글의 아리스토텔레스 프로젝트의 결과처럼 구성원은 발언권이 주어지고 자신의 생각과 감정을 공감받을 때 더 높은 수준의 몰입과 성과를 낸다. 리더가 구성원의 적극적인 참여와 발언을 기대한다면 긍정적인 정서를 갖도록 만들어야 한다.

바버라 프레드릭슨(Barbara Fredrikson)이 제안한 긍정정서 확장 및 구축이론(Broaden and build theory)[23]에 의하면 개인의 긍정적인 정서는 사고와 행위를 다양하게 확장하고 신체와 지적자원 그리고 사회적, 심리적 자원까지 개인 자원의 지속적인 형성을 돕는다. 이러한 자원의 증대는 개인의 긍정적 발전과 성장을 일으킨다. 더 나아가 새로운 상황에 대한 효과적인 적응으로 인해 다시 긍정적 정서를 경험하는 선순환이 발생한다. 결국 개인들의 긍정적인 정서는 직무에 대한 태도, 행동, 창의성, 성과에 긍정적인 영향을 미치며 조직변화에서 발생하는 부정적인 요인들을 극복하는 데 도움을 주는 심리적 면역력을 높인다.

다음의 퍼실리테이션 스킬 세 가지는 구성원들의 긍정적인 정서를 확장하고 구축하는 데 효과적이다.

- 자존심을 존중하라
- 적극적으로 경청하고 공감하라
- 문제해결에 도움을 구하라

자존심을 존중하라

구성원의 발언이나 생각을 중요시하고 진지하게 받아들이는 것을 의미한다. 이를 위해서는 첫째, 구성원의 발언을 비하하거나 부정하지 않는다. 둘째, 회의 및 대화에 문제가 발생했을 때도 리더 자신의 문제를 먼저 생각한다. 셋째, 구성원들의 능력을 인정하고 적극적인 참여에 고마움을 표현한다.

자존심을 중시하는 표현은 다음과 같이 활용한다.

"아주 좋은 생각입니다"

"그런 얘기를 솔직하게 해줘서 정말 고맙습니다"

"그렇게 얘기하니 너무 기쁩니다"

"○○○님이 아주 정확하게 표현해 주었습니다"

"원활하게 운영되도록 도움을 주어서 고맙습니다."

"그런 의견도 한 가지 방법이 될 수 있겠네요. 이에 대한 다른 아이디어는 더 없을까요?"

적극적으로 경청하고 공감하라

적극적 경청이란 상대방이 전달하고자 말의 내용은 물론 그 내면에 깔려 있는 의도나 감정에 귀를 기울여 듣고 이해한 바를 상대에게 피드백해 주는 것이다. 이것은 상대의 말을 평가하고 의견을 제시하고 충고하고 분석하거나 의문을 전달하는 것이 아니라 상대방의 말 자체를 집중해서 듣는 것이다. 적극적 경청은 신체적 언어를 사용하는 비언적 반응기술과 상대의 말에 반응하는 언어적 반응기술이 있다.

비언어적 반응

커뮤니케이션은 우리의 반응이 상대에게 영향을 미치고 상대의 반응이 우리에게 영향을 미치는 순환 관계이다. 특히 표정과 몸짓 그리고 분위기 같은 비언어적 요인이 커뮤니케이션에 더 많은 영향을 미친다.

경청을 위한 비언어적 반응은 SOFTEN의 여섯 가지 행동이 있다.

- Smile : 상대방에게 미소를 짓는다

- Open posture : 열린 자세를 취한다

- Forward leaning : 듣는 사람에게 몸을 기울인다

- Touch : 때로는 어깨를 두드리는 등의 가벼운 접촉을 한다

- Eye contact : 눈을 쳐다본다

- Nod : 고개를 끄덕인다.

언어적 반응기술

언어적 반응기술은 상대방이 한 말을 단순히 요약하는 수준에서 감정까지 반응하는 수준까지 다양하게 활용할 수 있다.

반영하기

상대방의 말 가운데 감정과 관련된 부분을 바꾸어 말하는 방법이다. 감정적인 부분에 초점을 맞추어 반응하면 감정의 이완 및 정화의 효과를 불러일으킨다.

"막막하고 답답하다는 말이 충분히 공감됩니다. 갑자기 이런 제도를 시행한다고 하니 얼마나 불안하고 고민이 많이 되겠어요"

명료화하기

~라는 뜻인가요? 라는 방식으로 질문하는 방법이다. 상대의 혼돈 된 혹은 주의 산만한 생각을 정리하여 문제를 보다 명확하고 구체적으로 파악할 수 있다.

"그러니까 새로운 제도가 시행되는 구체적인 이유를 알고 싶다는 뜻인가요?"

바꾸어 말하기

상대가 한 말을 퍼실리테이터의 말로 다르게 표현하는 방식이다. 참석자가 망설이거나 확신하지 못하는 이슈에 대해 자신감을 느끼고 말할 수 있게 한다.

"그러니까 새로운 제도를 시행하면 여러 가지 새로운 일들을 해야 되는데 그것이 여러 가지 불편함을 초래할까 봐 걱정된다는 말씀이시군요"

요약하기

상대의 말을 압축하여 핵심만 두 세 문장으로 말하는 방식이다. 참석자가 당면한 문제들의 우선순위를 결정하고 대화를 가능하게 만든다.

"저에게 새로운 제도 시행의 문제점에 관해 얘기하고 싶은 거죠?"

문제해결에 도움을 구하라

리더가 구성원에게 문제해결을 위해 참여시키고 도움을 요청하는 것은 자기결정성을 높이는 효과가 있다. 자기결정이론은 개인들의 자기의 성장을 위한 타고난 욕구 세 가지가 있다고 가정한다.[24]

첫째는 자율성의 욕구로서 자기의 행동을 자유의지로 선택하고 외부로부터 자아를 통제받지 않는 느낌이 드는 것이다.

둘째는 유능성의 욕구이다. 이것은 숙련과 효과성의 느낌과 관련된 것으로 자신의 능력을 적용하고 확장하는 기회를 통해 충족된다.

셋째는 관계성의 욕구로서 다른 사람들에게 의미 있는 존재로 느껴지는 것과 관련된다. 리더가 구성원에게 문제해결에 도움을 청하는 행위는 구성원이 선택권을 보장받고 자기 의견을 제시하여 개인의 능력을 발휘할 기회를 갖게 되어 존중받고 있다는 느낌을 줄 뿐만 아니라 적극적인 참여를 이끌어 내고 동기를 부여하는 효과가 있다.

리더는 운영 방식이나 문제에 대해 좋은 방법이나 아이디어가 있는지 물어보고 같이 결정할 수 있다. '문제해결에 도움을 구하라'는 다음과 같은 표현을 사용함으로써 실천할 수 있다.

"이렇게 진행하는 방식에 대해 어떤 생각을 하고 있으십니까?"

"회의가 효과적으로 운영되기 위해서는 무엇을 하면 좋을까요?"

"여기에 대한 어떤 좋은 아이디어가 있으십니까?"

"어떤 식으로 의사결정을 하면 좋을까요? 여러분의 좋은 아이디어를 바랍니다"

만약 누군가 질문을 했을 때 퍼실리테이션 스킬 세 가지를 적용하여 대화를 나눈다면 다음과 같이 활용할 수 있다.

① 질문하는 사람에게 다가서서 경청한다.(적극적으로 경청하고 공감하라)
② 상대방이 말했던 내용을 요약한다.(적극적으로 경청하고 공감하라)
  "지금 질문한 내용이 ~거죠? 제가 이해하고 있는 게 맞죠?"
③ 칭찬하고 질문내용을 모두에게 공유한다.(자존심을 존중하라)
  "다른 분들의 이해를 돕기 위한 질문을 해줘서 고맙습니다"
  "지금 ○○○님이 ~에 대한 질문을 했습니다.
④ 상대방의 질문에 답변한다.

만약 상대방의 질문에 '아니오'라고 대답을 해야 할 때는 바로 '아니오'라고 말하는 것보다 "예 그렇게 생각할 수도 있지만 그런데~"와 같이 대답한다.(자존심을 존중하라) 또한 리더가 답변하지 않고 상대에게 의견과 생각을 물어볼 수도 있다.(문제해결에 도움을 구하라)

현업적용하기

❶ 팀원들과 함께 회의 규범을 개발하라. 당신이 일방적으로 정하지 말고 회의 규범을 개발하는 과정을 퍼실리테이션 방식으로 운영하라. "만약 우리가 어떤 행동을 한다면 회의의 목적을 달성하지 못하고 시간낭비가 될까요"라는 부정적인 질문으로 시작하라. 포스트 잇을 나누어 주고 회의를 망치는 문제행동을 개인별로 2개씩 작성해서 제출하게 하라. 내용을 분류해서 정리해서 가장 치명적인 문제행동을 3~5개 선정하고 그것을 방지하기 위한 회의 기본원칙과 행동규범을 개발해서 회의실에 부착하고 공유하라

❷ 어떤 문화(Be)를 만들기 위해서는 그것에 필요한 시스템(Have)을 갖추고 그것이 가능한 행위(do)를 해야한다. 회의실에 퍼실리테이션 도구를 사용하는 데 필요한 삼색 칼라펜, 포스트잇, 전지, 의사결정을 위한 스티커, 셀로판테이프 등을 배치하라.

❸ 퍼실리테이션 스킬을 연습하자. 한 번에 여러 개의 스킬을 연습하는 것보다 한 번에 한 가지 씩 연습하는 것이 효과적이다. 예를 들어, 1주일 동안은 '자존심을 중시하라'만 연습하고 익숙해지면 다른 스킬을 연습하라.

요약

❶ 리더는 조직변화를 추구하는 상황에서 최고 전문가(Chief expert officer) 대신 최고촉진자(Chief facilitation officer)로 역할 변신을 해야 한다.

❷ 퍼실리테이션이란 해결책을 제시해 주지 않고 사람들이 스스로 답을 찾아낼 수 있도록 방향을 제시해주는 방법이다.

❸ 퍼실리테이션식 접근방법은 구성원들이 회의의 과정과 결과를 주도해야 한다는 태도를 갖게 되어 구성원들 각자가 리더가 된다.

❹ 조직변화를 위한 회의 운영은 1단계, 조직변화의 큰 그림을 전달하고, 2단계, 구성원의 의견 청취와 수렴을 하고, 3단계, 안건에 대한 참여와 위임의 수준을 정하고 4단계 실행 아이디어 도출 및 의사결정을 한다.

❺ 효과적인 회의를 운영하기 위해서는 회의 규범을 정하고, 참여를 촉진할 수 있는 기법을 사용하여 의견을 정리하고, 구성원들의 의견 중 최적의 아이디어를 선정하며 마지막으로 선택된 아이디어를 자세히 검토하고 실행을 위한 구체적인 행동계획을 세우고 책임을 부여한다.

❻ 변화를 위한 최고촉진가가 되기 위해 구성원들과 함께 효과적인 회의 규범을 개발하고, 참여 촉진을 위한 퍼실리테이션 도구 활용 능력을 개발하고 구성원의 긍정적인 정서와 몰입촉진을 위한 퍼실리케이션 스킬을 활용해야 한다.

❼ 퍼실리테이션 도구 중 아이디어 도출을 위한 도구는 브레인스토밍, 순회 플립차트 등이 있고 의사결정 도구는 멀티투표, 의사결정표 등이 있다.

❽ 긍정적인 정서와 심리적 안전감을 제공하는 효과적인 퍼실리테이션 스킬은 '구성원의 자존심을 존중하라, 적극적으로 경청하고 공감하라, 문제해결에 도움을 구하라'이다.

4
저항을 긍정의 에너지로 바꾸기

구성원들의 저항을 극복하기 위한 전제조건은
변화 저항을 무지나 유연성의 부족이 아닌 자신의 이해관계와
자기결정성을 보호하기 위한 당연한 행동으로 인식하는 것이다.

01 저항과 방어는 정상적인 반응이다

제임스 프로차스카 교수와 동료들의 개인 변화 연구에 의하면 변화의 상황에서 개인들은 방어기제를 사용한다.[25] 방어기제는 자아가 위협받는 상황에서 무의식적으로 자신을 속이거나 상황을 다르게 해석하여 감정적 상처로부터 자신을 보호하는 심리 의식이나 행위를 말한다.

방어기제는 무조건 나쁜 것이 아니라 순기능과 역기능을 모두 갖고 있다. 방어기제의 순기능은 변화의 상황에서 외부에서 가해지는 위협과 불안을 일시적으로 피하고 고통을 완화시켜 안정감을 유지할 수 있게 한다. 하지만 방어기제를 많이 사용하는 개인들은 현실과 경험을 왜곡하여 장기적으로 악영향을 받는 문제점이 있다. 예를 들어, 상사가 부하직원에게 그 부하의 행동 때문에 부서원들이 불편해하고 있다는 피드백을 했는데 그 사실을 부정하면서 받아들이지 않는다면 관계는 개선되지 않을 것이다.

리더는 변화 저항을 효과적으로 해결하기 위해서 구성원이 보이는 방어기제를 파악하고 그것이 외부로 드러날 때 억제하거나 통제할 것이 아니라 이해하고 해결하는 데 초점을 맞추어야 한다. 구성원이 방어기제를 외부로 표출할 때 앞에서 다룬 '변화동기부여 대화'와 '저항을 긍정의 에너지로 바꾸는 스킬'을 활용하여 효과적으로 대응할 수 있다.

변화의 상황에서 구성원이 보이는 대표적인 방어기제는 부정과 최소화, 합리와 지성화, 투사와 전이가 있다.

부정과 최소화

부정은 불편하고 수용할 수 없는 변화를 거부하면서 스스로를 보호하는 방법이다. 주로 변화 초기에 사람들은 변화해야 한다는 사실 자체를 아예 부정하거나 축소함으로써 자신을 보호하려고 한다. 주로 부정과 최소화의 방어기제를 보이는 사람들은 다음과 같은 태도를 보이거나 말을 한다.

"그렇게 해야 된다는 것은 말도 안 되는 일이야"

"과거에 모든 게 얼마나 좋았는데 이런 일이 생기는 것은 있을 수 없는 일이지"

"달라지는 것은 아무것도 없을 거야. 뭔가 일이 터질 때까지 기다려 보자."

"정말 그렇게 하겠다는 것은 아니겠지 적당히 조금만 하는 척하면 될 거야!"

합리화와 지성화

합리화는 개인이 변화를 거부하는 이유 또는 변화가 실패할 수밖에 없는 이유 등을 그럴듯하게 설명하는 것을 말한다. 합리화를 하는 사람은 과거부터 해오던 방식이었고 현재 문제가 없는데 바꿔야 할 이유가 없다고 말하거나 회사의 지원이 없다 또는 시간이 없어서 할 수 없다와 같이 다양한 핑계와 이유를 찾는다.

지성화는 개인과 조직이 처한 특수한 상황의 중요성을 배제한 채 추상적인 분석을 사용하는 것을 말한다. 예를 들어, 다른 개인이나 조직이 이미 새로운 방식으로 시도했는데 실패했고 오히려 과거 방식대로 하는 다른 조직은 문제가 없다고 말하거나 다른 조직도 괜찮은데 우리도 문제가 없을 것이라고 말하는 것이다.

투사와 전이

투사와 전이는 문제의 원인이나 고통의 원인을 자신이 아닌 다른 대상으로 전가하는 것을 말한다. 변화의 상황에서 발생하는 압력과 불안 그리고 고통과 분노를 주변에 있는 만만하고 편한 사람이나 조직에게 쏟아 놓는 것이다. 예를 들어, 문제가 발생하거나 스트레스를 받았을 때 상사는 부하직원에게 선배는 후배에게 화풀이하거나 분노를 표출하는 경우이다. 전이는 문제의 원인이 다른 사람이나 부서에게 있다고 진단하는 태도로 다음과 같이 말한다.

"현장은 나름대로 열심히 하는 데 본사에서 항상 뒷다리를 잡는 것 같습니다"

현업적용하기

사람들은 변화의 상황에서 보이는 자신만의 패턴화된 방어기제를 갖고 있다. 회의 시간 또는 개인 미팅에서 팀원들이 하는 얘기를 기록하고 어떤 방어기제를 주로 사용하는지 분류해보자. 다만 방어기제의 인식은 상대방의 이해를 위해 사용하고 공격하는 데 사용하면 안 된다.

02 변화저항을 최소화하는 전략

보스턴 경영대학원의 리처드 베카드 교수와 동료 루벤 해리스는 조직변화의 성공을 결정짓는 요소와 저항과의 관계를 기반으로 변화방정식(C=DVF)R)을 제안했다.[26] 여기서 C는 변화(change), D는 현재 상태에 대한 불만족정도(Dissatisfaction), V는 미래에 대한 바람직한 모습과 비전(Vision), F는 변화의 목표를 달성하기 위한 첫 번째 조치들(First steps), R은 저항, 즉 변화에 대한 비용(Resistance to Change)을 의미한다. 이 방정식의 핵심 메시지는 변화를 일으키는 요소들이 변화에 대한 저항보다 클 때 변화가 일어난다는 것이다.

먼저 리더들이 구성원들의 저항을 극복하기 위한 전제조건은 변화저항을 무지나 유연성의 부족이 아닌 자신의 이해관계와 자기결정성을 보호하기 위한 행동으로 인식하는 것이다. 또한 변화 저항을 척결하거나 피해야 할 장애물로 간주하기보다는 변화를 증진하기 위해 긍정적 에너지로 방향을 바꿀 기회로 인식해야 한다. 오히려 구성원들이 변화에 저항하는 것은 기존에 지켜왔던 강력한 가치와 정서가 존재하기 때문에 이것을 긍정적 에너지로 바꾸어 반대자를 지지자로 전환시킨다면 강력한 몰입의 원천이 된다.

변화에 대한 저항을 최소화하기 위해서는 구성원들이 변화에 저항하는 인지적 관점과 정서적 관점을 모두 고려해야 한다. 인지적 관점에서의 저항은 구성원들이 변화에 저항하는 것이 자신에게 더 이익이 되거나 자신이 리더의 변화추진력을 이길 수 있다고 판단하기 때문에 발생한다. 리더는 이러한 구성원의 저항을 약화시키기 위해 변화과정의 초기 단계에 구체적인 사실과 증거 그리고 명분을 갖고 변화를 지지하는 힘을 증가시키거나 저항의 힘을 낮출 수 있다.

정서적인 관점에서의 저항은 상실에 대한 두려움과 원인을 알지 못하는 좌절감과 분노와 관련된다. 분노는 겉으로 드러나건 아니든 쌓이게 되면 실제로 저항의 수준을 높인다. 리더는 이런 측면들을 간파하고 더 큰 문제가 되기 전에 충분한 대화를 나누어, 부정적인 감정과 정서를 긍정의 변화에너지로 전환시켜야 한다.

변화 저항을 최소화하기 위한 효과적이고 일반적인 행동 원칙은 다음과 같다.

변화의 필요성과 긴급성을 모두에게 소통하라

변화 초기에 구성원들에게 변화의 필요성과 긴급성을 알려주고 위기의식과 생존 불안을 느끼게 만드는 것은 저항을 줄이면서 변화의 첫발을 내딛게 하는 데 매우 중요한 역할을 한다. 만약 고객만족도가 급격하게 하락하여 변화가 필요하다면 불만 고객의 충격적인 얘기를 생생하게 들려줌으로써 변화의 필요성과 긴급성을 느끼게 만들 수 있다.

앞에서 이미 언급했지만 마틴 셀리그만은 사람들을 변화시키기 위한 부정적인 접근을 신발안의 돌멩이로 비유했다. 길을 걷다 신발 안에 돌이 들어가면 신발을 벗어 돌을 털어내듯 위기의식과 생존 불안은 구성원들이 기존의 습관이나 행동에서 벗어나 새로운 변화를 받아들이고 행동하도록 만든다.

예를 들어, 부서 손익이 악화되어 위기상황이라면 다음과 같이 소통을 할 수 있다. "손익문제를 개선시키지 않는다면 우리 부서는 본부에서 최장기간 성과가 부진한 부서로 낙인찍히고, 결국 올해 승진인사에서 불이익을 당하게 될 것입니다. 그리고 본부 지침에 따라 매주 월요일 아침에 팀원 전체가 본부로 출근하여 본부장님과 개별 면담을 진행하게 됩니다."

명확한 목표를 제시하고 충분한 정보와
피드백을 제공하라

구성원들은 불확실성이 높고 예측하기 어려울 때 더 많은 스트레스를 받고 저항한다. 만약 리더가 구성원들에게 무엇을 해야 되는지 그것을 통해 얻어야 할 구체적인 결과물은 무엇인지 그리고 실행과정에서 잘하고 있는지 그렇지 않은지 아무런 얘기를 해 주지 않는다면 몰입과 성과에 부정적인 영향을 미친다. 이와 관련된 흥미로운 실험이 있다.[27]

사병들은 몇 주 동안 훈련을 받은 후 특수부대 입대를 앞두고 경쟁하고 있었다. 사병들을 네 집단으로 나누어 서로 연락을 못 하도록 통제한 상태에서 같은 날 같은 지역에서 20km 행군을 하게 했다. 첫 번째 집단은 얼마나 가는지 목표지점을 알려줬고 행군 중간에도 진척 정도를 계속해서 알려줬다. 두 번째 집단에게는 그저 긴 행군이 될 거라고만 알려줬다. 이 사병들에게는 가야 하는 총거리도 얼마나 왔는지에 대해서 아무런 정보도 주지 않았다. 세 번째 집단에게는 15km를 가야 한다고 말했지만 14km 지점에 도착했을 때 앞으로 6km만 더 가면 된다고 말했다. 네 번째 집단은 25km를 가야 한다고 말했지만 14km 지점에 왔을 때 앞으로 6km만 더 가면 된다고 알려줬다. 그리고 어느 집단이 가장 빨리 20km에 도착했는지에 대한 성과와 스트레스 수준을 평가했다. 결과는 첫 번째 집단이 성과가 가장 좋았고 스트레스 지수도 낮았다. 그 다음 두번째 좋은 기록은 원래거리보다 더 짧은 거리를 가야 된다는 얘기를 듣고 나중에 제대로 된 정보를 제공받은 집단이고, 세번째는 실제보다 더 먼거리를 이동해야 한다는 얘기를 듣고 14km 지점에서 반가운 소식을 들은 집단이었다. 그리고 성적이 가장 낮은 집단은 이동 거리에 대해 아무런 정보도 제공받지 못한 사병들이었다.

이 실험은 리더가 처음부터 명확한 방향과 정보 그리고 피드백을 제공하는 것이 성과와 스트레스에 긍정적인 영향을 미친다는 시사점을 제공한다. 변화는 단거리 달리기가 아니고 장기간 꾸준히 해야 되는 행군이나 마라톤과 같다. 변화 실행 전, 변화 실행 과정, 변화 실행 이후 모든 과정에서 효과적으로 소통하며 정보를 제공하는 것은 불확실성을 줄이고 성과를 높일 뿐만 아니라 스트레스와 갈등을 예방할 수 있다. 특히 한 가지 주의해야 할 것은 변화에 의해 직접 영향을 받는 사람들이 변화와 관련된 정보와 내용을 간접적인 통로나 다른 이들을 통해 알게 하지 않도록 먼저 밝히는 것이 중요하다.

변화과정에서 끊임없이 지원하고 확실하게 몰입하는 것을 보여준다

변화 과정에서 구성원이 직면하는 어려움과 문제점을 지속적으로 해결하고 지원해주는 것은 변화에 대한 몰입을 증가시킨다. 또한 리더가 변화에 헌신하는 모습을 보여줄 때 구성원들의 저항을 감소시킬 수 있다.

조직 분야의 대가인 데이비드 내들러(David A. Nadler) 박사는 "변화 과정에 있어서 리더가 저지르는 가장 흔한 실수 중의 하나가 최전선에서 진두 진휘하기 보다는 신뢰하는 부하 직원 몇몇 사람에게 맡겨 버리는 것"이라며 리더의 직접적인 몰입 없이 변화는 이루어지지 않는다고 말했다.[28]

사람들에게 권한을 부여하라

리더가 조직변화의 전체적인 비전과 방향은 정하되 그것을 달성하는 세부적인 방법이나 과정은 구성원들이 주어진 지침 내에서 의사결정 하도록 권한을 부여할 때 변화저항을 최소화할 수 있다. 그러나 변화 과정에서 권한 부여를 통한 참여방식의 리더십을 발휘하는 리더들은 많지 않다. 이런 리더들에게 참여방식을 활용하지 않는 이유를 물어보면 대부분 다음에 세 가지 이유를 댄다. 첫째, 위에서 내려오는 많은 업무를 긴박하게 처리하려면 시간이 부족하다. 둘째 구성원들은 의견을 물어봐도 대답을 잘 하지 않는다. 셋째, 구성원들은 책임을 맡기 싫어한다.

어느 정도 맞는 얘기들이다. 그런데 이렇게 대답하는 리더들은 업무의 성격과 상황 그리고 구성원들의 욕구와 능력과 관계없이 지시적이고 통제적인 방식의 리더십스타일을 바꾸지 않는 경향이 있다.

물론 참여는 시간이 많이 소요되는 단점이 있다. 하지만 구성원들이 심리적으로 주인의식을 갖고 자발성을 발휘하여 변화를 지속하게 하려면 참여를 통해 변화가 공정하다는 생각과 더 높은 수준의 통제의식을 갖게 해야 한다.

변화를 지원하는
조직 분위기 및 제도를 제공하라

한 기업에서는 고객상담 업무를 하는 콜센터 직원들에게 상품을 판매하는 마케팅 업무를 새롭게 부여하는 변화를 추진했다. 하지만 마케팅업무에 대한 경험과 지식이 없는 구성원들은 어떻게 해야 될지 방향을 잡지 못한 채 불안해했다. 이런 상황에서 회사는 '시대가 바뀌었으니 변해야 한다'라는 원론적인 얘기만 강조하며 구성원들이 새로운 업무에 적응하는 데 필요한 자원을 제공해 주지 않았다. 한마디로 알아서 잘 적응하라는 거였다.

이와 같은 문제는 조직에서 직원들에게 새로운 업무를 추가하는 것이 어떤 의미로 받아들여지고, 어떤 어려움이 예상되는지 깊게 고민하지 않고 일방적으로 추진할 때 발생한다. 리더는 구성원들이 리더 자신이 변화를 위한 노력에 관심을 두고 있으며 자원이 적절히 지원되고 있다고 느끼게 만들어야 한다. 다시 말해 조직 차원에서 구성원들에게 새롭게 요구하는 변화가 연착륙될 수 있도록 교육, 제도, 보상 등의 지원을 해줄 때 변화 저항을 줄일 수 있다.

현업적용하기

❶ 팀원들에게 어떤 조건이 성숙하면 우리가 추진하는 변화가 성공할 것인지 가정질문을 해보라. 팀원들의 답변에는 현재의 문제점과 저항하는 원인 등이 다양하게 포함되어 있다.

❷ 당신이 구성원들에게 새로운 행동을 요구할 때 그런 행동을 촉진할 수 있는 지원이나 어려움을 만드는 장애물을 제거하는 노력을 같이 하는 것을 중요한 원칙으로 생각하라.

03 변화저항을 줄이는 4P 커뮤니케이션

커뮤니케이션의 문제는 변화에 대한 저항을 일으키는 중요한 요인 중의 하나다. 구글의 사내 설문조사 결과 변화가 추진되는 이유를 알고 있는 팀은 전체 팀 중에서 50% 미만이었다. 또한 한 글로벌 리서치기관의 연구에 의하면 조직변화 노력의 3분의 2 이상이 의도된 목적과 메시지를 전달하는 데 실패했다.[29] 이처럼 조직이 조직변화의 목적과 필요성에 대해 구성원과 제대로 커뮤니케이션 하지 못한다면 변화에 대한 저항은 높아지고 몰입은 낮아진다.

구성원들은 왜 변해야 하는지, 어떤 것들이 변하는지, 누가 영향을 받으며, 변화가 자신들에게 어떻게 영향을 미칠 것이며, 변화가 시작해서 어떤 과정을 통해 진행되는 것인지 등에 대해 정확한 정보를 알고 싶어 한다.

이와 같은 내용을 효과적으로 커뮤니케이션 하기 위한 프로세스를 4P[30]로 표현한다. 즉, 목적(Purpose), 변화의 끝 그림(Picture), 사람(People), 프로세스(Process)이다.

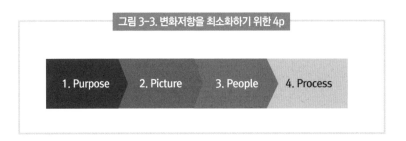

그림 3-3. 변화저항을 최소화하기 위한 4p

1. Purpose   2. Picture   3. People   4. Process

첫 번째, 왜 변화가 일어나야 하는지 변화의 목적(Purpose)을 설명한다.

두 번째, 무엇을 변화시킬 것인지, 비전은 무엇인지 변화의 끝 그림(Picture)을 설명한다.

세 번째, 변화에 영향을 받는 사람(People)은 누구인지 어떤 영향을 받는지 설명한다.

네 번째, 변화가 실행되는 방법과 프로세스(Process)에 관해 설명한다.

목적(purpose)

실제 구글 조사와 글로벌 리서치기관의 조사 결과처럼 업무 현장에서 리더들은 변화를 위한 행동과 계획을 생각하고 전달하는 것에는 익숙하지만 변화의 의미와 목적을 전달하는 것에는 능력과 관심이 부족하다. 구성원들 입장에서는 리더가 새로운 행동이나 업무 프로세스를 요구할 때 마음속으로 "왜 저걸 하라는 거지?"와 같은 생각을 떠올리게 된다. 그런 점에서 변화의 목적은 구성원들에게 가장 중요한 주제이며 관심사이다. 만약 리더가 목적을 설명해 주지 않거나 설명과 설득력이 부족할 때 주로 다음과 같은 얘기를 한다.

"이번에 이건 또 왜 하라고 하는 거야",

"이걸 해봐야 무슨 도움이 되겠어?"

리더 자신도 위에서 지시를 받거나 심지어 자신이 반대하는 비전과 변화를 따라야 하는 입장에서 변화의 목적을 구성원의 수준에 맞게 전달하기는 쉽지 않다. 하지만 리더십의 차이는 여기서 나타난다. 하수는 위에서 지시하는 것이니 무조건 따라야 한다고 말하는 반면 고수는 변화의 의미와 목적을 구성원의 눈높이와 욕구에 맞게 재가공하고 창조해서 전달하는 의미창조자(meaning creator)가 된다.

다음은 변화의 목적을 설명하기 위해 구성원의 관점에서 리더 스스로가 던져야 할 질문들이다. 이 질문을 통해 변화의 목적을 구체적으로 생각해 볼 수 있다.

- 왜 지금 시기에 이러한 변화가 필요한가?

- 어떤 문제를 해결하려고 변화 하려 하는가?

- 변화의 목적과 필요성은 무엇인가?

- 현재 조직이 직면한 위험은 무엇이고 어떤 기회가 있는가?

변화의 끝 그림(Picture)

변화의 목적과 의미, 필요성을 충분히 전달하고 대화가 이루어졌다면 무엇을 변화시킬 것인지 그리고 변화를 통해 기대하고 만들어 갈 모습과 비전은 무엇인지 전달한다. 변화의 끝 그림을 설명할 때는 마치 그 결과물을 경험하고 있는 듯 생동감 있게 표현한다.

'변화의 끝 그림'에 대한 질문은 다음과 같다.

- 무엇을 변화시킬 것인가?

- 기대하는 모습은 무엇인가?

- 조직의 사회적 구조에 어떤 변화가 일어나는가?

- 변화의 비전은 무엇인가?

사람(people)

직장에서 평가제도의 변화나 근무지 이동은 자주 발생하는 일상적인 것이다. 그러나 그것에 직접적인 영향을 받는 당사자들의 입장은 그렇지 않다. 한 개인의 변화는 그 사람뿐만 아니라 주변 사람들과 이해관계자들에게 영향을 주고 생각지도 못한 결과를 낳는다.

리더가 변화 추진과정에서 변화로 인해 영향을 받는 사람들을 구체적으로 파악하지 않으면 예상치 못한 문제나 저항이 발생한다. 실제 한 공기업은 본사를 번화한 서울 위성도시에서 멀리 떨어진 지방으로 이전했는데 직원들은 심리상담을 받을 정도로 변화에 적응하는 데 많은 어려움을 겪었다. 회사에서는 이미 예정되었던 일이고 정부 정책에 의해 시행된 일이라 당연하게 받아들여야 한다고 생각했지만 직원들에게 근무지의 변화는 예상했던 것보다 큰 충격이었다.

'사람'에 대해서 다음 질문 내용을 충분히 검토하여 전달함으로써 변화저항을 최소화할 수 있다.

- 변화프로세스에 참여하게 되는 사람은 누구인가?
- 변화에 의해 잠재적으로 영향을 받게 되는 사람들은 누구인가?
- 어떤 영향을 받게 되는가?

프로세스(process)

사람들은 불확실성이 줄어들고 미래를 예측할 수 있을 때 변화에 몰입할 수 있다. 전체적인 변화 진행의 프로세스를 알려 줌으로써 자신들이 무엇을 준비해야 되는지 알게 하는 것은 심리적준비도를 높여 변화저항을 줄일 수 있다.

프로세스와 관련한 질문은 다음과 같다.

- 어떻게 변화 프로세스를 진행할 것인가?
- 언제 어떤 방식으로 구성원과 커뮤니케이션 할 것인가?
- 변화정도를 어떻게 측정할 것인가?

현업적용하기

팀원들에게 새로운 행동방식을 요구하는 하나의 변화주제를 정하고 4P에 근거하여 커뮤니케이션 전략을 세워보자.

변화 주제:	
Purpose	
Picture	
People	
Process	

04 저항을 긍정의 에너지로
바꾸는 스킬

리더는 조직변화를 추진하면서 구성원들의 저항을 예상하고 극복하기 위한 의사소통 전략을 가지고 있어야 한다. 어떤 구성원들은 자신의 생각을 솔직히 표현하고 공개적으로 저항하고 우려를 강하게 표출하기도 하지만 그렇지 않은 구성원이 더 많다.

리더는 구성원이 자신의 의사를 적극적으로 표현하지 않아도 바디랭귀지나 정서적 느낌으로 숨겨져 있는 저항을 읽을 수 있어야 한다. 리더가 저항에 맞부딪쳤을 때, 이를 처리하는 올바른 방식과 잘못된 방식이 있다. 올바른 접근 방식을 선택하면 저항을 잘 처리할 수 있지만, 잘못된 방식을 사용하면 저항감을 더욱 키우게 된다.[31]

예를 들어 리더가 업무방식을 변화시키려고 할 때 구성원은 다음과 같은 반대의견을 말할 수 있다.

"그건 지난번에도 했던 것 아닙니까? 그때도 인원도 부족한데 스트레스만 받고 제대로 된 일이 없었습니다. 저희가 시간을 낭비하면서 그런 일을 왜 다시 해야 하는지 모르겠습니다"

잘못된 대응 방식

저항에 대해 잘못 대응하는 방식은 다음과 같이 상대방의 생각이나 의견을 무시하거나 문제가 있는 생각이라고 질책하며 일방적으로 설득하는 행위이다.

"왜 당신은 항상 그런 식으로 얘기합니까? 좀 긍정적으로 생각 좀 해보세요! 그때와 지금은 다릅니다. 오죽하면 위에서 이걸 하라고 지시를 했겠습니까? 어차피 할 거면 그냥 기분 좋게 합시다"

특히, 상대방의 저항에 대응할 때 다음과 같은 실수를 저지르지 않도록 주의해야 한다.

- 상대방을 비난하거나 감정적 언어를 사용한다.

- 상대의 인격을 부정하거나 창피를 준다.

- 논리나 권위, 힘으로 설득하거나 자신의 생각과 가치관을 강요하는 행동을 한다.

- 잘못된 정보나 나쁜 정보에서 나온 선입관을 갖고 대한다.

올바른 접근방식

구성원들이 공개적으로 저항을 표현하는 일은 많지 않다. 공개적인 자리에서 저항을 표현하는 것은 손해와 위험을 감수하는 모험이기 때문이다. 하지만 최근에 자기 표현의 욕구가 강한 신세대가 조직에 유입되면서 공개적으로 저항하는 구성원들이 증가되고 있다. 리더들은 공개적인 저항을 효과적이고 유연하게 대응할 수 있는 능력을 개발해야 한다.

저항에 대처하기 위해서는 상대의 어떠한 말과 행동이라도 그 행위자의 입장에서는 긍정적인 의도가 있다고 생각하고 대화를 전개해 나가야 한다. 저항을 올바르게 처리하는 대화 스킬은 다음과 같이 2단계로 전개한다.

1단계 : 구성원이 저항감을 표출하게 하고 경청한 뒤 공감을 표현한다.

저항을 가진 구성원 입장에서는 그럴 만한 이유(학습, 경험, 신념 등)가 있다. 그리고 저항을 표현한다는 것은 개인적인 불이익이나 위험을 감수하면서 자기를 노출하는 것이므로 스스로 용기 있는 행동으로 생각할 수 있다. 리더가 반대의견이나 저항을 유연하고 담대하게 경청하고 재 진술한 뒤 공감하는 모습을 보여줄 때 구성원은 개방적인 사고를 갖게 되며 리더를 신뢰하게 된다. 다음과 같은 표현을 사용할 수 있다.

"왜 그렇게 느끼는지 말씀해 주시겠습니까?"

"지난번에 어떤 일이 있었습니까?"

"당신이 반대하는 이유를 모두 말해 주시겠습니까?"

"먼저 용기를 내서 이 프로젝트가 잘 진행될 수 있도록 문제점들을 얘기해 줘서 고맙습니다"

"지난번 ~한 이유 때문에 그렇게 생각하는군요"

"지난번 ~한 일이 있었다면 당연히 그렇게 생각할 수도 있겠네요"

2단계 : 모든 걱정과 우려를 인정해주고 해결 방법을 제안해 달라고 요청한다.

구성원이 생각하는 모든 걱정과 우려를 얘기하도록 하는 것은 저항감을 완화시키는 효과가 있다. 그것은 저항감을 가진 사람에게 자신의 좌절감을 표현하도록 기회를 제공하고 얘기를 경청해 주기 때문이다.

이 상황에서 단순히 저항을 듣기만 하는 것보다 저항의 의도를 긍정적인 의도로 바꾸어 표현하는 것이 효과적이다. 상대방의 생각을 부정하기보다는 인정해 줌으로써 부정적 에너지가 긍정적 에너지로 전환될 수 있다. 그런 뒤 그 사람에게 어떻게 하는 것이 좋을지에 대해 자문을 구하고, 그것을 가능한 범위에서 수용해주면, 자신이 제안한 대로 일이 진행되는 것에 긍정적인 정서를 갖게 된다. 다음과 같은 표현을 활용할 수 있다.

"저는 당신이 말하는 걱정과 우려가 이번 프로젝트가 특별한 문제 없이 잘 되었으면 하는 바람으로 들리는데 제 생각이 맞습니까?"

"당신이 문제라고 우려하는 것에 대해서 당연히 그럴 수 있다고 생각합니다. 그러면 어떻게 해야 당신이 우려하는 부분을 해결할 수 있을지 얘기해 주시면 고맙겠습니다"

"그렇다면 어떻게 한다면 이번에는 시간 낭비가 아니라는 생각이 들겠습니까?"

"우리의 목적을 충족시키는 범위내에서 다른 방법으로 한다면 어떤 것이 있을까요?

"당신이 생각하는 우려를 확실하게 없애려면 어떻게 해야 되겠습니까?"

"어떤 지원이 있다면 그것을 열심히 할 수 있겠습니까?"

현업적용하기

❶ 팀원들과 대화 시 저항을 담대하게 받아들이겠다는 다짐을 하는 것이 중요하다. 가능하다면 리허설을 통해 저항을 긍정적 에너지로 바꾸는 스킬을 자기 것으로 만들자.

❷ 솔직한 피드백을 줄 수 있는 팀원에게 회의 시간에 저항하는 구성원에게 어떤 방식으로 대응하는 지 관찰하고 기록해 달라고 요청하라. 기록된 것을 보면서 개선점을 찾아보자.

05 불편한 이슈와 문제 전달하기

케리 패터슨(Kerry Patterson)과 동료들은 20년 동안 10만여명을 연구 조사한 결과 유능한 리더와 부모들의 특징은 차이가 발생하여 감정이 개입되고 말하기 어려운 이슈를 대화로 잘 풀어내는 소통 스킬과 능력을 갖고 있다고 밝혀냈다.[32] 이런 능력은 조직변화를 추구하는 리더에게는 더욱 필요하다. 조직변화는 리더와 구성원사이에 생각과 관점의 차이 등 다양한 이유로 대립이 발생하고, 구성원들이 수용하기 힘든 어려운 이슈를 말해야 하는 일들이 자주 발생하기 때문이다.

일반적으로 리더가 구성원에게 말하기 어려운 이슈들은 다음과 같은 내용들이다.[33]

- 부담되는 새로운 업무 부여

- 구성원의 행동을 평가하는 것

- 저항하는 구성원에게 충고하는 것

- 책임을 다하지 않은 상대에게 충고하는 것

- 공격적인 언행을 하는 동료와 대화하는 것

- 구성원의 문제점을 지적하는 것

- 좋지 않은 성과에 대해서 말하는 것

- 안 좋은 소식을 전하는 것

- 부실한 업무처리에 나쁜 평가를 하는 것

이런 내용의 대화는 구성원이 대화에 거부감이 발생하지 않도록 대화의 긍정적인 목적과 의도를 얘기하는 것으로 시작하는 것이 좋다. 사람들은 마음에 불편함이 있거나 부정적인 감정이 있으면 방어적으로 변하고 이성적인 생각과 판단을 하지 못한다.

구성원이 대화를 나눌 준비가 되어 있다면 당신의 생각과 입장을 말하고 반드시 구성원이 자신의 생각과 입장을 말할 기회를 제공하고 경청한다. 만약 잘못된 정보로 인해 오해를 했다면 정중하게 사과한다. 구성원의 얘기가 끝나면 구체적인 제안을 하고 대화에 참여해준 것에 대해 감사를 표현한다.

대화가 끝나고 나서도 지속적으로 상대방을 관찰하고 필요하면 추가적인 대화를 시도하거나 관심을 보여준다. 아무리 효과적으로 대화를 나누었다고 해도 의견과 감정이 대립될 수 있는 부정적인 이야기를 듣고 쉽게 마음의 안정을 찾기는 힘들기 때문이다. 이러한 노력은 당신이 했던 얘기가 구성원의 인간적 가치를 판단하는 것이 아니라 조직에서 부여한 역할과 책임을 다하기 위한 관리 차원의 중립적인 행위라는 것을 인식시켜 줄 수 있다.

구성원이 감정이 대립될 수 있는 불편한 대화를 새로운 관점을 갖고 긍정적으로 받아들이도록 효과적으로 직언하고 제안하는 방법은 다음과 같다.[34]

1단계 : 대화의 긍정적인 목적과 의도를 말한다.

구성원이 여유가 있거나 정서적으로 안정적인 상태에서 대화를 요청한다. 대화의 시작은 대화의 긍정적인 의도와 목적을 밝히는 것으로 시작한다. 이것은 구성원의 대화 참여와 몰입 그리고 수용성을 높이는 데 효과적이다.

"잠깐 ~에 대해 얘기를 해도 될까요? 저는 우리가 이번에 추진하는 ~가 원활하게 잘 진행되고 ~님이 좋은 결과를 얻기를 기대하고 있습니다. 그래서 현재 진행되는 상황에 대해 나의 생각을 솔직히 이야기하려고 하는 데 오해하거나 불쾌하게 생각하지 않기를 바랍니다."

2단계 : 내 입장과 사실을 말하고
구성원의 입장을 물어본다

구성원의 구체적인 행동에 대해 어떤 생각과 느낌을 갖고 있는지 표현하고 구성원의 생각과 입장을 들어본 후 상황과 원인을 명확하게 파악한다.

"어떤 이유인지는 잘 모르겠지만 현재 ~님이 다른 사람에 비해 30% 정도 진척율이 뒤떨어지고 있습니다. 그래서 부서의 전체 실적에 부정적인 영향을 미치고 있고 좀처럼 개선되고 있지 않아 많은 우려를 하고 있습니다. 새롭게 추진하고 있는 ~가 제대로 진행되지 않을 것 같아 걱정도 됩니다. 제 의견에 대해 본인의 생각은 어떤지 한번 들어보고 싶습니다."

3단계 : 상대의 이야기를 경청한 뒤
구체적인 제안을 하고 감사를 표현한다.

"얘기를 들어보니 그런 이유가 있었군요. 나름대로 열심히 했지만 그런 이유로 잘 진행되지 않아 개인적으로 많이 어렵고 속상했을 것으로 생각합니다. 그렇다면 ~한 방법으로 한번 해 볼 것을 제안 드립니다. 실행하고 성과를 만드는 것은 ~님의 선택과 결정이 중요합니다. 생각해 보고 다른 좋은 아이디어나 의견이 있으면 언제든 얘기해주세요. 이렇게 이야기를 들어줘서 고맙습니다. 어쨌든 잘 진행되어 모두 만족하는 좋은 결과를 만들었으면 합니다."

현업적용하기

❶ 평상시 불편한 이슈와 문제를 어떤 방식으로 얘기하는지 적어보자.

❷ 이슈나 문제를 제기할 때 긍정적 의도를 갖고 있는 것이 중요하다. 단순히 상대방을 비난하거나 질책하는 것이 아니라 공동의 목표를 달성하거나 상대방의 성장에 도움을 주겠다는 마음가짐을 가져야 한다.

❸ 구성원의 입장을 들을 때 최대한 끊지 않고 끝까지 들으며 공감하는 노력을 해보라.

요약

❶ 변화저항을 최소화하기 위해서는 저항의 인지적차원과 정서적 차원의 관점을 모두 고려해야 한다. 저항 역시 척결해야 하는 대상이 아니라 개인의 이해관계와 자기결정성을 보호하기 위한 자연스러운 현상으로 인식해야 한다.

❷ 변화저항을 줄이기 위한 커뮤니케이션 프로세스는 변화의 목적(Purpose), 변화의 끝 그림(Picture), 변화에 영향을 받는 사람과 내용(People), 변화추진 방법과 프로세스(Process)의 4단계로 진행된다.

❸ 저항을 효과적으로 다루고 긍정적 에너지로 바꾸기 위해서는 저항을 가진 구성원에게 자신의 저항감을 표출하도록 유도하고 주의 깊게 경청한다. 그런 뒤 재 진술하고 공감을 표현한다. 모든 우려를 인정한 뒤, 저항감을 표출한 사람에게 즉석에서 장해를 극복할 만한 방법을 제안해 달라고 요청한다.

❹ 불편한 이슈와 문제를 대화로 잘 해결하기 위해서는 먼저 대화의 긍정적인 목적과 의도를 밝히고, 내 입장을 말하고 상대방의 입장을 들어보고 경청한 후 구체적인 제안을 하고 감사를 표현한다.

5

코칭피드백으로
실행력을 높여라

'피드백은 승자의 아침 식사와도 같다'는 캔블랜차드의 말처럼
지속적이고 효과적인 피드백은 직원들에게 에너지를 주고 업무몰입도를
향상시키며 변화를 촉진한다.

01 변화와 코칭피드백

사람들이 변화하지 않는 이유 중의 하나는 자신의 현 상태에 대한 정확한 인식이 부족하기 때문이다. 코칭피드백은 이런 상태에 있는 사람에게 자신의 행동을 돌이켜 볼 수 있도록 그의 행동이나 그것이 미치는 영향을 그대로 알려주는 것을 말한다. 코칭피드백은 상대방의 태도 및 행동 변화와 강화를 목적으로 한다. 피드백을 받으면 자신의 행동에 어떤 문제가 있는지, 어떻게 변화시켜야 되는지 생각하게 된다. '피드백은 승자의 아침 식사와도 같다'는 캔블랜차드의 말처럼 지속적이고 효과적인 피드백은 직원들에게 에너지를 주고 업무 몰입도를 향상시키며 변화를 촉진한다.

구성원의 피드백 수용성을 높이는 방법

칭찬과 지적을 하는 행위보다 더 중요한 것은 구성원들이 그것을 잘 받아들여 행동을 변화시키는 것이다. 피드백에 대한 구성원의 수용성을 높이기 위한 몇 가지 방법을 소개한다.

먼저 구성원에게 피드백을 요구하라

인류학자들이 사람과 특성이 비슷한 영장류인 개코 원숭이들을 관찰해보니 보통 우두머리 수컷을 20~30초마다 한 번씩 쳐다봤다. 프린스턴 대학교 수잔피스코 교수는 사람도 이와 비슷하게 "바라보는 행위는 위계의 위쪽을 향한다"라고 말한다. 실제로 직원들은 자신에게 일어날 수 있는 일을 예측하고 대응하기 위해 영장류와 마찬가지로 자신을 통제하는 위쪽을 주목한다.[35]

그러나 대부분의 리더들은 구성원들이 자신을 관찰하고 있다는 사실과 그들이 어떤 생각과 감정을 갖고 있는지 잘 인식하지 못한다. 미국 컬럼비아대 갈린스키 교수의 연구에 의하면 사람들에게 '상사와 부하 놀이' 같은 역할 놀이를 시켜서 권력을 경험하게 하거나, 평소 높은 지위에 있는 사람들을 대상으로 조사해보니 권력감이 낮았던 사람들에 비해 타인의 표정을 보고 그 사람의 감정을 맞히는 공감 능력 과제 등에서 낮은 점수를 기록했다. 또한 높은 권력감을 느낀 사람들은 과도한 자신감을 가질 뿐만 아니라 상황판단 능력까지 흐

려져 더 높은 경제적 손실을 내는 현상을 확인했다.[36]

이런 현상이 나타나는 원인은 권력을 가진 사람들은 자기보다 낮은 사람의 눈치를 볼 필요가 없기 때문이다. 내가 무엇을 하든 눈치볼 필요가 없기 때문에 무감각해지고 신경을 덜 쓰게 된다. 결과적으로 자기 자신에게 문제가 있다는 것을 모르게 되는 자기기만에 빠지거나 사람들의 행동을 오해하거나 잘못 판단하는 일이 발생한다.

구성원들은 자기 자신의 문제를 인식하지 못하거나 그들이 어떤 느낌과 생각을 갖고 있는지 잘 공감하지 못하는 리더의 얘기를 잘 받아들이지 않는다. 이런 문제는 리더가 수시로 구성원에게 피드백을 요청하고 구성원들이 리더에게 조언을 할 수 있는 개방적인 분위기를 만들 때 해결할 수 있다. 리더가 "여러분 이번에 프로젝트를 진행하면서 저에게 아쉬운 점이 있거나, 지원이 필요한 사항이 있으면 무엇이라도 좋으니 얘기해봐요. 여러분의 진솔한 얘기가 저와 우리 팀의 성장에 도움이 된다고 생각합니다"라는 언급을 하고 구성원의 피드백을 기꺼이 받아들인다면 구성원도 리더가 피드백을 제공할 때더 적극적이고 진정성 있게 받아들일 것이다.

관찰 가능한 구체적인 행동을 피드백하라

피드백은 구성원의 가치판단을 위한 행위가 아니라 리더의 하나의 역할이다. 그래서 피드백은 상대방의 행동에 대해 감정적 개입과 가치평가 없이 상대방의 말과 행동을 사실 그대로 보는 관찰이 중요하다.

예를 들어 '당신은 그 문제에 너무 관심이 없는 것 같습니다. 도대체 뭐가 중요한지 그렇게 얘기해도 잘 모르겠습니까?'라고 말한다면 관찰 가능한 행동이 아닐 뿐 아니라 상대의 가치를 평가함으로써 자존감을 떨어뜨린다. 또한 '관심이 너무 없다'라는 말은 개인에 따라 해석이 달라질 수 있다. 이 말을 들은 구성원은 '관심이 없는 건 아닌데요?'라고 이견을 제시할 수 있다.

하지만 '당신은 오늘 30분 늦게 출근했습니다'라는 말은 관찰 가능하고 구체적이며 객관적이다. 피드백은 이렇게 관찰 가능한 사실을 갖고 그 행동이 미치는 긍정적 또는 부정적 영향과 효과에 대해 말해야 한다.

본질적 귀인오류에 빠지지 말라

귀인은 성과의 효과적인 또는 비효과적인 원인을 파악하고 어떻게 바로 잡을지에 대해 사고하는 과정이다. 본질적 귀인오류(Fundamental attribution error)란 스탠퍼트 대학교 사회심리학자 리 로스(Lee loss)가 처음 사용한 용어로, 다른 사람의 행동의 원인을 그 사람이 처한 상황의 조건보다는 그 사람의 성격이나 능력, 동기, 태도, 신념 등으로 돌리는 행위를 말한다.[37]

"당신은 원래부터 사람들과 같이 어울리는 것을 싫어하고, 비협조적이야"

"당신은 뭘 하자고 하면 한 번도 그냥 수용하는 법이 없어, 원래부터 부정적이야."

이런 말들은 한 사람의 어떤 행동의 본질적인 원인이나 처한 상황과 맥락을 보지 않고 개인의 특성에서 원인을 찾으려는 오류를 포함한다.

리더의 본질적 귀인오류는 2가지 문제점을 갖고 있다. 하나는 행동의 원인을 정확히 알지 못하고 피드백을 제공하기 때문에 수용성이 떨어져 효과성이 떨어지고, 다른 하나는 행동의 원인이 개인의 특성이라 변화시킬 수 없다는 한계를 드러낸다.

본질적 귀인오류를 범하지 않기 위해서는 정확한 사실관계를 파악하고 효과적인 피드백 단계를 활용해야 한다.

효과적인 피드백 단계

피드백은 긍정적 피드백(Positive Feedback)과 발전적 피드백(Developmental Feedback)으로 구분한다.

긍정적 피드백

긍정적 피드백은 구성원의 효과적이고 긍정적인 행동에 대해 칭찬하는 것이다. 다이아니 휘트니는 저서 〈A리더십〉에서 다음과 같은 이유에서 긍정적 피드백이 중요하다고 말한다.[38]

   1. 사람들이 자기가 잘하고 있다는 사실을 깨닫게 해준다.

2. 리더 자신의 가치 기준을 알리고 강화한다.

3. 긍정적인 분위기를 만든다.

4. 칭찬하는 말은 면역 기능을 강화하므로 칭찬하는 사람뿐만 아니라 받는 사람에게도 좋다.

5. 인정은 안도감을 형성한다.

6. 모험정신과 실험정신을 자극한다.

이런 긍정적 피드백의 다양한 효과에도 불구하고 리더들이 긍정적 피드백을 잘 활용하지 않는다는 것이 피드백에 대한 한 연구 결과에서 나타났다.[39]

연구자들은 리더들에게 "당신은 부하직원들이 일을 잘하고 있을 때 잘하고 있다고 알려줍니까?"라는 질문을 했다. 그 결과 5.0만점에 평균 4.3점으로 매우 높게 나왔다.

반대로 부하직원들에게 "당신의 리더는 당신이 일을 잘하고 있을 때 잘하고 있다고 알려줍니까?"라는 질문을 했는데 결과는 평균 2.3점이었다.

이와 같은 결과는 리더들이 더 많은 관심을 갖고 구성원들의 효과적이고 긍정적인 행동을 찾아내고 관찰하여 피드백을 제공하는 노력이 필요하다는 것을 말해 준다.

긍정적 피드백은 AID(Action-Impact-Desired outcome) 단계를 통해 피드백의 효과성을 높일 수 있다. 예를 들어, 리더가 아이디어 공유와 제안을 꾸준히 실천하는 구성원이 있다면 다음과 같이 긍정적 피드백을 제공한다.

Action : 김 과장이 이번 달 제안목표인 3건을 초과하여 6건을 제출했네요.

Impact : 김 과장의 제안이 우리 팀의 제안 목표 달성에 도움이 될 뿐만 아니라 현장 업무개선에 도움이 되는 제안으로 채택되어 본부장님께 우리 부서가 칭찬을 많이 받고 있습니다.

Desired outcome : 김 과장이 앞으로도 적극적인 제안 활동을 해주기를 기대하겠습니다.

발전적 피드백

발전적 피드백은 관찰 가능한 문제 행동과 그 행동이 미치는 악영향에 대해 상대방에게 알려주는 것이다. 발전적 피드백은 비난과는 구분된다. 비난은 상대방을 탓하고 난처하게 만들며 실수를 지적하여 궁지에 모는 일이다. 이처럼 한 사람의 잘못된 것을 직접 또는 간접적으로 비난하거나 지적하게 되면 네 가지 문제점이 발생한다.

1. 방어적으로 되고 자신의 행동을 정당화하거나 자기의 잘못을 다른 사람 또는 다른 원인으로 돌린다.
2. 발전적인 피드백에 귀를 기울이지 않는다.
3. 난처해하고 기분이 상하며 자신들을 실패자라고 여기게 된다.
4. 비난받는 사람은 비난하는 사람뿐만 아니라 일 자체도 싫어하게 된다.

발전적 피드백의 핵심은 피드백을 받은 것에 대해 불쾌한 기분보다는 자신의 행동을 변화시키겠다는 열린 마음을 갖게 하는 것이다. 발전적 피드백의 단계는 다음과 같다.

Action : 특정상황에서 상대방이 행한 구체적인 행동
Impact : 그 행동이 미친 부정적인 영향
Desired outcome : 앞으로 바라는 구체적인 개선행동을 말한다. 또는 상대방에게 어떻게 하면 개선할 수 있는지 의견을 물어본다.

리더가 'Back to the Basic'이라는 슬로건 하에 기본을 준수하는 조직변화를 추진하고 있는데 지각을 자주하는 구성원이 있다면 다음과 같이 발전적 피드백을 제공하는 것이 효과적이다.

Action : 김 대리는 일주일 동안 세 번의 지각을 했습니다.

Impact : 제가 지각 재발 방지를 위해 세 번을 얘기 했는데 이번에 또 지각을 해서 기본원칙을 지키는 활동에 부정적인 영향을 미쳤습니다.

Desired outcome : 앞으로 다시는 지각하지 않기를 바랍니다.

위와 같이 마지막 단계에서 개선 행동을 말할 수도 있지만 "본인 생각에 지각하지 않기 위해 어떤 노력이 필요하다고 생각합니까?"라는 질문을 해서 개인이 적절한 개선책을 내놓게 하는 방법으로 대화를 할 수 있다.

현업적용하기

❶ 당신이 평소에 팀원 각자가 어떤 특성을 가졌다고 생각하는지 생각해 보라. 이것이 피드백을 제공하는 데 본질적 귀인오류를 범하게 만든다.

❷ 팀원에게 피드백을 제공하기 전에 반드시 구체적인 사실과 배경을 확인하는 노력을 하자.

❸ 회의 시간에 당신의 문제점에 대해 공개적으로 피드백을 요청해보자. 팀원이 당신을 지적할 때 불편한 감정이 들어도 마음속으로 '회의 시간에 다른 사람 앞에서 나를 지적하는 것은 위험을 감수하며 용기 있는 행동이다'라는 생각을 하며 담대하게 듣고 지적에 대해 먼저 감사를 표하라.

요약

❶ 코칭피드백은 상대방이 자신의 행동을 돌이켜 볼 수 있도록 그의 행동이나 그것이 미치는 영향을 그대로 알려주는 것을 말한다. 이는 상대방의 태도 및 행동의 변화와 강화를 목적으로 한다.

❷ 피드백에 대한 구성원의 수용성을 높이기 위해서 리더가 먼저 구성원에게 피드백을 요청하라. 구성원에게는 관찰 가능한 구체적인 행동에 대해 피드백을 제공하고, 행동의 원인을 파악하는 데 본질적 귀인오류를 범하지 않도록 명확한 사실관계를 확인하라.

❸ 긍정적 피드백과 발전적 피드백은 모두 Action-Impact-Desired outcome 단계로 진행한다.

❹ 긍정적 피드백은 특정한 상황에서 상대방이 행한 구체적인 행동과 그 행동이 미친 긍정적인 영향 및 효과에 대해 말하고 앞으로 지속적으로 기대하는 성과/행동을 말한다.

❺ 발전적 피드백은 특정한 상황에서 상대방이 행한 구체적인 행동과 그 행동이 미친 부정적인 영향과 앞으로 바라는 구체적인 개선 행동을 말한다.

갈등을 조정하라

토인비는 "변화에 직면한 사회는 일정한 '분열기'를 거치지 않고
재통합을 달성할 수 없다'고 말했다. 변화를 진행하는 과정에서 갈등과 분열이
나타나는 것은 지극히 자연스러운 현상이다.

토인비는 "변화에 직면한 사회는 일정한 '분열기'를 거치지 않고 재통합을 달성할 수 없다'고 말했다. 변화를 진행하는 과정에서 갈등과 분열이 나타나는 것은 지극히 자연스러운 현상이다. 갈등은 사람들 사이에 의견일치를 보지 못하거나 대립이 있을 때 언제나 발생할 수 있다. 특히, 조직변화는 기존에 일하던 방식을 바꾸거나 이해관계에 문제가 생기기 때문에 갈등의 발생 가능성이 높다.

갈등의 원인은 다양하다. 리더는 문제로 인식하는 것을 구성원들은 관행이나 편리성을 이유로 문제가 없다고 생각하기도 한다. 이것은 사람들이 하나의 현상을 다르게 인식하기 때문이다. 또는 시스템의 한 부분에서의 변화가 다른 부분의 반작용을 유발하여 불편을 초래하거나 그것으로 인해 저항을 일으켜 갈등을 만들기도 한다. 리더는 이러한 갈등을 잘 인식하고 사람들이 안전한 느낌 속에서 자신과 타인의 자아를 존중하는 방식으로 이슈를 제기하고 그 토론에 관여하도록 도움을 주는 갈등해결 관행을 개발하여 갈등이 순기능적인 역할을 하도록 관리할 때 변화를 효과적으로 이끌 수 있다.

01 갈등은 불일치이다

갈등은 두 사람 또는 그 이상의 사람들이 목표, 인식, 가치 등의 상충으로 인해 강한 불일치를 느끼는 상태이며 해결되지 않은 차이점이다. 서로의 생각과 관점의 차이로 불협화음이 생기고 기대한 것과의 불일치로 인해 의도가 좌절되고 이해 당사자의 감정이 개입되기 시작하면 갈등의 상태이다.

일반적인 대인 갈등과 달리 조직 내 갈등은 다른 특성이 있다. 다니엘 대너는 〈갈등해결의 기술〉에서 조직 내 갈등은 네 가지의 요건을 갖추고 있다고 말한다.[40]

첫째, 조직 내 갈등의 당사자는 상호 의존적이다. 조직 내 업무는 연결되어 있고 서로 영향을 주고받는다. 새로운 업무방식을 도입하거나 기존의 방식을 바꾸면 업무적으로 연결된 다른 개인이나 조직에 영향을 미치게 된다.

둘째, 서로 비난을 한다. 조직변화는 조직과 인간의 결함에 대한 용어집을 생산하는 일이라고 말하기도 한다. 변화는 주로 조직의 문제를 다루기 때문이다. 문제해결 과정에서 문제의 원인을 찾다 보면 책임소재를 따지게 되고 상대방의 결점과 문제점을 지적하게 된다. 결국, 문제 해결중심의 생산적 대화를 하지 못하고 서로의 잘못을 찾아내고 흠을 내다보면 팀워크와 관계가 악화될 수 있다.

셋째, 화가 나 있다. 조직이 재정립되는 것을 반기는 사람은 흔하지 않다. 변화와 혁신은 항상 누군가의 손실이 생기게 마련이다. 특히 변화로 인해 직접적으로 영향을 받으며 기존에 갖고 있던 지위와 혜택을 잃게 되는 개인과 집단은 변화추진자들에게 분노를 표출하게 된다.

넷째, 서로의 행동이 업무상 문제를 일으킨다. 해결되지 않은 갈등으로 업무 의욕과 집중력이 떨어지거나 소통이 안 되고 협업에 문제가 된다. 갈등은 그것을 인지했을 때 초기에 해결하려는 상호노력이 필요하다. 하지만 갈등은 무조건 나쁘다는 선입견 때문에 갈등의 존재를 부정하거나 축소 또는 인식하지 못하는 경향이 있다. 겉으로 드러나지 않지만 업무태만과 비협조적인 행동으로 업무에 문제를 일으키게 된다.

02 갈등은
폭탄이 아니라 신호탄이다

사람들은 조직에서 일어나는 대립은 언제나 나쁘다고 말하지만 오히려 갈등이 표면화되어 적극적으로 소통하고 효과적으로 갈등을 관리한다면 더 발전적인 관계와 변화를 만든다. 또한 갈등해결을 통해 팀워크가 개선된다면 성과향상과 혁신에 긍정적인 영향을 미친다.

갈등에 대한 잘못된 인식 중의 하나는 갈등은 무조건 참고 피하고 무시하면 해결된다고 생각하는 것이다. 갈등을 인식하고 있는 사람이 해결되지 않은 상태로 있으면 내면에 불만과 분노가 누적되어 업무 몰입도가 떨어지고 소통이 단절되어 오히려 악영향을 준다.

갈등은 조직변화의 어느 상황에서도 생길 수 있으며 효과적으로 잘 관리한다면 장기적으로 도움이 된다는 생각의 전환이 필요하다. 이를 위해 리더는 첫째, 갈등은 언제 터질지 모르는 뇌관을 가진 폭

탄처럼 조직의 골칫거리가 아닌 변화를 위한 자연스러운 과정이며 새로운 변화를 위한 신호탄이라고 생각해야 한다.

둘째, 갈등은 시간이 해결해 주는 것이 아니라 적극적인 관심과 해결을 위한 노력이 필요하다고 인식해야 한다.

셋째, 갈등은 언제나 해결가능하기 보다는 변화에 도움이 되도록 갈등의 수준을 조정하고 관리하는 것으로 접근해야 한다.

마지막으로 갈등을 승자와 패자가 발생하는 승-패가 아닌 승-승의 게임으로 만들겠다는 의지를 가져야 한다.

그림 3-4. 갈등에 대한 인식전환

- 조직 변화의 골칫거리
- 구성원 간의 대화 단절
- 시간이 해결
- 언제나 해결 가능
- 승자 아니면 패자

- 조직변화의 자연스러운 현상
- 대인관계에 도움
- 새로운 안정을 위한 과정
- 대부분 관리 가능
- 변화를 위한 동기부여

03 갈등은 징후가 있다

화재는 예방하거나 발생했을 때 초기에 진화해야 한다. 갈등도 마찬가지이다. 갈등이 표면화되기 전 갈등의 징후를 찾아내서 해결해야 한다. 만약 개인과 조직에서 다음과 같은 현상이 일어나고 있다면 갈등의 징후로 인식해야 한다.

서로 정보를 독점하고 잘 알려주지 않는다

서로 안 좋은 감정 상태에 있을 때 상대하고 유용한 정보를 교환하지 않는 폐쇄적인 소통을 하게 된다. 이것은 조직 문화가 경쟁적이어서 서로 과도한 경쟁을 하거나, 인센티브가 제한적이어서 일부 개인에게만 보상하고, 업무가 너무 과중 되어 다른 사람들을 도울 시간이 없거나, 지식과 정보를 공유하면 자신의 권력을 잃을 수 있다는 두려움

등이 있을 때 발생하는 현상이다.

상호 비판적이고 얘기에 대해 지나치게 논평한다

공식적인 회의 석상에서 서로에 대해 비난하고 상대편을 폄하하거나 지나치게 비평하는 것은 갈등의 징후이다.

자기합리화, 핑계, 변명이 많다

조직변화는 구성원들의 방어기제를 발달시킨다. 상대가 문제를 지적하거나 부탁을 할 때 안되는 이유와 핑계 그리고 변명을 하게 된다. 또한 새로운 변화가 실패할 수밖에 없는 그럴듯한 이유를 대며 합리화를 한다.

의사소통을 피한다

특정 개인 또는 팀하고 대화 자체를 거부하는 경우이다. 리더가 질문을 하거나 의견을 물어보면 잘 이야기하지 않는다.

타협을 거부한다

업무에 대한 생각과 방식에 이견이 있을 때 타협이나 양보 자체를 거부한다. 그리고 일단 조직변화 자체를 부정하거나 거부하는 말과 행동을 한다.

긴장된 관계를 유지한다

상호 불편한 관계를 유지하며 언제 터질지 모르는 폭탄같이 긴장감이 맴돈다. 표현하지 않지만 얼굴에는 불편함과 불안감 등이 느껴진다.

참여를 꺼린다

조직변화는 회의에서 시작하고 회의에서 끝난다고 할 정도로 많은 회의가 진행된다. 하지만 함께 참여해야 하는 팀 내 활동이나 팀 간의 활동에서 특정 개인이나 팀과는 대화하지 않거나 소극적으로 참여하는 경우 갈등이 존재한다고 볼 수 있다.

알고 있으면서 미리 말하지 않는다

중요한 문제를 일으키거나 손해를 볼 수 있는 상황이나 정보에 대해 알고 있지만 미리 말해주지 않는다.

04 갈등은 차이에서 비롯된다

갈등은 차이에서 비롯된다. 차이는 집단 구성원들의 관점, 아이디어, 의견의 차이와 같은 업무 측면과 감정적 대립, 질투심 같은 관계 측면의 불일치로 구분된다.[41]

업무적인 측면

업무적인 원인에 의해 발생하는 것이 과업갈등이다. 과업갈등은 일을 추진하는 내용에 대해 상호의 생각이 불일치하는 것을 의미한다. 과업갈등은 업무와 관련된 인식의 차이로 활발한 토론과 개인적인 흥분상태가 발생할 수 있으나 상대방에 대한 부정적인 개인정서는 포함되지 않는 상태를 뜻한다. 과업갈등은 적정한 수준으로 관리될 때 다양한 의견 수립과 효율적 대안을 마련할 수 있다는 점에서 조직 변화에 긍정적인 효과를 준다.

개인적인 측면

구성원들 사이의 대인관계 측면에서 발생하는 갈등은 관계갈등이다. 관계갈등은 업무상 일어나는 의견의 차이가 아니라 상대방의 개인적 특성의 차이에 따라 대인 간 불일치가 일어나는 것을 말한다. 관계갈등은 긴장, 증오, 성가심, 좌절, 짜증과 같은 감정적 긴장과 마찰과 같은 정서적 요소를 포함한다. 관계갈등은 조직성과에 부정적인 영향을 미치는 것으로 알려져 있다.

잘못된 갈등관리의 결과

갈등관리가 잘 못 이루어졌을 경우 시간과 비용 그리고 자원의 낭비, 의사결정이 엉뚱한 방향으로 이루어져 문제가 생긴다. 또한 팀워크가 깨지고 직원들의 의욕저하가 발생하며 업무적으로 불필요한 조정을 하게 되어 생산성이 떨어진다. 실제로 많은 기업사례에서 조직변화를 추진하는 초기 단계에 악의적인 내부고발과 폭력과 파업 같은 극단적인 결과가 발생하기도 한다.

05 갈등의 협력적 해결모델

갈등관리는 갈등이 긍정적인 효과를 발휘하도록 갈등의 수준을 감소시키거나 증가시키는 행동을 말한다. 갈등관리의 목적은 갈등의 제거, 방지, 통제에도 있지만 오히려 갈등으로부터 나타나는 가치와 이익을 증대시키고 비용과 불만족을 감소시키는데 있다. 갈등관리는 조직변화 상황에서 발생할 수밖에 없는 갈등이 유리한 결과를 실현하는 데 도움을 주는 구조나 조건이 되도록 노력하는 것이다.

리더는 조직변화에 있어 갈등 관계에 있는 개인 및 조직과 대화하는 기술을 개발할 필요가 있다, 특히 인간관계를 다치지 않으면서 갈등을 해소하는 기술이 필요하다. 협력적 갈등해결모델[42]은 긍정적인 관계를 유지하며 갈등을 해결할 수 있는 효과적인 모델이다.

갈등해결의 주도

협력적으로 갈등해결을 시도할 때 다음의 네 가지 단계를 따른다.

1. 문제의 주도권을 유지하도록 하는 ACF발언을 준비한다.
2. ACF발언을 한 다음 갈등의 존재에 대해 동의한다.
3. 여러 가지 갈등 해소 방법을 요구하고 제시한다.
4. 변화를 위한 합의를 이끌어 낸다.

Action(행동) / **Consequences**(결과) / **Feeling**(느낌)

1단계 : 문제의 주도권을 유지할 있도록 ACF발언을 준비한다

갈등해결은 갈등해결 계획을 수립하는 것으로 시작된다. 사전에 대화계획을 수립하지 않으면 자신이 원하는 방향으로만 상대를 설득하려고 하기 때문에 감정이 고조되고 갈등이 심화될 수 있다. 문제의 주도권을 유지하기 위해서는 문제를 인식하고 있는 사람이 상대방에게 문제를 해결하도록 도와 달라는 요청을 해야 한다. 예를 들면 이렇게 표현할 수 있다.

"내가 어떻게 하면 당신이 그 제안을 받아들일 수 있는지 얘기를 해주세요!"

이런 접근 방법을 사용하면 상대방이 방어적인 행동을 하지 않도록 하고 상호관계를 유지하면서 문제해결을 위한 분위기를 조성할 수 있다.

이것을 위해 활용할 수 있는 것이 ACF모델이다.

우리는 상대방이 어떤 행동(Action)을 하여, 그 행동으로 인해 어떤 결과(Consequences)가 발생했을 때 거기에 따른 느낌(Feeling)이 들게 된다.

예를 들어 상대방이 일방적으로 자기의 방식을 고집해서(행동), 더 이상 업무가 진전이 없고 문제가 해결되지 않아 납기를 맞출 수 없게 되고(결과). 그것으로 인해 걱정과 불안(감정)을 느낄 수 있다.

행동-결과-느낌은 상황을 평가하지 않고 설명만 하고 되도록 짧게 발언한다. 발언을 길게 하면 상대방은 자기가 말할 때를 기다리며 방어적으로 되기 때문에 갈등을 해결하는 데 더 많은 시간이 걸린다.

다음의 몇 가지 사항을 주의하여 행동-결과-느낌의 발언을 준비하여 활용한다면 더 효과적으로 갈등을 해결할 수 있다.

① 누가 옳고 그른지를 판단하지 않는다.

상대방의 행동과 그 행동이 만든 결과 그래서 내가 느끼는 감정과 기분만 얘기한다. 일반적으로 양쪽이 모두 틀리기도 하고 맞는 경우도 있다. 한쪽에게 잘못이 있다고 생각하거나 한쪽만이 옳다고 마음을 먹게 되면 갈등 해소에 도움이 되지 않는다.

② 대화를 위한 적절한 타이밍이 중요하다.

상대방이 바쁘고 여유가 없을 때는 피하고 나중에 만나서 갈등을 해결하는 것이 좋다.

③ 한꺼번에 관련이 없는 이슈까지 거론하지 않는다.

이왕 이렇게 얘기 나와서 말인데 하며 오래전 이야기나 관계없는 이야기는 꺼내지 않는다.

④ 행동-결과-느낌(ACF) 발언을 준비한 후 대화를 하기 전에 연습삼아 실제와 같이 말해 보는 것이 좋다.

⑤ 추가적으로 갈등 해소를 위해 사용 가능한 다른 대안을 생각한다.

자기의 이익보다는 상대방에게 관심을 보이고 상생하는 상황을 만들어 낼 수 있는 대안을 떠올려 본다. 즉 상대방의 입장에서 생각하고 나의 표현이 상대로부터 원하는 반응을 얻지 못하고, 상대에게 부정적인 영향을 주고 기분을 나쁘게 만들어 대화가 단절될 수 있는지 판단한다.

2단계 : ACF 발언을 한 다음 갈등의 존재에 대해 동의한다

미리 준비한 '행동-결과-느낌' 발언을 한다. 그리고 상대방에게 말할 기회를 준다. 상대가 의견을 말하면 경청하고 공감해 준다. 상대방이 말의 취지를 잘 이해하지 못하거나 문제점을 인정하지 않을 때 평정심을 유지하며 끈기 있게 주장을 한다. 상대방이 문제의 존재를 인정하지 않으면 갈등 해소는 불가능하다. 상대방이 문제점을 인정할 때까지 여러 가지 방법으로 차분하게 지속해서 계속 설명한다. 만약 더 이상 진전이 없으면 대화를 중단하고 자신의 이야기를 들어준 것에 대해 감사를 표현하고 다음 대화의 약속을 잡는다.

3단계 : 여러 가지 갈등 해소 방법을 요구하고 제시한다

상대방이 문제점을 인정하면 어떤 것을 할 수 있는지 어떻게 할 것인지에 관해 물어본다. 당신이 상대방의 얘기에 동의한다면 수용하고 그렇지 않다면 자신의 해결방안을 제시한다. 해결방안의 제시는 상대방의 의사를 일방적으로 변경하려는 것이 아니라 서로 협조해야 하는 입장이라는 것을 염두에 둘 필요가 있다. 상대방이 문제의 존재에 대해 인정하지만 해결에 대해서는 소극적일 경우 공동의 목표를 강조한다. 즉 문제의 해결이 모두에게 이익이 된다는 것을 상대방에게 인식시킨다.

4단계 : 변화를 위한 합의를 이끌어낸다

갈등 해결을 위해 양측이 취해야 할 구체적인 행동에 대하여 합의에 도달하려는 노력을 한다. 갈등과 관련된 모든 사람들이 취해야 할 행동에 대해 명확히 언급하고 복잡한 사안은 기록한다. 합의를 이끌어내는 과정에서도 상대에게 협력적인 관계를 위해 노력하고 있다는 것을 강조한다.

갈등제기에 대한 반응

상대방이 갈등의 문제를 제기하여 응대하는 입장에서 효과적으로 대응하는 것은 매우 중요하다. 반응하는 입장에서 다음의 네 가지 단계를 거쳐 갈등을 성공적으로 해결할 수 있다.[43]

1단계 : 경청을 하고 행동-결과-느낌(ACF)모델을 이용하여 갈등을 다른 말로 바꿔서 표현한다.

"제가 저의 방식을 고집해서 일이 진행이 안 되고 문제가 해결되지 않고 일을 원하는 일정에 끝내지 못할 것 같아 걱정되고 불안하다는 말이죠?"

2단계 : 몇 가지 불만 사항에 대해 동의를 한다

"저도 일정이 일부 지연되는 것에 대해서는 동의를 합니다. 하지만 나만의 방식을 고집한다는 것에 대해서는 조금 다른 생각을 갖고 있습니다."

3단계 : 갈등 해소를 위한 다른 방법을 요구하고 자신의 생각을 말한다

"그렇다면 먼저 서로의 생각이 다른 것에 대해 새로운 대안을 협의해야 할 것 같습니다. 저는 팀장과 같이 의논해서 대안을 찾는 것이 좋다고 생각합니다."

4단계: 변화를 위한 동의를 한다

만약 합의에 도달했다면 서로 약속한 행동에 관해 확인한 후 동의를
표현한다.

갈등해결의 조정

조직변화과정에서 구성원 간 또는 부서 간 갈등이 발생하여 서로 해
결하지 못하는 경우 리더는 조정자(mediator)로서 갈등해결에 도움을
주어야 한다. 먼저 갈등에 관여된 구성원들을 한자리에 모으기 전에
같이 만날지 개인적으로 따로 만나야 할지 생각해 봐야 한다.

이해 당사자 간에 입장이 확연히 다르거나 한쪽만 갈등을 인지하
고 있다면 그들을 함께 모으기 전에 별도로 회의를 진행한다.

반면에 양측이 문제해결을 위한 의욕이 비슷한 수준이고 마음에
안정을 유지하고 있을 때는 함께 하는 회의로 시작할 수 있다. 이때
리더는 어느 한쪽이 회사의 정책을 어기지 않았다면 한쪽의 편을 드
는 것이 아니라 중립적인 입장을 유지한다. 또한 상대방에게 책임소
재를 묻거나 궁지에 몰지 않도록 한다. "당신들 두 사람 모두 정말 실
망했습니다", "애들도 아니고 미성숙한 사람들처럼 행동하는군요"와
같은 발언은 피한다.

한쪽이 다른 쪽을 비난한다면 "우리는 갈등해결을 위해 여기에 모

였으니 상대에게 비난하는 것은 생산적이지 않습니다"라는 발언을 한다. 그리고 갈등이 서로의 업무에 어떤 영향을 미치는지에 집중하고, 관여된 사람들의 성격이나 동기 그리고 의도보다는 구체적인 행동을 지칭하면서 문제에 대한 토론을 유도한다. 갈등 중재에 있어 중요한 것은 상호 서로의 문제에 관련된 행동과 그로 인한 결과가 무엇인지 알게 하는 것이다.

만약 조정자로서 역할을 하는데도 불구하고 갈등이 해결되지 않으면 리더는 판사와 같은 역할을 하는 중재자로서 결론을 내리고 양측이 따르도록 한다. 하지만 되도록 승자와 패자가 발생하는 중재자로서의 역할을 최소화하는 것이 조직의 팀워크를 위해 도움이 된다.

갈등해결을 위한 조정은 다음의 5단계를 이용하여 진행한다.[44]

1단계 : 관련자들이 행동-결과-느낌(ACF)모델로 갈등을 설명하게 한다

먼저 갈등을 잘 해결했을 경우 모두에게 이익이 된다는 것을 상기시킨 다음 대화의 원칙을 제시한다.

- 대화를 통한 상호이익의 관점에서 생각한다.

- 비난하고 문제를 끄집어내기보다 해결 지향적 대화를 한다.

- 한 명씩 각자 ACF발언을 한다. (만약 ACF발언에 대해 이해를 잘못 할 경우 예시를 들어준다)

• 한 사람이 말을 다 끝난 후 상대방이 얘기한다.

"요즈음 서로 문제가 되는 ~대해 같이 이야기해 보겠습니다."

"먼저 제안하는 것은 우리가 ~문제를 잘 해결한다면 상호 ~한 이익이 있다는 것입니다."

"그래서 두 사람(부서)이(가) 잘 협의해서 모두가 다 만족할 만한 해결책이 나오도록 해결에 초점을 맞춰 노력했으면 합니다."

"먼저 어떤 일이 있었는지 서로의 생각과 경험을 말하는 데 일방적으로 서로를 비난하거나 평가하는 것은 자제하고 상대방의 어떤 행동(Action)이 어떤 결과(Consequence)를 만들었고 그래서 나(부서)의 느낌(Feeling)은 어떤지에 대해서만 말을 하도록 하겠습니다."

2단계 : 갈등존재에 대해 동의한다

갈등의 존재에 대해 서로가 동의하지 않으면 대화의 진전이 이루어지지 않는다. 갈등에 대한 서로의 생각을 충분히 공유하게 하고 동의가 이루어졌을 때 해결방안 개발을 시작한다.

"좋습니다. A는 B의 ~한 행위 때문에 ~한 결과와 ~한 영향이 있다고 했습니다. 그리고 B는 A의 ~행위 때문에 ~한 결과와 ~한 영향이 있다고 말했습니다. 제가 이해하고 있는 게 맞습니까?"

"그렇다면 B는 A의 의견에 대해 어떻게 생각하는지 말씀해 보세요?"

"이번에는 A는 B의 의견에 대해 어떻게 생각하는지 말씀해 보세요?"

"좋습니다. A와 B 모두 나름 긍정적인 의도가 있다고 생각합니다."

"중요한 것은 우리가 같이 협조하여 해결하는 것입니다."

3단계 : 갈등해결 방안을 개발한다

갈등해결 방안은 한쪽만 일방적으로 만족하기보다는 양쪽이 만족할 수 있는 방안을 이끌어 낸다. 한쪽이 일방적으로 양보할 경우 장기적으로 다시 갈등이 발생할 수 있다. 충분한 시간을 가지고 다양한 대안을 생각해보고 평가하게 한다.

"자 그럼 지금까지 얘기된 문제에 대해 어떻게 해결하면 좋을지 대화를 나누어 보겠습니다."

"먼저 A가 어떻게 해결하면 좋을지 말씀해 보세요."

"그럼 B는 A의 해결방안에 대해 어떻게 생각하는지 그리고 자신의 해결방안에 대해 말씀해 보십시오."

"이번에는 A가 B의 해결방안에 대해 어떻게 생각하는지 말씀해 보십시오?"

"자 그럼 A와 B의 해결방안을 모두 들었는데 모두가 만족할 만한 해결방안은 어떤 것이 있을까요?"

4단계 : 변화를 위한 합의를 이끌어 낸다

변화를 위한 합의를 이끌어 내기 위해서 양쪽에게 동의 여부를 확인한다. 만약 동의하지 않는다면 새로운 대안을 제시할 것을 요구한다. 상호 합의가 이루어지면 합의 이행을 위한 행동계획을 이야기하게 한다. 그리고 지금까지 했던 얘기를 요약하고 적극적으로 대화 참여해 준 것에 대해 감사를 표현한다. 마지막으로 합의사항의 이행 점검을 위한 일정을 정한다.

"자 그럼 서로가 제시한 해결방안에 대해 동의하십니까?"

"그럼 서로 합의 이행을 위해 어떤 행동을 언제부터 할 것인지 말씀해 주시기 바랍니다."

"이제 정리해 보면 A와 B는 앞으로 이렇게 해서 현재의 문제를 같이 협조적으로 해결하기로 했습니다. 대화에 적극적으로 참여해 주셔서 감사합니다."

"1주일 뒤에 서로가 합의한 사항을 잘 이행하는지 다시 검토해보겠습니다."

5단계 : 갈등이 해결됨을 확인한다.

약속된 시간이 지나 갈등의 당사자들을 만나 약속 이행과 갈등해결의 정도를 확인하고 진전이 없을 경우 다시 만나 갈등해결 조정 프로세스 1단계에서부터 4단계 프로세스를 진행한다.

현업적용하기

❶ 팀원들이 갈등을 해결하기보다는 무시하고 넘어가려고 할 때 그것에 대해 언급하라. "제가 생각하기에는 지난번 서로 간에 이슈가 되었던 것에 대해 해결하기보다는 그냥 넘어가려고 하는 것처럼 보입니다. 우리가 그 문제를 잘 해결한다면 이번 프로젝트를 하는 데 시너지를 내며 더 좋은 성과를 낼 것으로 판단합니다"

❷ 이슈와 관련된 사람들이 상대방에 대해 행동-결과-느낌의 단계로 갈등을 표현하도록 지침을 주고 협력적 갈등해결 모델을 적용해서 갈등해결을 시작하라.

❸ 당신이 협력적 갈등해결 모델을 적용하여 갈등을 조정할 때는 철저하게 중립적인 입장을 견지하라.

❹ 갈등의 골이 깊을수록 한 번에 꺼지지 않은 불과 같다. 인내를 갖고 갈등을 조정하라.

요약

❶ 리더는 조직변화의 상황에서 발생하는 갈등을 인지하고 갈등이 순기능적인 역할을 하도록 관리할 때 변화를 효과적으로 이끌 수 있다.

❷ 갈등은 두 사람 또는 그 이상의 사람들이 목표, 인식, 가치 등의 상충으로 인해 강한 불일치를 느끼는 상태이며 해결되지 않은 차이점이다.

❸ 조직 갈등은 다음의 네 가지 요건을 갖추고 있다. 첫째, 갈등의 당사자는 상호 의존적이다. 둘째, 서로 비난을 한다. 셋째, 화가 나 있다. 넷째, 서로의 행동이 업무상 문제를 일으킨다.

❹ 갈등은 폭탄이 아니라 신호탄이다. 이것은 갈등을 어떻게 인식하는가에 달려 있다. 갈등은 조직변화의 자연스러운 현상이며 대인관계개선에 도움에 된다. 또한 새로운 안정을 위한 과정이며 완전한 해결보다는 관리가 가능하다.

➎ 갈등에는 징후가 있다. 갈등이 표면화되기 전 또는 갈등의 징후를 찾아 내서 해결한다면 갈등으로 인한 에너지와 비용의 낭비를 줄일수 있다.

➏ 갈등은 업무를 추진하는 내용에 대해 불일치가 발생하는 과업갈등과 상대방의 개인적 특성의 차이에 의해 발생하는 관계갈등이 있다.

➐ 갈등의 협력적 해결 모델은 다음의 단계로 진행한다.

1단계, 문제의 주도권을 유지하도록 하는 ACF발언을 준비한다.

2단계, ACF발언을 한 다음 갈등의 존재에 대해 동의한다.

3단계, 여러 가지 갈등 해소 방법을 요구하고 제시한다.

4단계, 변화를 위한 합의를 이끌어 낸다.

➑ 상대방의 갈등제기 대해서는 다음과 같이 반응한다.

1단계, 경청을 하고 ACF모델을 이용하여 갈등을 다른 말로 바꿔서 표현한다.

2단계, 몇 가지 불만사항에 대해 동의한다.

3단계, 갈등 해소를 위한 다른 방법을 욕구하고 자신의 생각을 말한다.

4단계, 변화를 위한 동의를 한다.

➒ 갈등해결의 조정은 다음 단계를 따른다.

1단계, 관련자들이 ACF모델로 갈등을 설명하게 한다.

2단계, 갈등의 존재에 대해 동의한다.

3단계, 갈등해결 방안을 개발한다.

4단계, 변화를 위한 합의를 이끌어 낸다.

5단계, 갈등이 해결됨을 확인한다.

이 사례는 책의 전반에서 중요하게 다루는
변화의 핵심 원리를 잘 적용시켜 어렵고 복잡한 이슈가 있는 변화를 성공으로
이끌었다는 점에서 그 의미와 가치가 있다. 변화를 준비하거나 시도하고 있는
모든 영역의 리더와 조직에게 도움이 된다.

변화 리더십
성공사례

THE CHANGE

그동안 몇 권의 책을 출간하면서 에필로그에 책을 집필하면서 가졌던 소회를 밝히는 것은 지면 낭비가 아닌가 고민했었다. 그래서 이번에는 과감히 에필로그를 생략하고 책의 전체 내용을 정리하고 이해를 도울 수 있는 좋은 사례를 제시하는 변화를 시도했다.

　여기저기 자료를 찾다가 우연히 인터넷에서 한 지방자치단체의 변화관리 사례를 발견했다. 인터넷 기사 내용만으로는 구체적이고 정확한 내용을 알 수 없어 해당 지자체에 연락을 해서 담당자로부터 자료를 받아 내용을 정리했다. 이 사례는 책의 전반에서 중요하게 다루는 변화의 핵심 원리를 잘 적용시켜 어렵고 복잡한 이슈가 있는 변화를 성공으로 이끌었다는 점에서 그 의미와 가치가 있다. 변화를 준비하거나 시도하고 있는 모든 영역의 리더와 조직에게 도움이 될 것 같다.

남양주시청 하천정원화 사업

2019년 8월 남양주시청이 지방자치단체 최초로 관내 4대 하천·계곡 영업 시설 및 불법 구조물을 1년간의 노력 끝에 완전하게 철거하여 화제가 되었다.[1] 계곡과 하천불법은 그동안 매년 문제 제기가 되었지만 개선되지 않는 뜨거운 감자였다. 지역사회라는 특수성과 다양한 이해관계가 첨예하게 대립되는 오래된 문제를 탁월한 변화리더십을 발휘해 해결했다는 점에서 조직변화를 추진하는 다양한 조직에 시금석이 될 만한 베스트프렉티스이다.

　1년간의 디테일한 준비를 통해 성공한 변화관리 사례를 STAR기법 (상황:Situation, 과제:Task, 행동:Action, 결과:Result)으로 정리해 본다.

1. 상황과 배경(Situation)

매년 지역 계곡과 하천이 불법 점령당했다는 뉴스가 반복된다. 불법 영업 시설물로 인해 자연경관이 훼손되고 계곡과 하천을 오염시키고, 바가지요금으로 시민들의 눈살을 찌푸리게 했던 이 문제는 계곡 피서 문화가 유행하던 1970년대부터 지금까지 개선되지 않고 있었다.

이 악순환의 고리가 끊어지게 된 계기는 남양주 시장이 2018년 7월 1일 취임하자마자 시민에게 하천을 돌려주겠다고 선언하면서 시작되었다. 시장은 평소 하천은 공유수면이기 때문에 모든 사람이 공동으로 누려야 하며 일부 생업에 종사하는 사람들의 전유물이 되어서는 안 된다는 신념을 갖고 있었다.

하지만 그동안 하천불법 단속은 불법 시설물 운영자가 대체로 서민이고 생계와 연계되어 있고, 지역사회 인맥과 연결되어 있어 고발과 원상복구 명령만 계속 반복되어 왔기 때문에 추진하는데 많은 저항과 어려움이 예상되었다.

2. 과제(Task)

시청은 먼저 계곡·하천불법의 악순환 고리를 끊기 위해서 공공재인 하천을 정원으로 만들어서 서민들이 리조트에 가지 않아도 힐링이 되는 공간으로 만들겠다는 비전을 제시하고 구체적인 하천 정원화 사업 정책을 수립했다.[2] 이는 단순히 하천불법에 대한 징벌적 조치를 넘어 시민과 이해관계자들에게 변화의 필요성과 공감을 이끌어 내기 위해 반드시 필요한 일이었다.

남양주 시장은 하천 정원화 사업 추진을 위해 세 가지 이슈를 해결 해야 했다. 첫째는 정책과 변화를 주도할 담당 공무원들을 설득하고 공감을 얻는 것이었다. 수십 년간 어쩔 수 없어 암묵적으로 묵인하고 방관했던 하천불법을 해결하고 지역사회 특성상 연결된 관계와 인맥 을 뛰어넘어 정책을 집행하기 위해서는 변화추진 세력의 강력한 수 용과 동력이 필요했다. 실제 주관부서의 팀장이 팀원들에게 불법행 위 단속계획을 말했을 때 "팀장님 미쳤어요. 자기 발등 찍지 말고 가 만히 있어요"라고 얘기할 정도로 직원들은 예상되는 저항과 어려움 때문에 두려움이 컸다.[3]

둘째는 수십 년간 하천과 계곡을 생계의 터전으로 살아온 상인과 영업주들의 저항을 극복하는 문제였다. 셋째는 변화 반대세력의 힘 을 약화시키기 위해 시민들의 공감과 지지를 얻는 것이었다.

3. 조치와 행동(Action)

정책의 목적과 가치의 명확화

하천과 계곡의 불법을 해결하고 하천을 정원화 하는 사업의 목적을 단순히 불법에 대한 행정 집행을 넘어 소수의 특권을 위해 다수가 누 려야 할 가치가 훼손되지 않게 모든 시민에게 하천을 돌려줌으로써 시민의 삶에 중심을 두는 공정가치의 실현으로 설정했다. 또한 단순히 시장의 치적을 위한 이벤트성 정책이 아니라 새로운 하천 문화를 만드는 장기적 과정으로서 정책적 가치를 부여했다.

철저한 사전 준비와 계획

변화성공은 비전만으로도 계획과 관리만으로도 성공할 수 없다. 비전과 계획과 관리 모두가 필요하다. 남양주 시청은 '하천을 시민에게 돌려주고 새로운 하천 문화를 만들자'는 비전뿐만 아니라 시장이 취임 직후부터 1년간 디테일한 준비를 통해 다양한 시민들의 수요를 반영하는 단계별 정책과 추진계획을 만들어 시행함으로써 변화추진에 힘을 얻었다.

하천 정원화 사업은 1단계로 하천불법을 철거하고, 2단계로 운동, 산책, 힐링을 위한 리조트를 조성하며 3단계로 연중 깨끗한 하천을 만드는 것이 목표이다.[4]

이와 같이 하천 정원화 사업은 하천불법 단속에서 끝나지 않고 다양해지는 시민의 수요(산책, 자연 체험, 휴식공간 등)를 따라잡고, 지속가능한 하천관리를 위해서 정책의 계획, 실행에 이어 평가와 환류 과정(다면적인 성과측정)과 시민들의 자발적 참여를 통해 하천 문화를 만드는 장기적 계획을 갖고 출발했다.

내부 공무원들의 공감대 형성과 절박감 조성

기존 관행을 깨고 변화가 성공하려면 무엇보다 변화추진 세력의 강한 확신과 방향성에 대한 공감이 중요하다. 이에 대해 남양주시장은 한 언론과의 인터뷰에서 다음과 같이 얘기했다.

"시장이 암만 떠들어 봤자 밑에서 공감하지 않으면 형식적으로 일하고 만다. 처음부터 업무를 담당하는 시청 직원들과 워크숍도 하고, 사례 견학도 시키고, 왜 필요한지 절감하게끔 했다. 그 훈련을 몇 개월 했다."[5]

이런 노력으로 하천정원화 사업을 추진하는 담당자들은 하천불법을 단속하는 것이 도저히 안 될 것이라는 생각에서 할 수 있다는 강한 확신과 소명 그리고 강한 추진력을 갖게 되었다. 이는 다양한 이해관계자의 강한 저항을 극복하고 하천불법을 해결하여 전국적인 모범사례를 만드는 데 중요한 동인이 되었다.

저항극복을 위한 이해관계자와의 적극적인 소통

하천과 계곡을 불법으로 점유하고 있는 업주들은 생존과 관련된 문제이기 때문에 저항이 클 수밖에 없다. 이를 해결하기 위해서는 무조건 합법적 권력의 힘을 이용해 일방적으로 밀어붙이는 것도, 예외를 허용하며 관용을 베푸는 것도 모두 한계가 있다. 그래서 불법에 대해서는 무관용의 원칙을 적용하되, 다른 한편으로는 충분한 소통과 설득을 통해 공감대를 형성하고, 변화에 준비할 수 있는 시간적인 여유와 기회를 제공했다.

남양주 시장은 이런 과정을 어떻게 이끌었는지 다음과 같이 말했다.

"계곡 상인들에게 작년부터 '내년 여름에는 장사 못합니다' 여러 차례 계도했다. 환경복지 국장, 생태하천 과장이 주민과 미팅도 수차례 진행했고 자진 철거 계도도 했다. 자진 철거 안 하면 강제 철거하겠다 얘기했고, 올 3월부터 강제철거에 들어갔다. 당장 여름 장사 시작하려는데 단속하면 반발만 산다. 지난 겨울부터 차근차근 준비해서 가능한 일이었다."

실제로 남양주시에 의하면, 공무원들은 4개 하천지역 통합설명회 및 각 지역별 주민 좌담회 지역별 건축주·토지주·영업주 통합설명회 및 1:1 맞춤 면담을 진행했고, 주민설명회, 주민 의견수렴, 간담회, 토론회, 철거 협의 등 이해당사자와 직접 만나 소통하는 기회를 16차례나 가졌다.[6]

특히 남양주시와 60여 명의 업주들이 참석한 '현답토론회'는 갈등과 문제 해결방식에 새로운 장을 열었다. 남양주시는 하천불법과 직접 관련이 있는 업주들을 모아 놓고 '아름다운 하천을 만드는 방법'에 대해 토론을 시켰다. 당장 생존에 위협을 받게 된 당사자들에게 다소 엉뚱하지만 긍정적인 접근을 사용하자 일부 사람들을 제외하고는 '과거 하천에서 즐거운 경험, 현재 하천 모습, 미래 하천의 모습, 아름다운 하천을 만들기 위해 없애고 버려야 할 것, 보태고 더해야 할 것'에 대해 예상 밖의 열띤 토론을 벌였다. 그리고 문제의 심각성을 느낄 수 있도록 매년 반복되는 불법영업 현장을 방영한 뉴스를 보여주기도 했다.

　이런 과정은 업주들 스스로가 바가지요금 안 받기, 자릿세 없애기, 불법행위 제거 등 시민의식을 함양하는 것이 장기적인 차원에서 도움이 된다는 공감을 이끌어 냈다. 또한 업주들의 목소리에도 귀를 기울여 서로의 입장을 확인하고 향후 진행되는 과정을 명확히 인식할 수 있게 충분한 정보를 제공했다. 결국 토론회는 "내년부터 남양주에서 하천불법을 영원히 퇴출시키자."는 참석한 업주들의 결의로 끝났다.[7]

　물론 하천불법 단속을 시행하는 1년 동안 '시장한테 밤길 조심하고 전하라'는 협박성 메시지가 시장에게 들려 오기도 하고, 단속 현장에서 항의와 대치가 발생하는 일도 있었지만 집요하고 지속적인 소통과 계도로 큰 문제 없이 하천불법 행위 단속을 성공적으로 끝냈다.

4. 결과(Result)

하천불법 단속은 불법 시설물 철거업소 82개소, 불법 시설물 1,105개 철거, 철거에 동원된 포크레인과 크레인 등 장비 92대, 철거에 동원된 인력 262명, 철거에서 나온 폐기물이 2,260톤이나 되는 많은 인력과 자원이 투입되는 작업이었다. 그러나 남양주시청의 하천정원화 사업의 최고의 성과는 몇 십년 동안 불가능하다고 생각하고 방치해 왔던 하천불법의 완전한 해결이었다.

　하천불법 단속의 성공으로 남양주시청은 2019년에 SBS 물환경대상을 수상했고 같은 해 국회에서 열린 지방정부 정책 경연에 '하천정원화사업'이라는 테마로 진출해 뜨거운 호응을 받았다. 하지만 더 중요한 의미는 그동안 떼법과 불법에 밀려 손을 놓고 있었던 하천불법 단속에 대해 다른 지방자치단체들에게 새로운 가능성을 열어주었다는 점이다.

남양주 시청의 하천불법 단속의 성공이 주는 시사점을 변화관리차원에서 몇 가지로 정리하면 다음과 같다.

변화추진 리더와 세력의 강력한 의지

변화에 있어 리더의 강력한 의지와 집요함은 성공과 실패의 차이를 만든다. 남양주 시장과 담당 공무원들은 지역사회의 특성상 다양한 관계와 인맥이 연결되어 있어 사업추진에 어려움이 있었지만 인기에 영합하지 않고 대의명분을 중시하며 변화를 밀어붙였다.

"디테일하게 준비하고 지속적으로 집요하게 물고 늘어진 문제다. 지독하게 하지 않으면 변화가 없다. 표를 의식해서 의미 있는 일을 못 할 바에야 내가 정말 옳다고 생각하는 걸 추진하고 장렬하게 다음 선거에서 떨어지는 게 낫다고 봤다. 소수의 특권을 위해 다수가 누려야 할 가치가 훼손돼서는 안 된다."

위와 같은 남양주 시장의 얘기에는 변화 추진에 대한 결연한 의지와 신념이 담겨 있다.

또한 시장의 비전과 철학을 이해하고 1년이라는 기간 동안 책임과 소명의식을 갖고 직접 현장에서 업주들을 만나 대화를 나누고 설득하고, 때론 업주들의 아픔을 마음으로 같이 나누며 더 중요한 가치 실현을 위해 뛰었던 담당자들의 헌신이 있었기에 변화에 성공할 수 있었다.

참여를 통한 소통과 공감

존 코터가 말했듯이 변화 초기에 구성원들이 변화에 대한 필요성과 중요성을 공감하고 절박감을 느끼는 것이 변화 성공에 중요한 요소이다. 또한 변화에 성공사례에서 예외 없이 등장했던 것은 앞으로 일어날 수 있는 악조건에 대해 솔직하게 토론할 수 있는 여건의 조성이었다.

남양주 시청의 하천불법 단속의 성공 요인도 참여를 통한 소통과 공감에 있다. 변화 초기에 남양주 시장은 변화 실무 담당자의 인식을 바꾸고 정책실행에 대한 공감을 얻기 위해 하천불법단속의 필요성과 의미에 대해 반복적으로 소통을 하고 몇 개월에 걸쳐 워크숍 등의 교육을 실시했다. 또한 하천과 계곡의 상인과 업주와 시민 그리고 다양한 이해관계자와 16차례에 걸쳐 설명회, 토론회, 협의, 간담회, 워크숍을 실시했다. 특히 시민 의견을 반영해 하천정책을 만들고, 그 내용을 권역별로 찾아가 설명하고 협조를 구하는 노력이 사람들의 마음과 공감을 얻어 협조를 이끌어 내는 중요한 전환점이 되었다.

또한 높아진 시민의 의식수준과, 소득 수준의 향상으로 여가생활에 대한 다양한 관심이 증가하고, 환경의 지속가능성에 대한 관심이 높아진 것도 하천불법을 해결하는 데 중요한 요인이었다고 판단한다.

전통적 변화관리와 긍정 변화관리의 조화

전통적 변화관리는 톱다운 방식으로 문제에서 시작해 해결책으로 접근하는 방식이다. 반대로 긍정 변화관리는 바텀업방식으로 해결책에서 문제해결로, 강점과 가능성을 중심으로 접근하는 변화관리방식이다.

남양주 시청의 하천불법 단속은 시장의 강력한 리더십과 문제의식으로 시작해, 강한 실천 의지와 신념을 가진 변화대리인을 선정하고, 시민에게 하천을 돌려주고 새로운 하천 문화를 만들자는 비전을 선정하여 적극적으로 공유하고 설득하여 단기적인 성과를 만들었다는 점에서 전통적인 변화관리 방식으로 진행됐다.

하지만 진행 과정에서 실시한 워크숍의 방식은 긍정 변화관리의 긍정탐색법을 활용했다. 하천불법의 문제점만을 언급하지 않고 '아름다운 하천 만드는 방법'이라는 긍정주제를 선정해서 하천에서의 과거의 즐거운 경험과 미래 하천의 모습을 떠올리고, 아름다운 하천을 만들기 위해 필요한 변화를 상인과 업주들이 직접 제안하고 마지막으로 실천을 다짐하는 과정으로 진행했다. 이 과정은 참석자들이 눈물 나는 코미디 같다고 말하면서도 적극적으로 의견을 제시하는 이변을 낳았다.

보고-느끼고-변화하기의 접근방식

변화는 논리와 분석보다는 보고-느끼고-변화하기 방식으로 감정에 영향을 미칠 때 변화의 가능성은 더 높아진다.

하천불법 단속의 성공은 시청 담당자들이 변화의 필요성을 절감하도록 실제 선진 사례 견학을 하고 워크숍과 교육훈련을 실시하였고, 하천과 계곡에서 불법영업을 하고 있는 업주를 대상으로 하는 워크숍에서는 매년 반복되는 불법영업 현장을 방영한 뉴스를 보여주고 자신들이 직접 변화된 미래하천의 모습을 그림으로 표현하게 하는 보고-느끼고-변화하기 방식으로 접근하여 감정에 영향을 주기 위한 다양한 노력을 했다.

시사점

남양주 시청의 하천불법 단속과 하천정원화 사업은 변화관리의 중요한 원칙들을 충실하게 적용하여 변화를 성공으로 이끈 사례이다. 남양주 시청의 하천불법 단속의 성공사례는 변화를 시도하는 조직에 네 가지 시사점을 제공한다.

첫째, 변화가 성공하기 위해서는 변화 주도 세력의 강력한 의지와 신념이 있어야 한다. 남양주시장과 시청담당자들은 예상되는 불이익과 희생을 감수하면서 변화에 대한 강력한 의지를 갖고 실행했다. 이는 리더가 먼저 변화를 머리-가슴-손으로 받아들이는 것을 의미한다.

둘째, 단순한 문제해결이 아닌 다양한 이해관계자의 위품(WIIFM)과 연결될 수 있는 비전을 설정하고, 이해와 공감을 위한 참여와 소통 그리고 위임을 해야 한다. 변화에 대한 저항을 최소화하기 위해서는 4P를 통한 소통전략이 중요하다. 남양주시청은 변화의 목적과 필요성(Purpose), 변화의 큰 그림과 비전(Picture), 변화에 영향을 받는 사람과 영향(People), 변화 진행 프로세스(Process)에 대해 1년 전부터 충분한 시간을 가지고 정보를 제공하고 설득했다.

셋째, 사람들의 행동을 변화시키기 위해서 감정의 변화가 중요한 것이 아니라 감정이 변화 그 자체라고 인식해야 한다. 논리적 설득보다는 '하천을 시민에게 돌려주자'와 같이 감성을 자극하고 사람들이 더 큰 무언가를 위해 기여한다고 느끼도록 의미를 제공해야 한다.

넷째, 변화는 이벤트가 아니라 문화로 만들어야 한다. 남양주 시청은 하천불법 단속으로 시작해 자연 하천으로의 복원과 시민들이 직접 참여하여 하천을 여가와 문화가 있는 시민의 삶의 공간으로 만들기 위한 다양한 제도와 관행들을 만들고 있다.

이 책은 코로나19가 준 선물이다. 코로나19로 몇 개월간 내 정체성의 많은 부분을 차지했던 강사로서의 스위치가 오프(off)되면서 작가의 스위치를 다시 온(on)할 수 있었다. 환경의 변화는 위험과 기회가 공존한다. 나는 독자들이 이 책을 읽고 변화속에서 기회를 발견하는 안목을 개발하고 자신 뿐만 아니라 타인의 삶을 성장으로 이끄는 진정한 변화리더가 되기를 바란다. 그리고 마지막으로 이 책의 출간을 제안하고 탄생하는 데 도움을 준 플랜비디자이너들에게 감사의 말을 전한다.

변화디자이너 허일무 Ph.D.

프롤로그

1 경영혁신에 있어 리더십이 차지하는 위치와 중요성을 설명했다. 존 코터(한정곤 옮김), 기업이 원하는 변화의 리더, 김영사, p.46.

2 IBM가치 연구소의 보고서는 비즈니스 가치 실현에 유용한 분석 및 관점을 제공한다. 지속적인 업무 변화에 따른 변화관리: Change Architect가 조직 변화를 지휘 및 관리하는 비결, IBM기업가치연구소, IBM글로벌 비즈니스 서비스(GBS) Executive, 조직변화관리,p.1.

3 공식조직에서의 리더십에 관한 이론과 광범위한 연구 조사 결과를 제시한다.Gary Yukl (강정애, 이상욱, 이상호, 이호선, 차동옥 옮김), 현대조직의 리더십 이론(Leadership in Organizations), 시그마프레스, p.416~418.

PART ONE 변화에 관한 변화

1 여기에 인용된 문장은 다음 책을 참조하여 편집했다. 마이클 자렛, 어떤 기업이 변화에 성공하는가?, 비즈니스맵, P. 175.

2 이 세 가지 질문은 다음 문헌에서 인용했다. https://news.joins.com/article/21779516. 중앙일보는 토마스 프리드먼의 신간 '늦어서 고마워'가 한국어로 번역되어 출간되자 그와 e메일 인터뷰를 했다.

3 식이요법을 통한 다이어트가 왜 실패하는지에 관한 내용은 다음에서 인용했다. 자기혁신 프로그램(changing for good), 제임스 포로차스카,존 노크로스,카를로 디클레멘트. 에코리브르. p.31.

4 붉은여왕의 가설에 대한 설명은 다음 웹사이트에서 인용했다. https://terms.naver.com/entry.nhn?docId=3380796&cid=58393&categoryId=58393

5 이 말은 다음 책에서 인용하며 내용을 재편집했다. 토마스 프리드먼, 늦어서 고마워, 21세기북스, p.73

6 스트레스 개화이론과 관련된 내용은 다음을 참고하면 자세히 알 수 있다. 신문은 선생님, [재미있는과학] 봄날씨에 스트레스 받은 개나리, 제일 먼저 폈다네, 2016.4.5. http://newsteacher.chosun.com/site/data/html_dir/2016/04/05/2016040500373.html

7 이 내용은 다음의 신문 기사 내용을 참고했다. 중앙일보. [글로벌아이]유전자 진화와 미투, 2018.3.10. https://news.joins.com/article/22428958

8 글로벌 기업 시가총액 순위와 관련 한 자료의 출처는 다음 두 곳을 참고로 작성했다. ①https://www.

mk.co.kr/news/world/view/2009/12/657927/. 2009년 시가총액순위는 12월 22일 기준이며, 월스트리트저널의 분석자료를 매일경제에서 재인용한 내용이다. ②https://m.sedaily.com/NewsVIew/1VO60OUGZK 2019년 글로벌기업 시가총액 순위는 8월 말 기준으로 서울경제에서 파이낸셜타임즈와 한국투자증권자료를 참조해서 인용하였다.

9 이 내용은 다음의 신문 기사의 내용을 인용하였다. https://www.hankyung.com/international/article/2010100182658

10 이 말은 다음의 책에서 인용했다. 위르헌 아펠로, 매니지먼트 3.0, p395

11 이 내용은 다음의 신문 기사 내용에서 인용했다. "시장기대를 넘어라" 캐시카우도 스스로 부숴, 조선일보, 신동엽 연세대 경영대학교수, 2012.07.18. https://biz.chosun.com/site/data/html_dir/2012/07/17/2012071702721.html

12 이 내용은 다음 사이트의 영상을 보고 인용했다. https://www.youtube.com watch?v=5HQ2SsWER3M&t=15s. 무인도에서 굶고 있는 베어그릴스 앞에 상어가 나타났다![Man vs Wild].

13 조직변화에 영향을 미치는 외부환경변화 요인에 대한 프레임은 다음 책의 내용을 참고로 하여 국내 현황에 맞게 내용을 구성했다. 마이클자넷, 어떤 기업이 변화에 성공하는가?, 비즈니스맵, p.83~96.

14 다음 기사 내용을 참고하여 구성하였다. 연합뉴스, 〈농작물 지도가 바뀐다〉'사과=대구,제주=감귤'은 이제 옛 말, 2015.8.29. https://www.yna.co.kr/view/AKR20150825126300055.

15 위키리크스 한국, 장마철 앞두고 스마트 新가전 매출 쑥쑥↑…가전제품 판도 변화 뚜렷, 2019. 06. .25 . http://www.wikileaks-kr.org/news/articleView.html?idxno=58844.

16 다음 기사 내용을 참고하여 정리했다. 男패션 아이콘 넥타이가 안 팔린다, 한국경제, 2013. 09. 23. https://www.hankyung.com/news/article/2013092315271

17 다음 기사 내용을 참고로 하여 정리했다. 북극자원개발 '콜드러시'…지구 온난화 혜택?, 노컷뉴스 2016. 05. 12. https://www.nocutnews.co.kr/news/4592140.

18 다음 사이트를 참고하여 내용을 정리했다. 친환경 생각하는 기업이 오래간다…ENG경영나선 외식 프랜차이즈, 브릿지경제, 2019. 11. 13. https://post.naver.com/viewer/postView.nhn?volumeNo=26859615&memberNo=15470144).

19 다음 책에서 나오는 질문을 일부 변경하고 그대로 인용했다. 마아클 자렛, 어떤 기업이 변화에 성공하는가?, 비즈니스맵.

20 이 내용은 다음 기사 내용에서 참고하여 인용 및 재구성 했다. 동아닷컴, "코로나 국경차단, 세계가 서로 얽혀있다는 반증", 2020.04.03. http://www.donga.com/news/article/all/20200403/100480626/1.

21 다음 기사에서 내용을 그대로 인용하거나 일부 재구성 하였다. 중앙일보, '영 백종원' 제이미 올리버 파산…그를 무너뜨린 건 '혼밥', 2019 09.03. https://news.joins.com/article/23568980.

22 다음 기사를 참고로 정리했다. 매일경제, 남양유업은 이제 커피 회사, 2013. 02. 28. https://www.mk.co.kr/news/business/view/2013/02/154296.

23 뉴스토마토, 유아·반려 동물로 눈돌린 밥솥 라이벌 쿠쿠·쿠첸, 2019.09.30. http://www.newstomato.com/ReadNews.aspx?no=923261.

24 매일경제, 노인 세대는 부양의 대상?...욜드에 대한 오해와 진실, 2020. 03. 22.. https://www.mk.co.kr/news/economy/view/2020/03/295647.

25 머니투데이, [기고]4차 산업혁명 시대의 생존법, 2017.04.20. https://m.mt.co.kr/renew/view.html?no=2017041214000914128&type=outlink&ref=%3A%2F%2F#_enliple.

26 마이클 자렛, 어떤 기업이 변화에 성공하는가?, 비즈니스맵, p.88.

27 머니투데이, 넷플릭스의 '오리저널' 성장…TV산업 뒤흔들다, 2017.07.19. https://news.naver.com/main/read.nhn?mode=LS2D&mid=shm&sid1=101&sid2=262&oid=008&aid=0003905908.

28 이 내용은 다음 기사의 내용을 일부 인용하거나 재편집했다. 중앙일보, 알리바바가 삼성전자 시총을 넘어선 이유, 2017. 07.23. https://news.joins.com/article/21780549.

29 마이클 자렛, 어떤 기업이 변화에 성공하는가?, 비즈니스맵, p.95~96.

30 이 내용은 다음 아티클에서 인용했다. 근로시간 단축에 따른 경제적 영향, KERI Brief, 2018.07.16.

31 피터드러커외 지음, 혁신기업의 조건〈혁신 길들이기〉, 21세기북스, p.143.

32 저자가 현업 리더와 인터뷰

33 이 말은 다음 책에서 인용했다. 마이클 자렛, 어떤 기업이 변화에 성공하는가?, 비즈니스맵, p.266.

34 성대신문, 변화를 읽는 바로미터, 트렌드 분석, 2018.11.26. http://www.skkuw.com/news/articleView.html?idxno=20678.

35 이 말은 다음 기사에서 인용했다. "시장기대를 넘어라" 캐시카우도 스스로 부숴, 조선일보, 신동엽 연세대 경영대학교수, 2012.07.18.

36 파이낸셜뉴스, "의류관리기 시장을 선점하라"…국내 가전사, 특허경쟁치열, 2020.02.23.

37 중앙일보, 스마트폰 판매는 1위…이익은 애플이 78% 가졌다, 2019.03.17. https://news.joins.com/article/23413048.

38 다음 아티클에서 내용을 참고하여 정리했다. 강진구, 위기를 기회로 바꾸는 힘 'Change Management', LG경제연구원 ,2017. 08. 31,p.3.

39 존 코터 외 지음(현대경제연구원 옮김), 변화관리 '변화의 법칙', p.23.

40 타카타의 파산 관련 내용은 다음 사이트와 문헌을 참고해서 정리했다. ①나무위키, 타카다 주식회사 . https://namu.wiki/w/%ED%83%80%EC%B9%B4%ED%83%80%20%EC%A3%BC%EC%8B%9D%ED%9A%8C%EC%82%AC. ② 강진구, 위기를 기회로 바꾸는 힘 'Change Management', LG경제연구원 ,2017. 08. 31,p.4.

41 다음 기사의 내용을 참고했다. 중앙일보, 오피니언, [서소문포럼] 외상전 스트레스증후군, 2017. 02. 06

42 Robert N. Lussier, Christopher F. Achua(차동옥,심원술,서재현,이호선 옮김), 리더십, 한경사, p.70~72.

43 현장리더와 인터뷰한 내용이다.

44 현장리더와 인터뷰에서 나온 내용이다.

45 이 실험과 관련된 내용은 다음 책에서 인용했다. 찰스 두히그(강주헌 옮김), 습관의 힘, 갤리온

46 조직변화와 관련 한 새로운 접근방식에 대해 학습할 수 있다. 로널드 A. 하이페츠외 2명(진저프로젝트 출판팀 옮김, 어댑티브 리더십(2. 방안의 코끼리, 시스템을 진단하라), 슬로워크, p.55.

47 필자가 직접 10회차 걸쳐 워크숍을 운영하면서 차수마다 학습자로 참여한 중간관리자들을 대상으로 변화에 대한 생각들을 솔직하게 받은 내용이다. 거친 날것의 표현이지만 현장의 분위기를 그대로 반영하기 위해 그대로 편집 없이 사용했다.

48 이영훈(2005), 의사소통: 수사학(Rhetoric)의 소개, 가정의학회지, 26(11), 2005.11, Suppl, p.442.

49 다음 아티클에서 인용했다. 문근찬(2009), 피터 드러커의 혁신과 변화경영 관점(사례: LG전자 생활가전사업본부(DAC)의 혁신, 경영사학, 24(11), P25. 피터드러커의 이 얘기는 다음 아티클에서 나온 내용을 문근찬(2009)이 인용했고 내가 재인용 했다. Drucker, P. F., 1985a, Innovation and Entrepreneurship, Practice and Principles, HarperCollins.

50 존 코터 외 지음(현대경제원 옮김), 변화관리 '변화의 법칙', p.24

51 이 내용은 다음 책에서 참고했다. 존코터, 댄코헨(김기웅, 김성수 옮김), 기업이 원하는 변화의 기술, 김영사, p.20~21

52 실제로 한 기업에 변화혁신을 주제로 출강했다 목격하고 들은 내용을 일부 재가공했다.

53 나의 직·간접적인 경험을 바탕으로 구성했다.

54 이 말은 다음 책에서 재인용 했다. 안영진, 변화와 혁신, 전영사, p.49. 원래 원전은 다음 논문이다. Hall, Gene E., Shirley M. Hord, Implementing Change: Patterns, Principles, and Potholes, Allyn and Bacon, 2001.

55 톰행크스 주연의 영화 캐스트어웨이는 2000년에 개봉했다. 초반에 등장하는 이 장면은 일반적인 조직의 관리자들이 보여주는 행동을 잘 표현하고 있다.

56 다음의 책에서 인용했다. 존맥스웰(홍성화 옮김), 리더십 21가지 법칙, 청우,p.32.

57 존 코터 외 지음(현대경제원 옮김), 변화관리 '변화의 법칙', p.46

58 존 코터, 기업이 원하는 변화의 리더, 김영사.

59 나의 저서 '차이를 만드는 습관'에서 재인용 했다. 이 내용은 다음의 기사가 원전이다. 조선닷컴, [최보식이 만난 사람]쌍계사 조실 고산스님, 2012.05.28.

60 다음 기사에서 인용했다. 매일경제, [뉴스플러스]작심삼일은 없다…새해 '결심여행지'로 떠나볼까, 2020.01.13.

61 개인 변화에 대한 심층적인 내용을 학습할 수 있다. 제임스 프로차스카, 존 노크로스, 카를로 디클레멘트, 자기혁신 프로그램, 에코리브르, p.55~58.

62 필자의 조직 경험을 기반으로 구성했다.

63 이 말은 다음 책에서 인용했다. 존코터, 기업이 원하는 변화의 리더, 김영사, 존 코터의 말 인용 레퍼런스

64 엘리자베스 퀴블러 로스의 변화 5단계에 대한 내용은 다음 책을 참고했다. 공병호, 공병호의 변화경영, 21세기북스, p.78~81.

65 제임스 프로차스카의 변화 6단계의 내용은 다음 책을 참고로 인용하거나 조직관점에 맞게 재정리 했다. 제임스 프로차스카, 존 노크로스, 카를로 디클레멘트, 자기혁신 프로그램, 에코리브르, p.44~58.

66 이 말은 세스 고딘의 다음 책에서 인용했다. 세스고딘(오지연 옮김), 세스고딘 생존을 이야기하다, 정혜, p.97.

67 구성원이 변화에 저항하는 이유는 2권의 책의 내용을 참고하여 통합해서 정리했다. ①Robert N. Lussier, Christopher F. Achua(차동욱,심원술,서재현,이호선 옮김), 리더십, 한경사, p.497~499. ② Gary Yukl (강정애, 이상욱, 이상호, 이호선, 차동욱 옮김), 현대조직의 리더십 이론(Leadership in Organizations), 시그마프레스, p.416~418.

68 필자의 현장경험과 현장리더의 인터뷰 내용을 재구성하여 정리했다.

69 개인변화를 돕는 과정은 다음 책을 참고로 하여 현업의 리더들이 활용할 수 있도록 사례 및 내용을 재구성 하였다. 제임스 프로차스카, 존 노크로스, 카를로 디클레멘트, 자기혁신 프로그램, 에코리브르, p.30~37.

70 밥 파이크(김경섭·유제필 옮김), 밥 파이크의 창의적 교수법, 김영사, p.26~27

71 다음 사이트를 참고 하면 된다. https://www.youtube.com/watch?v=8E_a7V52fMw&t=2451s.

72 이 내용은 다음 기사를 참고하여 정리했다. 조선비즈, 삼성전자 휴대폰 사업 30년 '위기'…갤노트7참사 미스터리의 시작은, 2016.10.12

73 제임스 프로차스카, 존 노크로스, 카를로 디클레멘트, 자기혁신 프로그램, 에코리브르, p.224.

74 이 내용은 다음 책에서 인용하였다. 칩힙스, 댄히스(안진환 옮김), 스위치, 웅진지식하우스,p.294.

75 칩힙스, 댄히스(안진환 옮김), 스위치, 웅진지식하우스,p.14~15.

76 1994년 하버드대학교 연구 조사

77 필자가 예전에 살던 아파트에서 직접 목격하고 경험한 사례를 기술했다.

78 벤저민 하디(김미정 옮김), 최고의 변화는 어디서 시작되는가?, 비즈니스북스,

79 이 얘기는 실제 강의 시간에 많이 한다. 리더들은 주로 이 얘기에 구성원들의 소극적인 태도를 문제 삼는다.

80 이 내용은 다음 기사를 참고했다. 주간조선, 글로벌 기업에서 사는 법(스트레이크 토크), 2018.09.10.

81 변화와 뇌와 관련된 내용은 다음 책을 참고했다. 변화와 뇌에 대해 더 많은 내용을 알고 싶은 독자는 이 책을 참고하면 도움을 받을 수 있다. 릭 핸슨, 리처드 멘디우스(장현갑, 장주영 옮김), 붓다브레인, 불광출판사, p.86~88.

82 위와 같은 책 참고

83 칩힙스, 댄히스(안진환 옮김), 스위치, 웅진지식하우스,p.178.

84 필자가 현장에서 직접 경험한 것을 재구성 했다.

85 현업 리더와의 인터뷰 내용

86 변화의 상황에서 구성원이 보이는 4가지 반응유형은 Peter Block 'Stewardship'–Choosing Service Over Self–Interest가 원전이다.

PART TWO 변화리더의 조건

1 히드피겨스는 실화를 바탕으로 제작된 영화이다. 천부적인 수학능력의 흑인여성 캐서린 존슨, NASA 흑인 여성들의 리더이자 프로그래머 도로시 본, 흑인 여성최초의 NASA엔지니어를 꿈꾸는 메리 잭슨 이 주인공이다. 변화리더십과 관련된 인사이트를 얻을 수 있는 감동적인 영화이다. 2017년 3월 23 일에 개봉되었다. 다음 사이트를 참고하면 된다. https://movie.naver.com/movie/bi/mi/basic. nhn?code=147092#story

2 리더십에 관련된 전반적인 내용을 학습하고 리더십에 대한 새로운 통찰을 얻을 수 있다. 조지프S. 나이(김 원석 옮김) , 조지프나이의 리더십 에센셜, 교보문고, P133

3 조셉 오코너, 존 시모어(설기문,이차연,남윤지,정동문,권원달,김행신 옮김), NLP입문, 학지사, p.47~48

4 상황대응리더십은 현업적용성이 높은 리더십 이론이며 리더십 스타일은 고정된 것이 아니라 구성원의 동 기와 역량 수준에 따라 플렉서블하게 변화시켜야 한다는 것이 핵심 내용이다. 그런 점에서 탁월성의 원리 가 반영된 리더십 이론이라고 볼 수 있다. 켄블랜차드,퍼스트리샤 지가미, 드레아 지가미(구세희 옮김), 플 렉서블 : 켄블랜차드의 상황대응리더십, 21세기북스, p.84~86

5 마이클 자렛, 어떤 기업이 변화에 성공하는가?, 비즈니스맵, p. 290~291.

6 다음 아티클에서 발췌했다. Steve Macaulay, Sarah Cook and Richard Smith, 'Transformation Trends' TJ December 2016

7 조지프 나이의 책 리더십 에센셜은 소프트파워를 활용한 참여와 공감의 조직변화리더십의 타당성을 설명 하는 데 좋은 이론적 근거를 제시했다. 조지프S. 나이(김원석 옮김) , 조지프나이의 리더십 에센셜, 교보문 고, p.60~81.

8 소프트 파워와 하드파워의 비교는 위 같은 책 P75의 내용을 중심으로 재구성했다.

9 로널드 A. 하이페츠외 2명(진저프로젝트 출판팀 옮김, 어댑티브 리더십(1. 발코니에 올라, 변화를 이해하 라), 슬로워크, p.40~47.

10 이 내용은 다음 아티클에서 인용했다. DBR, 조직문화솔루션: 기업문화 바꾸는 9가지 마법의 열 쇠,2009.01.24호. https://dbr.donga.com/article/view/1201/article_no/1358

11 우연히 오랜 전 교육받았던 링키지의 코치양성과정의 워크북을 살펴보다 발견한 내용이다. 변화와 관련 하여 리더들이 잘 못 진단하거나 인지하지 못하는 중요한 내용이다. Linkage, Essential Coaching Skills, 2010년 링키지 사내강사양성,p.97~99.

12 이 사례는 나의 현장경험과 현장리더와의 인터뷰 내용을 기반으로 구성했다.

13 이 이미지는 다음 아티클에서 인용했으며 저자인 박사과정 동기인 김용근박사의 인용에 대한 허락을 받 았다. DBR, 조직문화솔루션: 기업문화 바꾸는 9가지 마법의 열쇠,2009.01.24호. https://dbr.donga.

com/article/view/1201/article_no/1358

14 다음 내용을 참고로 하여 그림을 재구성하였다. Linkage, Essential Coaching Skills, 2010년 링키지 사내강사양성,p.97~99.

15 현직 HRD부서장과 인터뷰를 하고 실제 사례를 기반으로 구성했다.

16 리더들의 실제 모습과 문제점을 정확히 표현하는 말이다. 마셜골드스미스, 마크 라이터(김준수 옮김), 트리거, 다산북스, p103.

17 마셜골드스미스, 마크 라이터(김준수 옮김), 트리거, 다산북스, p229~230

18 다음 기사에서 존코터의 말을 인용하여 재가공했다. 위클리비즈, "위기,위기"남발하면 위기 불감증 걸린다, 2010.12.18. 존코터의 교수는 위클리비즈와의 인터뷰에서 진정한 변화를 일으키는 리더십에 대해 얘기했다.

19 성공적인 변화와 혁신은 증분적 변화와 혁신이 아니라 오히려 제거,분열, 변형을 통한 변화와 혁신이라는 내용을 다룬다. 문영미(박세연 옮김), 디퍼런트, 살림BIZ, p.253~254

20 변혁적리더십의 정의는 다음 배스의 논문에 나온다. Bass, B. M. 1895. Leadership and Performance Beyond Expectations. New York: Free Press.

21 조지프S. 나이(김원석 옮김) , 조지프나이의 리더십 에센셜, 교보문고, p.110.

22 Robert N. Lussier, Christopher F. Achua(차동옥,심원술,서재현,이호선 옮김), 리더십, 한경사, p.405. 원래 원전은 다음 아티클이다. B. M. Bass and B. J. Avilio, Improving Organizational Effectiveness through Transformational Leadership (Thousand Oaks, CA: Sage, 1994).

23 '동일시'의 정의는 위키백과에서 내용을 인용했다. https://ko.wikipedia.org/wiki/%EB%8F%99%EC%9D%BC%EC%8B%9C

24 다음 기사와 사이트를 참고해서 내용을 정리했다. 조선닷컴, [Why, 김윤덕의 사람시]12년간 세계 최고 교육복지국가 이끈 여걸…그녀의 최강 리더십은 '사우나 리더십', 2012.10.27. https://www.youtube.com/watch?v=tbWlru2MTN0.

25 다음 사이트를 참고하면 더 자세한 내용을 알 수 있다. 이야기여행 94화 간디와 사탕, 카툰버스(Cartoonbus). https://www.youtube.com/watch?v=0MqUT1ofqcc.

26 다음기사에서 인용했다. 중앙신문, 솔선수범이 신뢰를 부른다,2018.06.20.

27 이 말은 다음 책에서 인용했다. Robert N. Lussier, Christopher F. Achua(차동옥,심원술,서재현,이호선 옮김), 리더십, 한경사, p.405.

28 이 내용은 다음 기사를 참고했다. 한겨레, 김영희 피디 하차…수렁에 빠진 '나는 가수다', 2011.03.23. http://www.hani.co.kr/arti/culture/entertainment/469523.html

29 Avolio, B. J., & Bass, B. M. (1995). Multifactor Leadership Questionnaire. Redwood City, CA: Mindgarten.

30 다음 사이트를 참고하라. https://movie.naver.com/movie/bi/mi/basic.nhn?code=147092#story

31 다음 기사를 참고했다. 위클리비즈, "이거 해서 뭐해"…자괴감을 자신감으로 바꾼 아주 쉬운 마법, 2014.05.10.

32 다음 기사의 내용을 참고했다. 이 기사에는 리더가 어떤 말을 하고 어떤 목표를 제시하는가가 기업의 운명을 바꾸는 중요한 역할을 한다고 제시했다. 프리미엄조선, 폴크스바겐 보스의 話法, 2015.11.29. http://premium.chosun.com/site/data/html_dir/2015/11/30/2015113000407.html

33 Avolio, B. J., & Bass, B. M. (1995). Multifactor Leadership Questionnaire. Redwood City, CA: Mindgarten.

34 다음 사이트의 동영상은 유대인들의 학습법을 자세하게 다룬다. 유태인 학습법 하브루타_Full. https://www.youtube.com/watch?v=nttlAfVQT6w

35 다음 기사는 기업이 실패를 어떻게 자산화하는 다룬다. 조선닷컴, [이코노미조선]3M·구글의 공통점…'실패파티'열고 '실패와'선, 발, 2016.08.24. https://biz.chosun.com/site/data/html_dir/2016/08/24/2016082400617.html

36 다음 기사를 참고했다. 아시아경제, '똑똑한 실패'가 성공을 부른다. 2013.02.05. https://www.asiae.co.kr/article/2013020511042720497

37 Avolio, B. J., & Bass, B. M. (1995). Multifactor Leadership Questionnaire. Redwood City, CA: Mindgarten.

38 다음 기사에서 인용했다. 중앙일보, 89세 전직 대통령의 삭발…대중은 이런 부시에 빠졌다. 2018.12.05. https://news.joins.com/article/23183707

39 다음 기사에서 내용을 인용했다. 조선일보, 큰 귀 검사님 고맙습니다, 2015.01.21. https://m.chosun.com/svc/article.html?sname=premium&contid=2015012100233

40 Avolio, B. J., & Bass, B. M. (1995). Multifactor Leadership Questionnaire. Redwood City, CA: Mindgarten.

41 이 내용은 다음 책을 참고하였다. 안영진, 변화와 혁신, 전영사, p.82~83

42 위 책, p.82.

43 르윈의 세력-장 모델은 다음 책을 참고로 하여 정리했다. Robert N. Lussier, Christopher F. Achua(차동옥,심원술,서재현,이호선 옮김), 리더십, 한경사, p.496~497

44 존 코터, 댄 코헨(김기웅, 김성수 옮김), 기업이 원하는 변화의 기술, 김영사, p.20~27

45 위 책, p.28~36

46 이 내용은 '스위치'에서 참고하여 발췌하였다. 개인 및 조직변화에 대한 구체적이고 실용적인 지식을 얻을 수 있는 책이다. 칩힙스, 댄히스(안진환 옮김), 스위치, 웅진지식하우스,p.73~76.

47 위 책, p.177

48 긍정탐색법에 대한 내용정리는 두 곳의 내용을 참고로 정리했다. ①Thomas G. Cummings, Christopher G. Worley(김민수, 김재구, 이동명, 이춘우, 장재윤 옮김), 조직개발과 변화, 한경사, p.

47~49. ②ORP연구소, AI프랙티셔너 육성과정, 2012.12를 일부를 참조했다. 필자는 2012년 12월에 ORP연구소에서 운영하는 AI프랙티셔너 과정에 참가하여 긍정탐색법을 접하고 많은 교육과정에 워크숍에 적용했다.

49 이 사례는 내가 실제로 한 기업의 조직개발 워크숍을 진행했던 내용을 기반으로 재구성하여 정리했다. 현장리더 뿐만 아니라 기업의 조직개발 업무담당자들이 읽어보고 적용할 수 있도록 최대한 자세하게 기록했다.

50 이 사례는 필자가 직접 경험했던 일과 현장 리더의 인터뷰를 종합하여 재구성했다.

51 긍정적 이탈 접근법에 대한 내용은 다음 책에서 자세하게 다룬다. 제리 스터닌, 모니크 스터닌, 리처드 파스칼(박홍경 옮김), 불가능 속에서도 누군가는 성과를 낸다, RHK, p.41~57.

52 위 책, p.270.

53 위 책, p.271

54 위 책, p.277~280. 긍정이탈 접근법에 대한 전반적인 프로세스와 내용을 알고 싶으면 이 책의 부록 '긍정적 이탈 접근을 위한 현장가이드(p.269~282)'를 읽어보면 된다.

PART THREE 변화실행을 위한 스킬

1 이 책에도 정확한 참고문헌과 출처는 나오지 않는다. 상식적인 수준에서 이해할 수 있는 내용이라고 생각한다. 리사 보델(이지연 옮김), 킬더 컴퍼니, 레디셋고, p.9.

2 이 책의 내용에서 인사이트를 얻어 머리-가슴-손에 대한 세 가지 관점을 정리했다. 로널드 A. 하이페츠외 2명(진저프로젝트 출판팀 옮김, 어댑티브 리더십(2. 방 안의 코끼리, 시스템을 진단하라), 슬로워크, p.72.

3 마셜골드 스미스, 마크 라이터(김준수 옮김), 트리거, 다산북스, p33.

4 아들은 고등학교 1학년 때 자전거를 배운지 얼마 안 되어 익숙하지 않은 상태로 나와 함께 제주도로 자전거 하이킹을 가서 124km를 이동했다. 그리고 다시는 자전거 하이킹을 가지 않는다. 누구에게는 한 번의 경험이 익숙함이 되지만 어떤이에게는 두려움이 되기도 한다는 것을 아들이 알려줬다.

5 다음 내용을 보고 정리했다. 존 코터, 댄 코헨(김기웅, 김성수 옮김), 기업이 원하는 변화의 기술, 김영사, p.29.

6 칩힙스와 댄히스가 코터와 코헨의 저서에서 인용한 것을 재인용 했다. 칩힙스, 댄히스(안진환 옮김), 스위치, 웅진지식하우스,p.156

7 다음 책에서 내용을 참고 했다.. 변화상황에서 개인의 변화동기를 높일 수 있는 실질적인 지식과 스킬을 배울 수 있다. Davis B. Rosengren(신성만,김성재,이동귀,전연민 옮김), 동기강화상담 기술훈련 실무자 워크북, 박학사, p.15

8 위 책 같은 페이지

9 이 내용은 다음 책을 참조했다. 효과적인 상담과 변화대화를 위한 구체적인 내용과 스킬을 배우고 싶다

면 이 책을 추전한다. 오카다 다카시,(정미애 옮김) ,나는 네가 듣고 싶은 말을 하기로 했다, 카시오페아, p45~46

10 현장 리더와의 인터뷰에서 나온 사례이다.

11 이 내용은 다음 책을 참조하여 정리하고 재구성했다. 오카다 다카시,(정미애 옮김) ,나는 네가 듣고 싶은 말을 하기로 했다, 카시오페아, p71~82

12 이 내용은 다음 책에서 인용했다. 퍼실리테이션에 대해 폭 넓은 지식과 스킬을 학습할 수 있다. Ingrid Bens(이영석,오동근 옮김), 퍼실리테이션 쉽게 하기, ORP연구소, p..3.

13 이 내용은 다음 블로그에서 인용했다. 인터비즈, [직대추–회의 편]직장인 1000명이 답했다 "최악의 회의 타이밍은…", 2018.05.24. https://m.blog.naver.com/PostView.nhn?blogId=businessinsight&logNo=221283200528&proxyReferer=https:%2F%2Fwww.google.com%2F

14 참여적 리더십의 효과에 관한 연구를 심층적으로 다룬 내용을 참고했다. Gary Yukl (강정애, 이상욱, 이상호, 이호선, 차동옥 옮김), ,현대조직의 리더십 이론(Leadership in Organizations), 시그마프레스, p.125~126.

15 위 책에 나오는 사례를 인용 및 재편집했다 ,p.125

16 안건에 대한 권한의 수준을 정하는 방법은 다음의 두 가지를 참고하여 재정리했다. Ingrid Bens(이영석, 오동근 옮김), 퍼실리테이션 쉽게 하기, ORP연구소, p..124~125. 위르런 아펄로(조승빈 옮김0, 매니지먼트 3.0, 에이콘, p.188~189..

17 인터비즈, [직대추–회의 편]직장인 1000명이 답했다 "최악의 회의 타이밍은…", 2018.05.24.

18 다음 기사를 내용을 참고 했다. 동아닷컴, [DBR/Special Report]린다힐 하버드대 교수 "리더는 혁신의 설계자…조직의 천재성 끌어내야", 2016.10.31. http://www.donga.com/news/article/all/20161030/81081120/1

19 다음 기사에서 내용을 참고했다. 다른 기사에 비해 픽사의 브레인트러스트에 대해 자세하게 다루었다. 신동아, 이달의 경제보고서: LG경제연구원, 할 말 다하는 회의 화끈한 '창조적마찰', 2015.10.21. https://shindonga.donga.com/3/all/13/151364/1. https://shindonga.donga.com/3/all/13/151364/2. https://shindonga.donga.com/3/all/13/151364/3.

20 다음 기사내용을 인용하고 재가공했다. 중앙시사매거진, Management, 생산성 수수께끼 구글은 이렇게 풀었다, 201701.23. https://jmagazine.joins.com/forbes/view/315273.

21 업무몰입이론의 창조자는 칸이다. 칸은 업무몰입의 하위 요소를 심리적안전성,의미성,유용성의 세가지로 요소로 구분한다. Kahn WA (1990), 'Psychological conditions of personal engagement and disengagement at work', Academy of Management Journal, 33(4), 692 – 724

22 이 말은 리더 역할에 대한 새로운 관점을 제시한다. 킴 스콧(박세연 옮김), 실리콘밸리의 팀장들, 청림출판, p.171.

23 이 이론은 프레드릭슨이 창시했다. Fredrickson, B. (2001). The role of positive emotions in Positive Psychology: The broaden and build theory of positive emotions. American Psychologist. 56(3):

218 - 226.

24 라이언과 디씨는 자기결정이론의 창시자이다. 다음 논문이 원전이다. Ryan, R. M., & Deci, E. L. 2000. Self-determination theory and the facilitation of intrinsic motivation, social development, and well-being. American Psychologist, 55, 68 - 78

25 방어기제에 대한 전반적인 내용은 프로차스카와 동료들의 저서를 참고했다. 제임스 프로차스카, 존 노크로스, 카를로 디클레멘트, 자기혁신 프로그램, 에코리브르, p.94~100.

26 다음 책을 참고하여 정리했다. 공병호, 공병호의 변화경영, 21세기북스, p.101~103.

27 다음 책에서 권위 있는 연구라고 소개한 사례이지만 원전은 밝히지 않았다. 제임스 M.쿠제스, 베리 Z. 포스너, 리더, 크레듀, p.356

28 다음 아티클에서 인용했다. 황인경, 변화리더의 성공 5계명, LG주간경제, 2004.10.27, p.4.

29 이 내용을 다음 사이트를 참고했다. https://rework.withgoogle.com/blog/changing-the-change-rules-at-google/.

30 4P는 두 가지 내용을 참고로 현업리더들이 쉽게 활용할 수 있도록 재탄생 시킨 프로세스이다.①위 사이트에서 구글 change4 rules를 참고했다②이 책에 나오는 5P를 참고했다. Robert N. Lussier, Christopher F. Achua(차동옥,심원술,서재현,이호선 옮김), 리더십, 한경사, p.500~501.

31 다음 내용을 참고로 변화상황에 맞게 내용을 재구성했다. Ingrid Bens(이영석,오동근 옮김), 퍼실리테이션 쉽게 하기, ORP연구소, p.183~187.

32 개인 간의 차이가 발생하고 감정이 개입되어 말하기 어려운 이슈를 말하는 효과적인 방법을 학습할 수 있다. 케리패터슨, 조셉 그레니, 론 맥밀런, 알 스위즐러(김경섭, 김선준 옮김), 결정적 순간의 대화, 김영사, p..29.

33 위 책 ,p.28 내용을 변화관리에 맞게 재구성했다.

34 위 책에서 제시하는 결정적 순간을 위한 효과적인 대화원칙을 현업에 적용하고 이해하기 쉽게 단계를 축소하여 재구성했다.

35 다음 아티클과 블로그를 참고로 하여 정리했다. ①DBR, 부하직원들의 마음에 주파수를 맞춰라, 2010년 10월 Issue 1. https://dbr.donga.com/article/view/1401/article_no/3315/ac/magazine② https://blog.naver.com/kcb001/221285593917.

36 다음 기사를 참고하여 정리했다. 중앙시사매거진, On the cover, 지위가 높을수록 인간은 왜 오만해지는가?, 201710호(2017.09.23). https://jmagazine.joins.com/forbes/view/318308.

37 다음 책에서 내용을 참고했다. 킴 스콧(박세연 옮김), 실리콘밸리의 팀장들, 청림출판, p.266~267.

38 긍정탐색을 활용한 긍정리더십을 학습할 수 있다. 다이아나 휘트니, 아만다 트로스텐–블룸, 케이 레이더(노국향, 이영석,김명언,신좌섭 옮김), A리더십, ORP PRESS, p.219.

39 다음 논문이 원전이다. Richard Huseman and Jojn Hatfield, 〈Managing the Equiry Factor〉, Boston: Houghton Mifflin, 1989, pp. 87-88

40 직장에서 매일 일어나는 다툼을 중재하는 방법을 학습할 수 있다. 다니엘 대너(하지현 옮김), 갈등해결의 기술, 지식공작소, p.4~6.

41 다음 논문을 참고했다. 김지혜,탁진국 (2010). 조직 집단 내 갈등의 선행요인에 대한 연구,한국심리학회지, 23(3),397-418.

42 갈등 해소에 대한 단계를 인용했다. 구체적인 사례와 내용은 현업에 맞게 재구성했다. Robert N. Lussier, Christopher F. Achua(차동옥,심원술,서재현,이호선 옮김), 리더십, 한경사, p.266~268.

43 위책 , p.269.

44 위책, P269~270

변화관리사례

1 남양주 시청의 하천불법 단속 성공사례에 관련된 자료는 남양주시 관내에 근무하는 동장님의 도움을 받아 얻었다. 사례의 핵심내용은 남양주 시청이 하천정원화 사업의 성공적인 런칭을 기념하여 제작중인 백서를 참고했다. 남양주시 관련 실무자들에게 감사를 표한다.

2 오마이뉴스, 계속 불법 영업 철거하자 "밤길 조심하라" 협박까지…, [이면N]조광한 남양주시장 "지난 겨울부터 디테일하게 준비했다", 2019.08.09. http://www.ohmynews.com/NWS_Web/View/at_pg.aspx?CNTN_CD=A0002560663&CMPT_CD=P0010&utm_source=naver&utm_medium=newsearch&utm_campaign=naver_news.

3 위 기사 내용 참고

4 위 기사 내용 참고

5 위 기사 내용 참고

6 위 기사 내용 참고

7 파이낸셜뉴스, 남양주 하천 문화 선진화 '청신호', 2018.09.20. https://www.fnnews.com/news/201809202232200393.